财务管理实务

主　编　王顺金
副主编　庄小欧
编　者　蒋　华

北京理工大学出版社
BEIJING INSTITUTE OF TECHNOLOGY PRESS

内 容 提 要

本教材采用了情境任务模式,共设计了 10 个学习情境:财务管理基本理论、财务分析与评价实务、财务管理基础实务、预算管理实务、筹资方式管理实务、筹资成本与规模管理实务、投资管理实务、成本管理实务、收入与分配管理实务、营运资金管理实务。

本教材按照"533"课程开发方法获得的课程标准确定教材的内容,按照基于过程的工作任务驱动学习任务、"理实一体"和"教学做融合"的方式进行编写,使学习动机源于现实情境,学习过程参与到真实的实践,在实际应用的真实情境中呈现任务、明确目标、融合知识与技能、学与用相结合。

本书特别适用于高等职业学院会计、会计信息管理、财务管理、资产评估、审计等专业教学,也可用于经济管理类其他专业教学,以及在职财务、会计、审计人员的进修、培训使用。

版权专有　侵权必究

图书在版编目(CIP)数据

财务管理实务/王顺金主编. —北京:北京理工大学出版社,2017.1(2021.8 重印)
ISBN 978-7-5682-3549-5

Ⅰ. ①财…　Ⅱ. ①王…　Ⅲ. ①财务管理-高等学校-教材　Ⅳ. ①F275

中国版本图书馆 CIP 数据核字(2017)第 008767 号

出版发行 / 北京理工大学出版社有限责任公司
社　　址 / 北京市海淀区中关村南大街 5 号
邮　　编 / 100081
电　　话 / (010)68914775(总编室)
　　　　　(010)82562903(教材售后服务热线)
　　　　　(010)68944723(其他图书服务热线)
网　　址 / http://www.bitpress.com.cn
经　　销 / 全国各地新华书店
印　　刷 / 三河市天利华印刷装订有限公司
开　　本 / 787 毫米 × 1092 毫米　1/16
印　　张 / 13.5　　　　　　　　　　　　　　　责任编辑 / 申玉琴
字　　数 / 317 千字　　　　　　　　　　　　　文案编辑 / 申玉琴
版　　次 / 2017 年 1 月第 1 版　2021 年 8 月第 5 次印刷　责任校对 / 周瑞红
定　　价 / 36.00元　　　　　　　　　　　　　责任印制 / 李志强

图书出现印装质量问题,请拨打售后服务热线,本社负责调换

前 言

本书按照"533"课程开发的方法进行编写。即采用"行业专家确定典型工作任务→学校专家归并行动领域→行业专家论证行动领域→学校专家开发学习领域→校企专家论证课程体系"的"五工作机制"实现校企专家共同开发设计课程；通过工作任务归并法实现典型工作任务到行动领域转换，通过工作过程分析法实现从行动领域到学习领域转换，通过工作任务还原法实现从学习领域到学习情境转换的"三阶段分析法"，从而获得人才培养目标、课程体系、课程标准"三项主要成果"，再根据课程标准进行本教材的编写。

本书采用了体现高等职业教育职业化、实践化特色的情境任务模式，使学习情境与真实的职业岗位对接，学习任务与实际的工作任务对接。即根据企业财务管理职业岗位（群）的基本工作职责来设计学习情境；在每个学习情境中，再根据实际工作岗位的基本内容来设计学习任务，使学习动机源于现实情境，学习过程参与到真实的实践，在实际应用的真实情境中呈现任务、明确目标、融合知识与技能、学与用相结合。本书设计了10个学习情境：财务管理基本理论、财务分析与评价实务、财务管理基础实务、预算管理实务、筹资管理实务、筹资成本与规模管理实务、投资管理实务、成本管理实务、收入与分配管理实务、营运资金管理实务。

本书按照基于过程的工作任务驱动学习任务的模式进行编写：将企业财务管理真实的工作过程解构，整合为典型的工作任务，分析完成这些工作任务所需要的理论知识、技能技术，并将这些理论与技能巧妙地隐含在每个具体任务之中，让理论与技能服务于所需完成的每个工作任务；在具体的工作过程中明晰工作思路、运用理论知识、掌握技能；最后将工作任务、工作成果、工作流程与技能知识，进行组合和序化，改造为学习任务，从而实现工作任务与学习任务的统一。在内容编排上按理论与实践一体化的思想，进行理论与技能的融合编写，注重实践技能的训练，突出岗位能力的培养。在学习任务与教学实施的安排上，突出"教学做"一体的思想，教学过程强调"做中教、做中学、做中考"，培养学生发现问题、分析问题与解决问题的能力。

本书由重庆电子工程职业学院教授、高级审计师、高级会计师、注册会计师王顺金任主编，四川省内江职业技术学院副教授庄小欧任副主编。参加本书编写的有：王顺金（财务管理基本理论、财务分析与评价实务、筹资方式管理实务、筹资成本与规模管理实务、投资管理实务、成本管理实务、收入与分配管理实务、营运资金管理实务），庄小欧（预算管理实务），重庆电子工程职业学院讲师蒋华（财务管理基础实务）。

本书还配有电子书，本课程的课程标准、授课计划、习题答案、补充习题集与考核试卷等教学资源均封装于电子书中。这些电子资源可以从北京理工大学出版社获取，或以电子邮件等形式提供给读者（主编联系邮箱798669490@qq.com）。

本书适用于高等职业学院会计、会计信息管理、财务管理、资产评估、审计等专业的教学，也可用于经济管理类其他专业教学，以及在职财务、会计、审计人员的进修、培训。

我们在本书编写过程中广泛参阅了国内外的教材和专著，借鉴了同行的其他教学研究成果，限于篇幅，只列出部分参考文献。在此，对所有文献的作者表示由衷的感谢和诚挚的谢意。由于编者的学识水平有限，书中难免存在不少缺点和错误，恳请读者批评指正。

编　者

目 录

学习情境一 财务管理基本理论 ………………………………………………………………… (1)
  学习任务 1 企业财务管理的内容 …………………………………………………………… (1)
  学习任务 2 财务管理环境 …………………………………………………………………… (2)
  学习任务 3 财务管理目标 …………………………………………………………………… (5)
  学习任务 4 财务管理体制与环节 …………………………………………………………… (8)
  学习任务 5 学习效果检验 …………………………………………………………………… (10)

学习情境二 财务分析与评价实务 ……………………………………………………………… (12)
  学习任务 1 财务分析的内容和方法 ………………………………………………………… (12)
  学习任务 2 偿债能力分析实务 ……………………………………………………………… (16)
  学习任务 3 营运能力分析实务 ……………………………………………………………… (20)
  学习任务 4 盈利与发展能力分析 …………………………………………………………… (23)
  学习任务 5 财务评价实务 …………………………………………………………………… (26)
  学习任务 6 学习效果检验 …………………………………………………………………… (31)

学习情境三 财务管理基础实务 ………………………………………………………………… (34)
  学习任务 1 时间价值管理实务 ……………………………………………………………… (34)
  学习任务 2 风险与收益管理实务 …………………………………………………………… (43)
  学习任务 3 成本性态分析实务 ……………………………………………………………… (47)
  学习任务 4 学习效果检验 …………………………………………………………………… (50)

学习情境四 预算管理实务 ……………………………………………………………………… (54)
  学习任务 1 预算管理的内容 ………………………………………………………………… (54)
  学习任务 2 预算编制方法实务 ……………………………………………………………… (56)
  学习任务 3 业务预算编制实务 ……………………………………………………………… (62)
  学习任务 4 财务预算编制实务 ……………………………………………………………… (68)
  学习任务 5 学习效果检验 …………………………………………………………………… (70)

学习情境五 筹资方式管理实务 ………………………………………………………………… (74)
  学习任务 1 筹资管理的内容 ………………………………………………………………… (74)

  学习任务 2 股权筹资管理实务 …………………………………………………… (77)
  学习任务 3 债务筹资管理实务 …………………………………………………… (83)
  学习任务 4 学习效果检验 ………………………………………………………… (93)

学习情境六 筹资成本与规模管理实务 ……………………………………… (96)

  学习任务 1 资本成本管理实务 …………………………………………………… (96)
  学习任务 2 资金需要量预测实务 ………………………………………………… (99)
  学习任务 3 杠杆原理管理实务 …………………………………………………… (102)
  学习任务 4 资本结构管理实务 …………………………………………………… (108)
  学习任务 5 学习效果检验 ………………………………………………………… (111)

学习情境七 投资管理实务 ……………………………………………………… (114)

  学习任务 1 投资管理的内容 ……………………………………………………… (114)
  学习任务 2 项目投资现金流量计算实务 ………………………………………… (117)
  学习任务 3 项目投资财务可行性分析实务 ……………………………………… (123)
  学习任务 4 证券投资管理实务 …………………………………………………… (129)
  学习任务 5 学习效果检验 ………………………………………………………… (135)

学习情境八 成本管理实务 ……………………………………………………… (138)

  学习任务 1 成本管理的内容 ……………………………………………………… (138)
  学习任务 2 量本利分析实务 ……………………………………………………… (140)
  学习任务 3 标准成本管理实务 …………………………………………………… (145)
  学习任务 4 责任成本管理实务 …………………………………………………… (151)
  学习任务 5 学习效果检验 ………………………………………………………… (155)

学习情境九 收入与分配管理实务 ……………………………………………… (159)

  学习任务 1 销售收入管理实务 …………………………………………………… (159)
  学习任务 2 利润分配管理实务 …………………………………………………… (166)
  学习任务 3 学习效果检验 ………………………………………………………… (174)

学习情境十 营运资金管理实务 ………………………………………………… (177)

  学习任务 1 营运资金管理内容 …………………………………………………… (177)
  学习任务 2 现金管理实务 ………………………………………………………… (179)
  学习任务 3 应收账款管理实务 …………………………………………………… (183)
  学习任务 4 存货管理实务 ………………………………………………………… (190)
  学习任务 5 学习效果检验 ………………………………………………………… (196)

附表 ……………………………………………………………………………………… (199)

  附表 1 1 元复利终值系数表 ……………………………………………………… (199)
  附表 2 1 元复利现值系数表 ……………………………………………………… (201)
  附表 3 1 元年金终值系数表 ……………………………………………………… (203)
  附表 4 1 元年金现值系数表 ……………………………………………………… (205)

参考文献 ………………………………………………………………………………… (207)

学习情境一

财务管理基本理论

目的要求

本学习情境主要介绍财务管理内容、财务管理环境、财务管理目标、财务管理体制与环节。在完成相应的学习任务后,能够理解企业组织形式与体制、企业财务管理的内容;能够理解技术环境、经济环境、金融环境、法律环境对企业理财活动的影响;能够理解利润最大化、股东财富最大化、企业价值最大化与相关者利益最大化等理财目标的理论内涵及相互之间的关系;能够理解财务管理的体制与环节的主要内容。

学习任务1 企业财务管理的内容

一、企业组织形式与体制

企业是依法设立并以生产或服务等经济活动满足社会需要,实行自主经营、独立核算的营利性、契约性的经济组织。

1. 企业组织形式

典型的企业组织形式有三种:个人独资、合伙、公司。个人独资企业是由一个自然人投资、全部资产为投资人个人所有,全部债务由投资者个人承担的经营实体。合伙企业是由两个或两个以上的自然人合伙经营的企业,通常由各合伙人订立合伙协议,共同出资、合伙经营、共享收益、共担风险,并对合伙债务承担无限连带责任的营利性组织。公司(公司制企业)是指由投资人(自然人或法人)依法出资组建,有独立法人财产,自主经营、自负盈亏的法人企业。公司的出资者按出资额对公司承担有限责任。

2. 企业组织体制

企业组织体制主要有U型组织、H型组织和M型组织三种基本形式。

U型组织是现代企业最为基本的一种组织结构形式。它以职能化管理为核心,最典型的特征是在管理分工下实行集权控制,没有中间管理层,依靠总部的采购、营销、财务等职能部门直接控制各业务单元。子公司的自主权较小。

H型组织即控股公司体制。集团总部下设若干子公司,子公司具有独立的法人资格和比较完整的职能部门;集团总部即控股公司,利用股权关系以出资者身份行使对子公司的管理权。它的典型特征是分权,各子公司保持了较大的独立性,总部的监控约束力度较弱。当然，总部作为子公司的出资人对子公司的重大事项拥有最后的决定权，所以，H型组织既可以分权管理，也可以集权管理。

M型组织即事业部制，按企业所经营的事业，以产品、地区、顾客（市场）等来划分部门，设立若干事业部。M型组织比H型组织集权程度高。事业部是总部设置的中间管理组织，不是独立法人，不能够独立对外从事生产或服务等活动。当然，M型组织下的事业部在企业统一领导下，也可以拥有一定的经营自主权，实行独立经营、独立核算，甚至可以在总部授权下进行兼并、收购和增加新的生产线等重大事项决策。

二、企业财务管理的内容

企业的目标是创造财富（或价值），所以必须开展筹资、投资、生产运营、收入与分配等经济活动，这些活动都需要通过企业的资金运动来实现，从而产生财务活动。在组织财务活动的过程中，企业必然与国家、投资者、债务人、被投资者、债权人、职工及与内部各部门之间发生各种经济利益关系，即财务关系。财务管理是基于企业在生产或服务等过程中客观存在的财务活动和财务关系而产生的，是有效地组织资金运动、处理财务关系的一项经济管理工作。

在企业财务活动中，筹资是基础，否则就不能生存与发展；筹资数量还制约着企业投资的规模。筹措的资金只有有效地投放出去，才能实现筹资的目的，而投资反过来又决定了企业需要筹资的规模和时间。投资和筹资的成果都需要依赖资金的营运才能实现，日常活动必须对营运资金进行合理的管理与控制，努力提高营运资金的使用效率与效果。成本管理渗透于财务管理的每个环节之中，投资、筹资和营运活动中必须加强成本管理。收入与分配是企业上述各方面共同作用的结果，同时又对上述各方面产生反作用。所以，企业财务管理的内容主要包括筹资管理、投资管理、营运资金管理、成本管理、收入与分配管理五个部分。

学习任务2　财务管理环境

一、技术环境

财务管理的技术环境，是指财务管理得以实现的技术手段和技术条件，它决定着财务管理的效率和效果。目前，我国进行财务管理所依据的会计信息是通过会计系统所提供的，占企业经济信息总量的60%~70%。在企业内部，会计信息主要是提供给管理层决策使用，而在企业外部，会计信息则主要是为企业的投资者、债权人等提供服务。

目前，我国正全面推进会计信息化工作，力争通过5~10年的努力，建立健全会计信息化法规体系和会计信息化标准体系（包括可扩展商业报告语言XBRL分类标准），全力打造会计信息化人才队伍，基本实现大型企事业单位会计信息化与经营管理信息化的融合；进一步提升企事业单位的管理水平和风险防范能力，做到数出一门、资源共享，便于不同信息使用者获取、分析与利用，进行投资和相关决策；基本实现大型会计师事务所采用信息化手段对客户的财务报告和内部控制进行审计，进一步提升社会审计质量和效率；基本实现政府会计管理和会计监督的信息化，进一步提升会计管理水平和监管效能。通过全面推进会计信息化工作，我国的会计信息化能够达到或接近世界先进水平。我国企业会计信息化的全面推进，必将促使企业财务管理的技术环境进一步完善和优化。

二、经济环境

在影响财务管理的各种外部环境中，经济环境是最为重要的。经济环境内容十分广泛，包括经济体制、经济周期、经济发展水平、宏观经济政策及社会通货膨胀水平等。

1. 经济体制

在市场经济体制下，企业是"自主经营、自负盈亏"的经济实体，有独立的经营权，同时也有独立的理财权。企业可以从其自身需要出发，合理确定资本需要量，然后到市场上筹集资本，再把筹集到的资本投放到高效益的项目上获取更大的收益，最后将收益根据需要和可能进行分配，保证企业财务活动自始至终根据自身条件和外部环境做出各种财务管理决策并组织实施。因此，财务管理活动的内容比较丰富，方法也复杂多样。

2. 经济周期

在市场经济条件下，经济发展与运行带有一定的波动性。大体上经历了复苏、繁荣、衰退和萧条几个阶段的循环，这种循环叫作经济周期。在不同的经济周期，企业应采用不同的财务管理战略。西方财务学者探讨了经济周期中的财务管理战略，其要点归纳如表 1-1 所示。

表 1-1　经济周期中的财务管理战略

复苏	繁荣	衰退	萧条
增加厂房设备；实行长期租赁；建立存货；开发新产品；增加劳动力	扩充厂房设备；继续建立存货；提高产品价格；开展营销规划；增加劳动力	停止扩张；出售多余设备；停产不利产品；停止长期采购；削减存货；停止扩招雇员	建立投资标准；保持市场份额；压缩管理费用；放弃次要利益；削减存货；裁减雇员

3. 经济发展水平

财务管理的发展水平是和经济发展水平密切相关的，经济发展水平越高，财务管理水平也越好。财务管理水平的提高，能够推动企业降低成本，改进效率，提高效益，从而促进经济发展水平的提高；而经济发展水平的提高，能够改变企业的财务战略、财务理念、财务管理模式和财务管理的方法手段，从而促进企业财务管理水平的提高。财务管理应当以经济发展水平为基础，以宏观经济发展目标为导向，从业务工作角度保证企业经营目标和经营战略的实现。

4. 宏观经济政策

我国经济体制改革的目标是建立社会主义市场经济体制，以进一步解放和发展生产力。在这个目标的指导下，我国已经并正在进行财税体制、金融体制、外汇体制、外贸体制、价格体制、投资体制、社会保障制度等各项改革。所有这些改革措施，深刻地影响着我国的经济生活，也深刻地影响着我国企业的发展和财务活动的运行。如金融政策中的货币发行量、信贷规模会影响企业投资的资金来源和投资的预期收益；财税政策会影响企业的资金结构和投资项目的选择等；价格政策会影响资金的投向和投资的回收期及预期收益；会计制度的改革会影响会计要素的确认和计量，进而对企业财务活动的事前预测、决策及事后的评价产生影响，等等。

5. 社会通货膨胀水平

通货膨胀对企业财务活动的影响是多方面的。主要表现在以下几点：①引起资金占用的大量增加，从而增加企业的资金需求。②引起企业利润虚增，造成企业资金由于利润分配而流失。③引起利润上升，加大企业的资本成本。④引起有价证券价格下降，增加企业的筹资难度。⑤引起资金供应紧张，增加企业的筹资困难。

为了减轻通货膨胀对企业造成的不利影响，企业应当采取措施予以防范。在通货膨胀初期，货币面临着贬值的风险，这时企业进行投资可以避免风险，实现资本保值；与供应商签订长期购货合同，以减少物价上涨造成的损失；取得长期负债，保持资本成本的稳定。在通货膨胀持续期，企业可以采用比较严格的信用条件，减少企业债权；调整财务政策，防止和减少企业资本流失，等等。

三、金融环境

1. 金融机构

金融机构主要是指银行和非银行金融机构。银行是指经营存款、放款、汇兑、储蓄等金融业务，承担信用中介的金融机构，包括各种商业银行和政策性银行，如中国工商银行、中国农业银行、中国银行、中国建设银行、国家开发银行、中国农业发展银行。非银行金融机构主要包括保险公司、信托投资公司、证券公司、财务公司、金融资产管理公司、金融租赁公司等机构。

2. 金融工具

金融工具是指融通资金双方在金融市场上进行资金交易、转让的工具。借助金融工具，资金从供给方转移到需求方。金融工具分为基本金融工具和衍生金融工具两大类。常见的基本金融工具有货币、票据、债券、股票等。衍生金融工具又称派生金融工具，是在基本金融工具的基础上通过特定技术设计形成的新的融资工具，如各种远期合约、掉期、资产支持证券等，种类非常复杂，具有高风险、高杠杆效应的特点。

3. 金融市场

金融市场是指资金供应者和资金需求者双方通过一定的金融工具进行交易而融通资金的场所。金融市场的构成要素包括资金供应者和资金需求者、金融工具、交易价格、组织方式等。金融市场为企业融资和投资提供了场所，可以帮助企业实现长短期资金转换、引导资本流向和流量，提高资本效率。金融市场可以按照不同的标准进行分类。

（1）以期限为标准，金融市场可分为货币市场和资本市场。货币市场又称短期金融市场，是指以期限在1年以内的金融工具为媒介，进行短期资金融通的市场，包括同业拆借市场、票据市场、大额定期存单市场和短期债券市场；资本市场又称长期金融市场，是指以期限在1年以上的金融工具为媒介，进行长期资金交易活动的市场，包括股票市场和债券市场。

（2）以功能为标准，金融市场可分为发行市场和流通市场。发行市场又称为一级市场，它主要处理金融工具的发行与最初购买者之间的交易；流通市场又称为二级市场，它主要处理现有金融工具转让和变现的交易。

（3）以融资对象为标准，金融市场可分为资本市场、外汇市场和黄金市场。资本市场以货币和资本为交易对象；外汇市场以各种外汇金融工具为交易对象；黄金市场则是集中进行黄金买卖和金币兑换的交易市场。

（4）按所交易金融工具的属性，金融市场可分为基础性金融市场与金融衍生品市场。基础性金融市场是指以基础性金融产品为交易对象的金融市场，如商业票据、企业债券、企业股票的交易市场；金融衍生品交易市场是指以金融衍生品为交易对象的金融市场，如远期、期货、掉期（交换）、期权，以及具有远期、期货、掉期（交换）、期权中一种或多种特征的结构化金融工具的交易市场。

（5）以地理范围为标准，金融市场可分为地方性金融市场、全国性金融市场和国际性金融市场。

四、法律环境

市场经济是法制经济，企业的一些经济活动总是在一定法律规范内进行的。法律既约束企业的非法经济行为，也为企业从事各种合法经济活动提供保护。国家相关法律、法规按照对财务管理内容的影响情况可以分为如下几类。

（1）影响企业筹资的各种法规主要有公司法、证券法、金融法、证券交易法、合同法等。这些法规可以从不同方面规范或制约企业的筹资活动。

（2）影响企业投资的各种法规主要有证券交易法、公司法、企业财务通则等。这些法规从不同角度规范企业的投资活动。

（3）影响企业收益分配的各种法规主要有税法、公司法、企业财务通则等。这些法规从不同方面对企业收益分配进行了规范。

法律环境对企业的影响力是方方面面的，影响范围包括企业组织形式、公司治理结构、投融资活动、日常经营、收益分配等。如我国公司法规定，企业可以采用独资、合伙、公司制等企业组织形式；企业组织形式不同，业主（股东）权利责任、企业投融资、收益分配、纳税、信息披露等相应不同，公司治理结构也不同。

学习任务3 财务管理目标

财务管理目标是指企业在特定的理财环境中，通过组织财务活动，处理财务关系所要达到的目的。企业理财目标取决于企业生存目的或企业目标，也取决于整个社会经济体制、经济模式和企业所采用的组织制度，它们在很大程度上决定了企业财务目标的取向。所以，形成了利润最大化、每股收益最大化、股东财富最大化、企业价值最大化、相关者利益最大化等不同的理财目标观点。

一、利润最大化

利润最大化就是假定企业财务管理以实现利润最大化或每股收益最大化为目标。

利润最大化目标的主要优点是，企业追求利润最大化，就必须讲求经济核算，加强管理，改进技术，提高劳动生产率，降低产品成本。这些措施都有利于企业资源的合理配置，有利于企业整体经济效益的提高。

但是，以利润最大化作为财务管理目标存在以下缺陷：

（1）没有考虑利润实现时间和资金时间价值。比如，现在的50万元利润与10年后的

50 万元利润其实际价值是不一样的，因为 10 年间有时间价值的增加。

（2）没有考虑风险问题。不能将风险比较高的高科技企业与风险相对较小的制造企业进行简单比较，因为不同行业具有不同的风险，同等利润值在不同行业中的意义也不相同。

（3）没有反映创造的利润与投入资本之间的关系（每股收益最大化克服了这个缺陷）。

（4）可能导致企业短期财务决策倾向，影响企业长远发展。由于利润指标通常按年计算，因此，企业决策也往往服务于年度指标的完成或实现。

二、股东财富最大化

股东财富最大化是指企业财务管理以实现股东财富最大化为目标。在上市公司，股东财富是由其所拥有的股票数量和股票市场价格两方面决定的。在股票数量一定时，股票价格达到最高，股东财富也就达到最大。

与利润最大化相比，股东财富最大化的主要优点如下。

（1）考虑了风险因素，因为通常股价会对风险做出较敏感的反应。

（2）在一定程度上能避免企业短期行为，因为不仅目前的利润会影响股票价格，其未来的利润同样会对股价产生重要影响。

（3）对上市公司而言，股东财富最大化目标比较容易量化，便于考核和奖惩。

以股东财富最大化作为财务管理目标也存在一些缺点。

（1）通常只适用于上市公司，非上市公司难于应用，因为非上市公司无法像上市公司一样随时准确获得公司股价。

（2）股价受众多因素影响，特别是企业外部的因素，有些还可能是非正常因素。股价不能完全准确地反映企业财务管理状况，如有的上市公司处于破产的边缘，但由于可能存在某些机会，其股票市价可能还在走高。

（3）它强调得更多的是股东利益，而对其他相关者的利益重视不够。

三、企业价值最大化

企业价值最大化是指企业财务管理行为以实现企业的价值最大化为目标。企业价值最大化要求企业通过采用最优的财务政策，充分考虑资金的时间价值、风险与报酬的关系，在保证企业长期稳定发展的基础上使企业总价值达到最大。

以企业价值最大化作为财务管理目标的优点：

（1）考虑了取得报酬的时间，并用时间价值的原理进行计量。

（2）考虑了风险与报酬的关系。

（3）将企业长期、稳定的发展和持续的获利能力放在首位，能克服企业在追求利润上的短期行为。因为目前利润会影响企业的价值，预期未来的利润对企业价值增加也会产生重大影响。

（4）用价值代替价格，克服了过多受外界市场因素的干扰，有效地规避了企业的短期行为。

但是，以企业价值最大化作为财务管理目标也存在一定的缺点。

（1）企业的价值过于理论化，不易操作。尽管对于上市公司，股票价格的变动在一定程度上揭示了企业价值的变化，但是，股价是多种因素共同作用的结果，特别是在资本市场效率低下的情况下，股票价格很难反映企业的价值。

（2）对于非上市公司，只有对企业进行专门的评估才能确定其价值，而在评估企业的资产时，由于受评估标准和评估方式的影响，很难做到客观和准确。

四、相关者利益最大化

在现代企业是多边契约关系的总和的前提下，要确立科学的财务管理目标，首先就要考虑哪些利益关系会对企业发展产生影响。在市场经济中，企业的理财主体更加细化和多元化。股东作为企业所有者，在企业中承担着最大的权力、义务、风险和报酬，同样债权人、员工、企业经营者、客户、供应商和政府也为企业承担着风险。企业的利益相关者不仅包括股东，还包括债权人、企业经营者、客户、供应商、员工、政府等。因此，在确定企业财务管理目标时，不能忽视这些相关利益群体的利益。

相关者利益最大化目标的具体内容包括：强调风险与报酬的均衡，将风险限制在企业可以承受的范围内；强调股东的首要地位，并强调企业与股东之间的协调关系；强调对代理人即企业经营者的监督和控制，建立有效的激励机制以便企业战略目标的顺利实施；关心本企业普通职工的利益，创造优美和谐的工作环境和提供合理恰当的福利待遇；培养职工长期努力为企业工作的意识；不断加强与债权人的关系，培养可靠的资金供应者；关心客户的长期利益，以便保持销售收入的长期稳定增长；加强与供应商的协作，共同面对市场竞争，并注重企业形象的宣传，遵守承诺，讲究信誉；保持与政府部门的良好关系。

以相关者利益最大化作为财务管理目标的优点：

（1）有利于企业长期稳定发展。这一目标注重企业在发展过程中考虑并满足各利益相关者的利益关系。在追求长期稳定发展的过程中，站在企业的角度进行投资研究，避免了只站在股东的角度进行投资可能导致的一系列问题。

（2）体现了合作共赢的价值理念，有利于实现企业经济效益和社会效益的统一。由于兼顾了企业、股东、政府、客户等的利益，企业就不仅仅是一个单纯谋利的组织，还承担了一定的社会责任。企业在寻求其自身的发展和利益最大化过程中，由于客户及其他利益相关者的利益，就会依法经营、依法管理，正确处理各种财务关系，自觉维护和确实保障国家、集体和社会公众的合法权益。

（3）这一目标本身是一个多元化、多层次的目标体系，较好地兼顾了各利益主体的利益。这一目标可使企业各利益主体相互作用、相互协调，并在使企业利益、股东利益达到最大化的同时，也使其他利益相关者利益达到最大化，即在将企业财富这块"蛋糕"做到最大化的同时，保证每个利益主体所得的"蛋糕"更多。

（4）体现了前瞻性和现实性的统一。比如，企业作为利益相关者之一，有其一套评价指标，如未来企业报酬贴现值；股东的评价指标可以使用股票市价；债权人可以寻求风险最小、利息最大；工人可以确保工资福利；政府可考虑社会效益等。不同的利益相关者有各自的指标，只要合理合法、互利互惠、相互协调，就可以实现所有相关者利益最大化。

五、财务管理目标之间的关系

上述利润最大化、股东财富最大化、企业价值最大化以及相关者利益最大化等各种财务管理目标，都以股东财富最大化为基础。因为，企业是市场经济的主要参与者，企业的创立和发展必须以股东的投入为基础，离开了股东的投入，企业就不复存在。并且，在企业的日常经营过程中，作为所有者的股东在企业中承担着最大的义务和风险，相应也需享有最高的报酬，即股东财富最大化，否则就难以为市场经济的持续发展提供动力。

当然，以股东财富最大化为核心和基础，还应考虑利益相关者的利益。各国公司法都规定，股东权益是剩余权益，只有满足了其他方面的利益之后才会有股东的利益。企业必须交税、给职工发工资、为顾客提供满意的产品与服务等，然后才能获得税后收益。可见，其他利益相关者的要求优先于股东被满足，因此这种满足必须是有限度的。如果对其他利益相关者的要求不加限制，股东就不会有"剩余"。除非股东确信投资会带来满意的回报，否则股东不会出资。没有股东财富最大化的目标，利润最大化、企业价值最大化以及相关者利益最大化的目标也就无法实现。因此，在强调公司承担应尽的社会责任的前提下，应当允许企业以股东财富最大化为目标。

学习任务4　财务管理体制与环节

一、财务管理体制

企业财务管理体制是明确企业各财务层级财务权限、责任和利益的制度，其核心问题是如何配置财务管理权限。企业财务管理体制决定着企业财务管理的运行机制和实施模式。概括地说，企业财务管理体制可分为集权型财务管理体制、分权型财务管理体制、集权与分权相结合型财务管理体制三种模式。

集权型财务管理体制是指企业对各所属单位的所有财务管理决策都进行集中统一，各所属单位没有财务决策权，企业总部财务部门不但参与决策和执行决策，在特定情况下还直接参与各所属单位的执行过程。集权型财务管理体制下企业内部的主要管理权限集中于企业总部，各所属单位执行企业总部的各项指令。它的优点在于：企业内部的各项决策均由企业总部制定和部署，企业内部可充分展现其一体化管理的优势，利用企业的人才、智力、信息资源，努力降低资金成本和风险损失，使决策的统一化、制度化得到有力的保障。同时，采用集权型财务管理体制，有利于在整个企业内部优化配置资源，有利于实行内部调拨价格，有利于内部采取避税措施及防范汇率风险，等等。它的缺点是：集权过度会使各所属单位缺乏主动性和积极性，丧失活力，也可能因为决策程序相对复杂而失去适应市场的弹性，丧失市场机会。

分权型财务管理体制是指企业将财务决策权与管理权完全下放到各所属单位，各所属单位只需将一些决策结果报请企业总部备案即可。分权型财务管理体制下企业内部的管理权限分散于各所属单位，各所属单位在人、财、物、供、产、销等方面有决定权。它的优点是：由于各所属单位负责人有权对影响经营成果的因素进行控制，加之身在基层，了解情况，有利于针对本单位存在的问题及时做出有效决策，因地制宜地搞好各项业务，也有利于分散经营风险，促进所属单位管理人员和财务人员的成长。它的缺点是：各所属单位大都从本位利益出发安排财务活动，缺乏全局观念和整体意识，从而可能导致资金管理分散、资金成本增大、费用失控、利润分配无序。

集权与分权相结合型财务管理体制，其实质就是集权下的分权，企业对各所属单位在所有重大问题的决策与处理上实行高度集权,各所属单位则对日常经营活动具有较大的自主权。集权与分权相结合型财务管理体制,意在以企业发展战略和经营目标为核心,将企业内重大决策权集中于企业总部,而赋予各所属单位自主经营权。

企业的财务特征决定了分权的必然性,而企业的规模效益、风险防范又要求集权。集权与分权相结合的财务管理体制,吸收了集权型和分权型财务管理体制各自的优点,避免了二者各自的缺点,从而具有较大的优越性。

集权与分权相结合型财务管理体制的核心内容是企业总部应做到制度统一、资金集中、信息集成和人员委派。具体应集中制度制定权、筹资融资权、投资权、用资与担保权、固定资产购置权、财务机构设置权、收益分配权;分散经营自主权、人员管理权、业务定价权、费用开支审批权。

二、财务管理环节

财务管理环节是企业财务管理的工作步骤与一般工作程序。一般而言,企业财务管理包括以下几个环节。

1. 计划与预算

计划与预算管理环节包括财务预测、财务计划和财务预算。

(1) 财务预测是根据企业财务活动的历史资料,考虑现实的要求和条件,对企业未来的财务活动做出较为具体的预计和测算的过程。财务预测可以测算各项生产经营方案的经济效益,为决策提供可靠的依据;可以预测财务收支的发展变化情况,以确定经营目标;可以测算各项定额和标准,为编制计划、分解计划指标服务。

(2) 财务计划是根据企业整体战略目标和规划,结合财务预测的结果,对财务活动进行规划,并以指标形式落实到每一计划期间的过程。财务计划主要通过指标和表格,以货币形式反映在一定的计划期内企业生产经营活动所需要的资金及其来源、财务收入和支出、财务成果及其分配的情况。

(3) 财务预算是根据财务战略、财务计划和各种预测信息,确定预算期内各种预算指标的过程。它既是财务战略的具体化,也是财务计划的分解和落实。

2. 决策与控制

财务决策是指按照财务战略目标的总体要求,利用专门的方法对各种备选方案进行比较和分析,从中选出最佳方案的过程。财务决策是财务管理的核心,决策的成功与否直接关系到企业的兴衰成败。

财务控制是指利用有关信息和特定手段,对企业的财务活动施加影响或调节,以便实现计划所规定的财务目标的过程。

3. 分析与考核

财务分析是指根据企业财务报表等信息资料,采用专门方法,系统分析和评价企业财务状况、经营成果以及未来趋势的过程。

财务考核是指将报告期实际完成数与规定的考核指标进行对比,确定有关责任单位和个人完成任务的过程。财务考核与奖惩紧密联系,既是贯彻责任制原则的要求,也是构建激励与约束机制的关键环节。

学习任务 5　学习效果检验

一、单项选择题

1. 以企业价值最大化作为财务管理目标存在的问题有（　　）。
   A. 没有考虑资金的时间价值　　　　B. 没有考虑投资的风险价值
   C. 企业的价值难以评定　　　　　　D. 容易引起企业的短期行为
2. 财务管理的核心工作环节为（　　）。
   A. 财务预测　　　B. 财务决策　　　C. 财务预算　　　D. 财务控制
3. （　　）是财务计划的具体化，是财务控制和财务分析的依据。
   A. 财务预测　　　B. 财务决策　　　C. 财务评价　　　D. 财务考核
4. 以每股利润最大化作为财务管理目标，其优点是（　　）。
   A. 考虑了资金的时间价值　　　　　B. 考虑了投资的风险价值
   C. 有利于企业克服短期行为　　　　D. 反映了投入资本与收益的对比关系
5. 在下列各项中，能够反映上市公司价值最大化目标实现程度的指标是（　　）。
   A. 总资产报酬率　B. 净资产收益率　C. 每股市价　　　D. 每股利润
6. 财务管理的目标用股东财富最大化来表示，能表明股东财富的指标是（　　）。
   A. 利润总额　　　B. 每股利润　　　C. 资本利润率　　D. 每股股价
7. 财务关系是指企业在财务活动中所体现的与各方面的（　　）。
   A. 货币结算关系　B. 债权债务关系　C. 货币关系　　　D. 经济利益关系
8. 企业财务管理最理想的目标是（　　）。
   A. 利润最大化　　B. 股东财富最大化　C. 企业价值最大化　D. 相关者利益最大化
9. 下列应对通货膨胀风险的各种策略中，错误的是（　　）。
   A. 进行长期投资　　　　　　　　　B. 签订长期购货合同
   C. 取得长期借款　　　　　　　　　D. 签订长期销货合同

二、多项选择题

1. 企业财务活动主要包括（　　）。
   A. 筹资活动　　　B. 投资活动　　　C. 人事管理活动　D. 分配活动
2. 以企业价值最大化作为财务管理目标，其优点是（　　）。
   A. 更能揭示市场认可企业的价值　　B. 考虑了资金的时间价值
   C. 考虑了投资风险价值　　　　　　D. 考虑了各方经济利益
3. 企业财务管理目标如果为利润最大化，它存在的缺点为（　　）。
   A. 没有考虑资金的时间价值　　　　B. 没有考虑投资风险价值
   C. 不能反映利润与投入资本的关系　D. 可能导致企业短期行为
4. 企业财务管理包括（　　）几个环节。
   A. 财务计划　　　B. 财务预算　　　C. 财务控制　　　D. 财务分析
5. 下列关于利润最大化目标和股东财富最大化目标的说法不正确的有（　　）。
   A. 均没有考虑风险因素　　　　　　B. 均受股价变动的影响

C. 均不能避免企业的短期行为　　　　D. 通常只适用于上市公司
6. 下列关于集权型财务管理体制的表述中，正确的有（　　）。
A. 企业总部财务部门在特定情况下，可直接参与各所属单位执行过程
B. 有利于在整个企业内部优化配置资源，有利于实行内部调拨价格
C. 可能导致资金成本增大、费用失控、利润分配无序
D. 集权过度会使各所属单位缺乏主动性和积极性，丧失活力
7. 法律环境对企业的影响是多方面的，以下各选项中，属于法律环境影响范围的有（　　）。
A. 企业组织形式　　B. 公司治理结构　　C. 投融资活动　　D. 收益分配
8. 下列各财务管理目标中，考虑了风险因素的有（　　）。
A. 利润最大化　　B. 股东财富最大化　　C. 企业价值最大化　　D. 相关者利益最大化
9. 在下列各项中，属于企业财务管理的法律环境内容的有（　　）。
A. 金融市场　　B. 公司法　　C. 金融工具　　D. 税收法规

三、判断题

1. 企业财务活动的内容，也是企业财务管理的基本内容。（　　）
2. 股票市价是一个能够较好地反映企业价值最大化目标实现程度的指标。（　　）
3. 以每股利润最大化作为财务管理的目标，考虑了资金的时间价值但没有考虑投资的风险价值。（　　）
4. 在经济复苏阶段，公司一般应当增加厂房设备，开发新产品。（　　）
5. 分权型财务管理体制是指企业将财务决策权与管理权完全下放到各所属单位，各所属单位的决策结果不需报请企业总部备案。（　　）
6. 在经济萧条时期，公司采取的财务战略可以是削减存货、裁减雇员。（　　）
7. 财务预算是财务战略、财务计划的具体化，是财务管理的核心。（　　）
8. 在影响财务管理的各种外部环境中，金融环境是最为重要的。（　　）
9. 金融市场按功能分为一级市场和二级市场，即基础性金融市场和金融衍生品市场。（　　）

学习情境二

财务分析与评价实务

目的要求

本学习情境主要介绍财务分析评价的内容和方法、偿债能力分析实务、营运能力分析实务、盈利与发展能力分析、财务评价实务。在工作任务的驱动下完成相应的学习任务,能够理解财务分析与评价的内容与方法、企业综合绩效评价的指标体系;能够掌握趋势分析法、比率分析法、因素分析法、杜邦分析法和沃尔比重评价法;能够掌握偿债能力、营运能力、盈利能力、发展能力的评价指标及其应用。

学习任务1 财务分析的内容和方法

一、财务分析的内容

财务分析是指以企业财务会计报告反映的财务指标为主要依据,采用专门方法,对企业过去的财务状况、经营成果、现金流量及未来前景所进行的剖析。财务分析的一般目的可以概括为:评价过去的经营业绩,反映企业在运营过程中的利弊得失;衡量现在的财务状况,预测未来的发展趋势,为财务报表使用者做出相关决策提供可靠的依据。

企业对外发布的财务会计报告,是根据全体使用人的一般要求设计的。财务分析的不同主体出于不同的利益考虑,在对企业进行财务分析时有着各自不同的要求,他们会选择自己需要的信息,重新排列,并研究其相互关系,使之符合特定决策要求。所以,财务分析的内容既有共性又有不同的侧重。

（1）企业所有者作为投资人,关心其资本的保值和增值状况,因此较为重视企业获利能力指标,主要进行企业盈利能力分析。

（2）企业债权人因不能参与企业剩余收益分享,首先关注的是其债权的安全性,因此更重视企业偿债能力指标,主要进行企业偿债能力分析,同时也关注企业盈利能力分析。

（3）企业经营决策者必须对企业经营管理的各个方面,包括营运能力、偿债能力、获利能力及发展能力的全部信息予以详尽的了解和掌握,主要进行各方面的综合分析,并关注企业财务风险和经营风险。

（4）政府兼具多重身份,如财政、税务、海关、国有资产管理、工商管理等政府部门,有的是宏观经济管理者,有的是国有企业所有者,有的是市场的重要管理者等,因此政府对企业财务分析的关注点因其所具身份不同而异。

尽管不同利益的主体进行财务分析有着各自的侧重点，但就企业总体来看，财务分析的内容可归纳为四个方面：偿债能力分析、营运能力分析、盈利能力分析和发展能力分析。其中偿债能力是财务目标实现的稳健保证；营运能力是财务目标实现的物质基础；盈利能力是两者共同作用的结果，同时也对两者的增强起着推动作用。四者相辅相成，共同构成企业财务分析的基本内容。

二、财务分析基本方法

（一）比较分析法

比较分析法又称趋势分析法、水平分析法，是通过对比两期或连续数期财务报告中的相同指标，确定其增减变动的方向、数额和幅度，来说明企业财务状况或经营成果的变动趋势的方法。采用这种方法，可以分析引起变化的主要原因、变动性质，并预测企业未来的发展前景。

1. 定基与环比分析

对于重要的财务指标，可进行定基与环比分析，直接观察其增减变动情况，考察其发展趋势，预测其发展前景。定基分析是以某一时期的数额为固定的基期数额而计算出动态比率的分析方式。环比分析是以每一分析期的前期数额为基期数额而计算出动态比率的分析方式。它们的计算公式如下：

$$\text{定基动态比率} = \frac{\text{分析期数额}}{\text{固定基期数额}} \qquad \text{环比动态比率} = \frac{\text{分析期数额}}{\text{前期数额}}$$

注：以上计算的是发展速度指标，包括定基发展速度、环比发展速度。发展速度减 1 即为增减速度，包括定基增减速度和环比增减速度。

【工作任务 2－1】某公司近 5 年营业收入（金额单位：万元）如表 2－1 所示。

【工作成果】

计算定基与环比发展速度、增减速度如表 2－1 所示。

表 2－1　定基与环比发展速度计算表

年度	前 4 年	前 3 年	前 2 年	前 1 年	今年
营业收入/万元	36 000	38 500	41 000	44 300	46 800
定基发展速度/%	100	106.94	113.89	123.06	130
定基增减速度/%	—	6.94	13.89	23.06	30
环比发展速度/%	100	106.94	106.49	108.05	105.64
环比增减速度/%	—	6.94	6.49	8.05	5.64

2. 会计报表的动态比较

会计报表动态比较是将连续数期的会计报表的金额并列起来，比较其相同指标的增减变动金额和幅度，据以判断企业财务状况和经营成果发展变化的一种方法。会计报表比较包括资产负债表比较、利润表比较和现金流量表比较等。比较时，既要计算出表中有关项目增减变动的绝对额，又要计算出其增减变动的百分比。

3. 会计报表项目构成的比较

会计报表项目构成比较是以会计报表中的某个总体指标作为100%，再计算出各组成指标占该总体指标的百分比，从而比较各个项目百分比的增减变动，以此来判断有关财务活动的变化趋势。这种方法能消除不同时期或不同企业之间业务规模差异的影响，有利于分析企业的耗费水平和盈利水平。

【工作任务2-2】某公司近两年的利润表简表（金额单位：万元）如表2-2所示。

【工作成果】

进行报表动态比较分析、报表构成比较分析，如表2-2。

表2-2 利润表的动态与构成比较分析

报表项目	已知数据		报表动态比较		报表构成比较		
	去年/万元	今年/万元	增减额/万元	增减比例/%	去年构成/%	今年构成/%	增减比例/%
营业收入	39 000	42 000	3 000	7.69	100	100	—
营业成本	29 500	31 200	1 700	5.76	75.64	74.29	-1.36
期间费用	4 800	5 100	300	6.25	12.31	12.14	-0.16
净利润	3 500	4 100	600	17.14	8.97	9.76	0.79

（二）比率分析法

比率分析法是通过计算各种比率指标来确定经济活动变动程度的分析方法。比率是相对数，采用这种方法，能够把某些条件下的不可比指标变为可以比较的指标，以利于分析对比。主要有构成比率、效率比率和相关比率三类比率指标。

1. 构成比率

构成比率又称结构比率，它是某项财务指标的各组成部分数值占总体数值的百分比，反映部分与总体的关系。如流动资产占总资产的比重、长期负债占总负债的比重等。

2. 效率比率

效率比率是某项经济活动中所费与所得的比例，反映投入与产出的关系。利用效率比率指标，可以进行得失比较，考察经营成果，评价经济效益。如将净利润与营业收入、营业成本、资本金等项目对比，可从不同角度观察比较企业获利能力的高低及其增减变化情况。

3. 相关比率

相关比率是以某个项目与其有关但又不同的项目加以对比所得的比率，反映有关经济活动的相互关系。利用相关比率指标，可以考察企业有联系的相关业务安排得是否合理，以保障运营活动顺利进行。如将流动资产与流动负债加以对比，计算出流动比率，据以判断企业的短期偿债能力等。

（三）因素分析法

1. 因素分析法种类

因素分析法是依据分析指标和影响因素的关系，从数量上确定各因素对指标影响方向和影响程度的一种方法。采用这种方法的出发点在于，当有若干因素对分析指标发生影响作用时，假定其他各个因素都没有变化，顺序确定每一个因素单独变化所产生的影响。因素分析法有连环替代法和差额分析法两种。

（1）连环替代法。连环替代法是将分析指标分解为各个可以计量的因素，并根据各个因素之间的依存关系，顺次用各因素的比较值替代基准值，据以测定各因素对分析指标的影响。通常情况下，比较值采用实际值，而基准值则采用计划值（预算值）或标准值。

（2）差额分析法。差额分析法是连环替代法的一种简化形式，它是利用各个因素的比较值与基准值之间的差额，来计算各因素对分析指标的影响的方法。

【工作任务 2-3】某公司今年产品销售预算与执行情况如表 2-3 所示。

表 2-3 销售预算与执行情况表

项目	销量/台	单价/元	销售收入/元
预算数（基准值）	8 500	25	212 500
实际数（比较值）	8 200	35	287 000

【工作成果】
(1) 用连环替代法分析各因素对销售收入的影响方向和程度。
预算指标（基准值）：$8\,500 \times 25 = 212\,500$（元）
替代销量：$8\,200 \times 25 = 205\,000$（元）
所以，销量下降影响收入：$205\,000 - 212\,500 = -7\,500$（元）
替代单价：$8\,200 \times 35 = 287\,000$（元）
所以，单价上升影响收入：$287\,000 - 205\,000 = 82\,000$（元）。
(2) 用差额分析法分析各因素对销售收入的影响程度与方向。
销量减少影响收入：$(8\,200 - 8\,500) \times 25 = -7\,500$（元）
单价上升影响收入：$8\,200 \times (35 - 25) = 82\,000$（元）。

2. 因素分析法的注意事项

因素分析法既可以全面分析各因素对某一经济指标的影响，又可以单独分析某个因素对某一经济指标的影响，在财务分析中应用广泛。但在应用时应注意以下几点。

（1）因素分解的关联性。即确定构成经济指标的因素，必须客观存在因果关系，要能够反映形成该项经济指标差异的内在构成原因，否则就失去了其存在的价值。

（2）因素替代的顺序性。替代因素时，必须按照各因素的依存关系，排列成一定的顺序并依次替代，不可随意加以颠倒，否则就会得出不同的计算结果。一般而言，应先绝对值后相对数因素、先数量后单价因素、先金额后质量因素等。

（3）顺序替代的连环性。因素分析法在计算每一个因素变动的影响时，都是在前一次计算的基础上进行的，并采用连环比较的方法确定因素变化影响结果。因为只有保持计算顺序的连环性，才能使各个因素影响之和等于分析指标变动的差异，以全面说明分析指标变动的原因。

（4）计算结果的假定性。由于因素分析法计算的各因素变动的影响数，会因替代计算顺序的不同而有差别，因而计算结果不免带有假定性，即它不可能使每个因素计算的结果都达到绝对的准确。它只是在某种假定前提下的影响结果，离开了这种假定前提条件，也就不会是这种影响结果。故此，分析时应力求使这种假定是合乎逻辑的假定，是具有实际经济意义的假定。这样，计算结果的假定性，才不至于妨碍分析的有效性。

三、财务评价

财务评价是对企业财务状况和经营情况进行的总结、考核和评价。它以企业的财务报表和其他财务分析资料为依据，注重对企业财务分析指标的综合考核。财务评价的方法有很多，主要有杜邦分析法、沃尔评分法、功效系数法等。运用科学的财务绩效评价手段，实施财务绩效综合评价，不仅可以真实反映企业经营绩效状况，判断企业的财务改进水平，而且有利于适时揭示财务风险，引导企业持续、快速、健康地发展。

学习任务2 偿债能力分析实务

偿债能力是指企业偿还到期债务（包括本息）的能力。偿债能力如何，是衡量一个企业财务状况好坏的重要标志，企业财务管理人员、投资者、债权人都非常重视企业偿债能力。因此，财务分析首先要对企业偿债能力进行分析。偿债能力分析包括短期偿债能力分析和长期偿债能力分析。

一、短期偿债能力分析

短期偿债能力是指企业流动资产对流动负债及时足额偿还的保证程度，是衡量企业当前财务能力，特别是流动资产变现能力的主要指标。衡量一个企业短期偿债能力，主要是对流动资产和流动负债进行分析，流动资产大于流动负债，说明企业具有短期偿债能力；反之，则偿债能力不足。评价短期偿债能力主要用流动比率、速动比率和现金比率进行衡量。

1. 流动比率

流动比率是企业流动资产与流动负债的比率，它表明企业每一元流动负债有多少流动资产作为偿债的保证。其计算公式如下：

$$流动比率 = \frac{流动资产}{流动负债}$$

【工作任务2-4】ABC公司今年年底的资产负债表简表如表2-4所示。

表2-4 资产负债表   单位：万元

资产	年初数	年末数	负债及所有者权益	年初数	年末数
货币资金	2 409	2 718	短期借款	2 860	2 980
交易性金融资产	1 900	1 200	应付账款	3 054	3 156
应收账款	3 560	3 940	预收账款	689	883
预付账款	85	160	其他应付款	86	92
其他应收款	65	78	流动负债合计	6 689	7 111
存货	9 600	10 028	长期负债	6 200	5 800
流动资产合计	17 619	18 124	负债合计	12 889	12 911
持有至到期投资	360	423	实收资本	16 000	16 000

续表

资产	年初数	年末数	负债及所有者权益	年初数	年末数
固定资产净值	13 089	14 860	盈余公积	1 410	1 890
无形资产	320	290	未分配利润	1 089	2 896
			所有者权益合计	18 499	20 786
资产合计	31 388	33 697	负债及所有者权益合计	31 388	33 697

【工作成果】

根据表2-4，ABC公司年末流动比率：18 124÷7 111=2.55%

去年流动比率：17 619÷6 689=2.63%

若仅用该指标，说明该公司的短期偿债能力在下降。

一般情况下，流动比率越高，反映企业短期偿债能力越强，债权人的权益越有保证。企业财务状况要稳定可靠，除了满足日常生产经营的流动资金外，还要有足够的财力偿付短期债务。如果比率过低，则表示企业可能捉襟见肘，难以如期偿还债务。而流动比率也不可以过高，过高则表明企业流动资产占用较多，会影响资金的使用效率和企业的筹资成本，进而影响获利能力。究竟应保持多高水平的流动比率，主要根据企业对待风险与收益的态度来确定。分析时应注意以下几个问题。

（1）虽然流动比率越高，企业偿还短期债务的能力越强，但这并不等于企业已有足够的现金或存款用来偿债。流动比率高可能是存货积压、应收账款增多且收账期延长所致，而用来偿债的现金和存款等货币资金却严重短缺。所以，企业应在分析流动比率的基础上，进一步对现金流量加以考察。

（2）从短期债权人的角度看，自然希望流动比率越高越好。但从企业经营角度看，过高的流动比率通常意味着企业闲置现金的持有量过多，必然造成企业机会成本的增加和获利能力的降低。因此，企业应尽可能将流动比率控制在不使货币资金闲置的水平。

（3）流动比率是否合理，不同行业、不同企业以及同一企业不同时期的评价标准是不同的，因此，不能用统一的标准来评价各企业流动比率合理与否。

2. 速动比率

速动比率是企业速动资产与流动负债的比率。速动资产是指流动资产减去变现能力较差且不稳定的存货、预付账款后的余额。由于剔除了存货等变现能力较弱且不稳定的资产，所以，速动比率较流动比率能够更加准确、可靠地评价企业资产的流动性及其偿还短期负债的能力。其计算公式如下：

$$速动比率 = \frac{速动资产}{流动负债}$$

【工作成果】

根据表2-4，ABC公司年末速动比率：(18 124-10 028-160)÷7 111=1.12%

去年速动比率：(17 619-9 600-85)÷6 689=1.19%

若仅用该指标，说明该公司的短期偿债能力在下降。

一般情况下，速动比率越高，表明企业偿还流动负债的能力越强，但却会因企业现金及应收账款资金占用过多而丧失投资于其他项目获得收益的机会（增加机会成本）。如果过小，必使企业面临很大的偿债风险。

运用速动比率进行分析时，须注意的是：尽管速动比率更能反映出流动负债偿还的安全性和稳定性，但并不能认为速动比率较低的企业的流动负债到期绝对不能偿还。实际上，如果企业存货流转顺畅，变现能力较强，即使速动比率较低，只要流动比率高，企业仍然有望偿还到期债务的本息。同时，影响速动比率可信度的重要因素是应收账款的变现能力，如果企业的应收账款中，有较大部分不易收回，可能成为坏账，那么速动比率就不能真实地反映企业的偿债能力。

3. 现金流动负债比率

现金流动负债比率是企业一定时期的经营现金净流量同流动负债的比率，它可以从现金流量角度来反映企业当前偿付短期负债的能力。其中，经营现金净流量是指一定时期内，企业经营活动所产生的现金及现金等价物流入与流出的差额。其计算公式如下：

$$现金流动负债比率 = \frac{年经营现金净流量}{年末流动负债}$$

现金流动负债比率从现金流入和流出的动态角度对企业的实际偿债能力进行考察，由于有利润的年份不一定有足够的现金偿还债务，所以，利用以收付实现制为基础计量的现金流动负债比率指标，能充分体现企业经营活动所产生的现金净流量可以在多大程度上保证当期流动负债的偿还，从而直观地反映出企业偿还流动负债的实际能力。用该指标反映企业偿债能力更加谨慎。该指标越大，表明企业经营活动产生的现金净流量越多，越能保证企业按期偿还到期债务，但也并不是越大越好，该指标过大则表明企业流动资金利用不充分，盈利能力不强。

二、长期偿债能力分析

长期偿债能力是指企业偿还长期负债的能力，其主要指标包括资产负债率、产权比率和已获利息倍数等。

1. 资产负债率

资产负债率又称负债比率，指企业负债总额与资产总额的比率。表明企业资产总额中，债权人提供资金所占的比重，以及企业资产对债权人权益的保障程度。其计算公式如下：

$$资产负债率 = \frac{负债总额}{资产总额}$$

【工作成果】

根据表2-4，ABC公司年末资产负债率：12 911÷33 697＝38.31%

去年资产负债率：12 889÷31 388＝41.06%

若仅用该指标，说明该公司的长期偿债能力在下降。

一般情况下，资产负债率越小，表明企业长期偿债能力越强。在对资产负债率进行分析时，站在不同角度，对该指标的要求有所不同。

（1）从债权人立场看，最关心的是贷给企业款项的安全程度，也就是能否收回本金和利息。他们希望债务比例越低越好，企业偿债有保证，贷款才不会有太大的风险。

（2）从投资者角度看，由于企业通过举债筹措的资金与投资者投入的资金在经营中发挥同样的作用，所以，投资者所关心的是全部资本利润率是否超过借入款项利息率，在全部资本息税前利润率高于借款利息率时，负债比例越大越好；否则不能负债经营。

(3) 从经营者的立场看，如果负债过大，超出债权人心理承受能力，企业就筹集不到负债资金。如果企业不举债，或负债比例很小，说明企业畏缩不前，对前途信心不足，利用债权人资本进行经营活动的能力很差。

从财务管理的角度来看，企业应当审时度势，全面考虑，在利用资产负债率确定借入资本决策时，必须充分估计预期的利润和增加的风险，在二者之间权衡利弊得失，做出正确决策。

2. 产权比率

产权比率又称资本负债率，是指负债总额与所有者权益总额之比率，是企业财务结构稳健与否的重要标志。它反映企业所有者权益对债权人权益的保障程度。其计算公式如下：

$$产权比率 = \frac{负债总额}{所有者权益}$$

【工作成果】

根据表2-4，ABC公司年末产权比率：12 911÷20 786 = 62.11%

去年产权比率：12 889÷18 499 = 69.67%

若仅用该指标，说明该公司的长期偿债能力在下降。

一般情况下，产权比率越低，表明企业的长期偿债能力越强，债权人权益的保障程度越高，承担的风险越小，但企业不能充分地发挥负债经营作用。产权比率说明由债权人提供的资本与股东提供的资本的相对关系，反映企业基本财务关系是否稳定。产权比率高，是高风险并可能是高报酬的财务结构；产权比率低，是低风险、低报酬的财务结构。所以，企业在评价产权比率适度与否时，应从提高获利能力与增强偿债能力两个方面综合进行，即在保障债务偿还安全的前提下，尽可能提高产权比率。

资产负债率与产权比率对评价偿债能力的作用基本相同，两者的主要区别是：资产负债率侧重于分析债务偿付安全性的物质保障程度，产权比率则侧重于揭示财务结构的稳健程度以及股权资本对偿债风险的承受能力。

3. 已获利息倍数

已获利息倍数又称利息保障倍数，是指企业一定时期息税前利润与利息费用的比率，用以衡量企业偿付借款利息的能力。其中，息税前利润是指利润总额与利息支出的合计数；利息支出指实际支出的借款利息、债券利息等。其计算公式如下：

$$已获利息倍数 = \frac{息税前利润}{利息费用}$$

【工作任务2-5】ABC公司今年利润表如表2-5所示，设财务费用全部为利息支出。

表2-5 利润表　　　　　　　　　　　　　　　　　　单位：万元

项目	上年实际	本年累计
一、营业收入	54 080	63 305
减：营业成本	32 150	37 180
营业税金及附加	3 220	3 720
销售费用	4 912	5 809
管理费用	2 304	2 986
财务费用	894	871
加：投资收益	312	298

续表

项目	上年实际	本年累计
二、营业利润	10 912	13 037
加：营业外收入	89	112
减：营业外支出	79	86
三、利润总额	10 922	13 063
减：所得税费用	2 731	3 266
四、净利润	8 191	9 797

【工作成果】

根据表 2-5，ABC 公司今年已获利息倍数：(13 063 + 871) ÷ 871 = 16

去年已获利息倍数：(10 922 + 894) ÷ 894 = 13

若仅用该指标，说明该公司的盈利能力不断增强，长期偿债能力有所提高。

已获利息倍数不仅反映企业获利能力的大小，而且反映了获利能力对偿还债务的保证程度，它既是企业举债经营的前提依据，也是衡量企业长期偿债能力大小的重要标志。一般情况下，利息保障倍数越大，反映企业投资利润率越高，支付长期债务利息的能力越强。长期来看，若要维持正常的偿债能力，利息保障倍数至少应当大于1。如果利息保障倍数过小，企业将面临亏损以及偿债安全性与稳定性下降的风险。因此，长期债权人在判定企业长期偿债能力时，除了依据企业合理的资产负债率和产权比率判断债权保障外，还需考察企业的利息保障倍数，分析长期投入资金的获利程度，以求提高收回利息和本金的保障程度。

学习任务3　营运能力分析实务

企业资产营运能力的强弱关键取决于资产的周转速度。一般来说，周转速度越快，资产的使用效率越高，资产营运能力则越强；反之，营运能力就越差。资产周转速度通常用周转率和周转期表示。周转率即企业在一定时期内资产的周转额与平均余额的比率，它反映企业资产在一定时期的周转次数。周转次数越多，表明周转速度越快，资产营运能力越强。周转期是周转次数的倒数与计算期天数的乘积，反映周转一次所需要的天数。周转天数越少，表明周转速度越快，资产营运能力越强。营运能力的分析可以从流动资产周转、固定资产周转和总资产周转三个方面进行分析。

一、流动资产周转分析

1. 存货周转率

存货周转率，也称存货周转次数，是指一定时期内企业销售成本与存货平均占用额的比率，是反映企业流动资产流动性的一个指标，也是衡量企业生产经营各环节中存货运营效率的一个综合性指标。其计算公式如下：

$$存货周转次数 = \frac{销售成本}{平均存货余额}$$

$$存货周转天数 = \frac{计算期天数}{存货周转率} = \frac{计算期天数 \times 平均存货余额}{销售成本}$$

式中：平均存货余额＝（期初存货＋期末存货）÷2；在财务管理中，按一年360天、一季90天、一月30天计算天数（全书相同）。

【工作成果】

（1）根据表2－4和表2－5，ABC公司今年存货周转指标计算如下：

存货周转次数：37 180÷[（9 600＋10 028）÷2]＝3.79（次）

存货周转天数：360÷{37 180÷[（9 600＋10 028）÷2]}＝95.03（天）

（2）若再假设去年年初存货为9 570万元，则去年存货周转指标计算如下：

存货周转次数：32 150÷[（9 600＋9 570）÷2]＝3.35（次）

存货周转天数：360÷{32 150÷[（9 600＋9 570）÷2]}＝107.33（天）

（3）若仅用该指标，说明公司存货变现速度加快，营运能力不断增强。

存货周转率从存货变现速度的角度来评价企业的销售能力及存货适量程度。存货周转次数越多，反映存货变现速度越快，说明企业销售能力越强，营运资金占压在存货上的量小；反之，存货周转次数越少，反映企业存货变现速度慢，说明企业销售能力弱，存货积压，营运资金沉淀于存货的量大。

通过存货周转分析，有利于找出存货管理存在的问题，尽可能降低资金占用水平；存货既不能储存过少，否则可能造成生产中断或销售紧张，又不能储存过多，从而形成呆滞、积压，要保持结构合理、质量可靠。存货是流动资产的重要组成部分，其质量和流动性对企业流动比率具有举足轻重的影响，并进而影响企业的短期偿债能力。故一定要加强存货的管理，来提高其投资的变现能力和盈利能力。

2. 应收账款周转率

应收账款周转率，也叫应收账款周转次数，是指一定时期内商品或产品销售收入净额与应收账款平均余额之间的比值，是反映应收账款周转速度的指标。其计算公式如下：

$$应收账款周转次数 = \frac{销售收入净额}{平均应收账款}$$

$$应收账款周转天数 = \frac{计算期天数}{应收账款周转率} = \frac{计算期天数 \times 平均应收账款}{销售收入净额}$$

式中：平均应收账款＝（期初应收账款＋期末应收账款）÷2

【工作成果】

（1）根据表2－4和表2－5，ABC公司今年应收账款周转指标计算（假设坏账准备的余额为0）如下：

应收账款周转次数：63 305÷[（3 560＋3 940）÷2]＝16.88（次）

应收账款周转天数：360÷{63 305÷[（3 560＋3 940）÷2]}＝21.33（天）

（2）若再假设去年年初应收账款为3 510万元（假设坏账准备的余额为0），没有应收票据，则去年应收账款周转指标计算如下：

应收账款周转次数：54 080÷[（3 560＋3 510）÷2]＝15.3（次）

应收账款周转天数：360÷{54 080÷[（3 560＋3 510）÷2]}＝23.53（天）

（3）若仅用该指标，说明公司应收账款管理效率不断提高，短期偿债能力有所增强。

应收账款周转率是评价企业应收账款的变现能力和管理效率的财务比率。应收账款周转次数多，说明企业组织收回应收账款的速度快，造成坏账损失的风险小，可减少收账费用，应收账款的流动性好，短期偿债能力强。反之，应收账款周转次数少，说明企业组织收回应收账款的速度慢，坏账损失风险大，流动性差，短期偿债能力弱。

运用应收账款周转率分析时，须注意以下问题：①应收账款计提减值准备时，应采用未计提减值准备的余额。②应收账款应包括会计核算中"应收账款"和"应收票据"等全部赊销账款在内，并注意平均应收账款的代表性。③应收账款周转率不是越高越好，而应结合企业的信用政策进行赊销与现销等的收益分析。④若能用赊销净额代替公式中的销售净额，则能更准确地评价应收账款的周转状况。

3. 流动资产周转率

流动资产周转率，也叫流动资产周转次数，是销售净额与全部流动资产的平均余额的比值，是反映企业流动资产周转速度的指标。其计算公式如下：

$$流动资产周转次数 = \frac{销售净额}{平均流动资产}$$

$$流动资产周转天数 = \frac{计算期天数}{流动资产周转率} = \frac{计算期天数 \times 平均流动资产}{销售净额}$$

式中：平均流动资产 =（年初流动资产 + 年末流动资产）÷ 2

流动资产周转率反映流动资产的周转速度。周转次数多或周转天数少，表明周转速度快，则会相对节约流动资产，等同于扩大资产投入，增强企业盈利能力；周转速度缓慢，则需要补充流动资产参加周转，会形成资金使用的浪费，降低企业盈利能力。

【思考】

若 ABC 公司去年年初流动资产合计为 17 305 万元，请进行流动资产周转率的分析。

二、固定资产周转分析

固定资产周转率，也称固定资产周转次数，是指企业一定时期内销售净额与平均固定资产净值的比率，它是反映企业固定资产周转情况，从而衡量固定资产利用效率的一项指标。其计算公式如下：

$$固定资产周转次数 = \frac{销售净额}{平均固定资产净值}$$

式中：平均固定资产净值 =（年初固定资产净值 + 年末固定资产净值）÷ 2

【工作成果】

根据表 2-4 和表 2-5，ABC 公司今年固定资产周转率：63 305 ÷ [（13 089 + 14 860）÷ 2] = 4.53（次）

固定资产周转率高，表明企业固定资产利用充分，同时也能表明固定资产投资得当，结构合理，能够充分发挥效率。反之，如果固定资产周转率不高，则表明固定资产使用效率不高，提供的生产成果不多，企业的营运能力不强。

运用固定资产周转率时，需要考虑固定资产因计提折旧的影响其净值在不断减少，以及因更新重置其净值突然增加的影响；同时，由于折旧方法的不同，可能影响其可比性。故在分析时，需要剔除这些不可比因素。

三、总资产周转分析

总资产周转率是企业在一定时期内销售净额与平均资产总值的比值，用来反映企业全部资产的利用效率。其计算公式如下：

$$总资产周转率 = \frac{销售净额}{平均资产总额}$$

式中：平均资产总额＝(期初资产总额＋期末资产总额)÷2

【工作成果】

(1) 根据表2-4和表2-5，ABC公司今年总资产周转率：63 305÷[(31 388+33 697)÷2]=1.95（次）

(2) 若去年年初资产合计为30 713万元，则总资产周转率：54 080÷[(31 388+30 713)÷2]=1.74（次）

(3) 若仅用该指标，说明公司资产周转快，销售能力强，资产运营效率高。

总资产周转率用来衡量企业全部资产的使用效率，如果该比率较低，说明企业全部资产营运效率低，可采用薄利多销或处理多余资产等方法，加速资产周转，提高运营效率；如果该比率较高，说明资产周转快，销售能力强，资产运营效率高。评价该指标时，同样应结合企业历史资料及同行业平均水平才能得出正确的结论。当然也应注意揭示影响总资产周转率的各因素对总资产周转率的影响。

学习任务4　盈利与发展能力分析

一、盈利能力分析

盈利能力是指企业获取利润的能力，即企业资金增值的能力，它通常表现为企业收益数额的大小与水平的高低。评价企业盈利能力一般可用销售净利率、资产报酬率、净资产收益率、成本费用利润率等指标来反映。对于股份上市公司，还可用每股收益、每股股利、市盈率和每股净资产等指标反映。

1. 销售净利率

销售净利率是指企业在一定时期内净利润与销售收入净额的百分比，它能够反映企业市场竞争、发展潜力和盈利能力的强弱。其计算公式如下：

$$销售净利率 = \frac{净利润}{销售收入}$$

【工作成果】

根据表2-5，ABC公司今年销售净利率：9 797÷63 305=15.48%；去年销售净利率：8 191÷54 080=15.15%。所以，该公司通过扩大销售获取收益的能力增强。

销售净利率说明了企业净利润占销售收入的比例，它可以评价企业通过销售赚取利润的能力。销售净利率表明企业每1元销售净收入可实现的净利润。该比率越高，企业通过扩大销售获取收益的能力越强。评价企业的销售净利率时，应比较企业历年的指标，从而判断企业销售净利率的变化趋势。但是，销售净利率受行业特点影响较大，因此，还应结合不同行业的具体情况进行分析。

从利润表看，企业的利润包括销售毛利（营业收入减营业成本）、营业利润、利润总额和净利润四种形式。所以，分析销售利润率时，也可以分别分析销售毛利率、销售营业利润率、销售总利润率等指标。

2. 总资产报酬率

总资产报酬率是企业在一定时期内获得的报酬总额（息税前利润）与平均资产总额的百分比，它是反映企业资产综合利用效果的指标，也是衡量企业利用债权人和所有者权益总额所取得盈利的重要指标。其计算公式如下：

$$总资产报酬率 = \frac{息税前利润}{平均资产总额}$$

式中：平均资产总额 = (期初资产总额 + 期末资产总额) ÷ 2

【工作成果】

（1）根据表 2-4 和表 2-5，ABC 公司今年总资产报酬率：(13 063 + 871) ÷ [(31 388 + 33 697) ÷ 2] = 42.82%

（2）去年总资产报酬率：(10 912 + 894) ÷ [(31 388 + 30 713) ÷ 2] = 38.02%

（3）表明 ABC 公司的资产利用效益提高，整个企业盈利能力增强。

总资产报酬率全面反映企业全部资产的获利水平，企业所有者和债权人对该指标都非常关心。一般情况下，该指标越高，表明企业的资产利用效益越好，整个企业盈利能力越强，经营管理水平越高。企业还可以将该指标与市场资本利率进行比较，如果前者较后者大，则说明企业可以充分利用财务杠杆，适当举债经营，以获得更多的收益。

3. 净资产收益率

净资产收益率是指企业在一定时期净利润与平均净资产的百分比，也叫净值报酬率或股权报酬率，它是反映股权资本投资收益水平的指标，是企业盈利能力的核心指标。其计算公式如下：

$$净资产收益率 = \frac{净利润}{平均净资产}$$

式中：平均净资产 = (年初净资产 + 年末净资产) ÷ 2

【工作成果】

根据表 2-4 和表 2-5，ABC 公司今年净资产收益率：9 797 ÷ [(18 499 + 20 786) ÷ 2] = 49.88%

净资产收益率反映公司所有者权益的投资报酬率，具有很强的综合性。企业的偿债能力，营运能力及盈利能力的大小都对该指标产生影响。该指标通用性较强，适用范围广泛，不受行业局限，在国际上的企业综合评价中使用率非常高。它也是进行杜邦分析的核心指标。通过该指标的综合对比分析，可以看出企业获利能力在同行业中所处的地位，以及与同类企业的差异水平。一般认为，净资产收益率越高，企业股权资本获取收益的能力越强，运营效益越好，对企业投资人、债权人保证程度越高。

4. 成本费用利润率

成本费用利润率是指企业在一定时期内的利润总额与成本费用总额的比率。其中成本费用总额，是指企业一定时期内营业成本（销售成本）、管理费用、销售费用和财务费用的总和。该指标越高，表明企业为取得利润而付出的代价越小，成本费用控制得越好，盈利能力越强。其计算公式如下：

$$成本费用利润率 = \frac{利润总额}{成本费用总额}$$

【工作成果】

根据表 2-5，ABC 公司今年成本费用利润率：13 063 ÷ (37 180 + 5 809 + 2 986 + 871) = 27.88%；去年成本费用利润率：10 922 ÷ (32 150 + 4 912 + 2 304 + 894) = 27.13%。表明 ABC 公司的成本费用控制较好，盈利能力增强。

二、发展能力分析

发展能力是企业在生存的基础上，扩大规模、壮大实力的潜在能力。一般可用收入增长率、资本积累率、总资产增长率等指标反映。

1. 销售增长率

销售增长率是企业本年营业收入增长额与上年营业收入总额的比率，它反映了企业营业收入的增减变动情况，是评价企业成长状况和发展能力的重要指标。计算公式如下：

$$销售增长率 = \frac{本年营业收入增长额}{上年营业收入总额}$$

2. 资本积累率

资本积累率是企业本年所有者权益增长额与年初所有者权益额的比率，它反映了企业当年资本的积累能力，是评价企业发展潜力的重要指标。其计算公式如下：

$$资本积累率 = \frac{本年所有者权益增长额}{年初所有者权益总额}$$

3. 总资产增长率

总资产增长率是企业本年总资产增长额同年初资产总额的比率，它反映了企业本期资产规模的增长情况。其计算公式如下：

$$总资产增长率 = \frac{本年总资产增长额}{年初资产总额}$$

【工作成果】

ABC 公司今年总资产增长率：(33 697 - 31 388) ÷ 31 388 = 7.36%；去年总资产增长率：(31 388 - 30 713) ÷ 30 713 = 2.2%，表明总资产增长在不断加速。

4. 三年销售平均增长率

三年销售平均增长率表明企业经营业务连续三年增长情况，体现企业的持续发展态势和市场扩张能力。其计算公式如下：

$$三年销售平均增长率 = \sqrt[3]{\frac{当年营业收入总额}{三年前营业收入总额}} - 1$$

【工作任务 2-6】ABC 公司三年前的营业收入总额为 41 208 万元。

【工作成果】

（1）根据表 2-5，今年销售增长率：(63 305 - 54 080) ÷ 54 080 = 17.06%

（2）三年销售平均增长率 $= \sqrt[3]{\frac{63\ 305}{41\ 208}} - 1 = 15.39\%$

（3）今年销售增长超过三年销售平均增长，表明该公司的业务持续增长，发展状况良好，市场扩张能力增强。

该指标越高，表明企业积累的基础越牢，可持续发展能力越强，发展的潜力越大。利用三年销售平均增长率指标，能够反映企业的经营业务增长趋势和稳定程度，体现了企业的连续发展状况和发展能力,避免因少数年份业务波动而对企业发展潜力的错误判断。一般认为,该指标越高,表明企业的业务持续增长势头越好,市场扩张能力越强。

学习任务 5　财务评价实务

一、杜邦分析法

杜邦分析法又称为杜邦分析体系(Du Pont Analysis System),简称杜邦系统,它是利用各主要财务指标间的内在联系,对企业的财务状况及经济效益进行综合系统分析评价的方法。因其最初由美国杜邦公司成功应用,所以称之为杜邦分析体系。

杜邦分析法以净资产收益率(ROE)为核心,重点揭示营业净利率、总资产周转率、权益乘数等财务指标之间的关系。杜邦分析体系采用金字塔形结构,以杜邦分析图的方式将企业的偿债能力、资产管理、盈利能力等指标按其内在联系加以排列,从而系统、直观地反映出企业的财务状况和经营成果的总体面貌。杜邦分析示意图如图 2-1 所示。

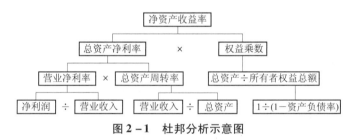

图 2-1　杜邦分析示意图

杜邦分析法以综合性最强的净资产收益率为第一层次,重点揭示资本的获利能力及其前因后果。它实质上是企业股权资本的运用效果,是企业经营者、所有者及债权人等利益相关者都十分关心的指标。

将净资产收益率分解为总资产净利率与权益乘数两个密切相关的因素,作为第二层次,重点揭示资产的获利能力和负债经营效益。总资产净利率反映的是整个企业运用资产获取经济利益的能力。权益乘数为资产与所有者权益之比,说明企业用股权资本"撬动"资产的倍率关系,反映负债经营能力的强弱,比率大说明企业负债比重大(因为:资产 = 负债 + 所有者权益),能获得较大的负债经营效益。

第三层次是对营业净利率、总资产周转率、权益乘数的逐个分解,揭示了企业净资产收益率与企业盈利能力、营运能力、偿债能力之间的关系。营业净利率,不仅反映了销售产品或提供服务的盈利能力,追求的是厚利,而且反映了企业的经营风险。总资产周转率,反映企业的营运能力,追求的是多销,说明了资产管理水平。营业净利率、总资产周转率两者的综合,体现了企业的经营策略是薄利多销,还是厚利少销。权益乘数越高,资产负债率也越高,说明企业在获取较大的负债经营效益的同时,也承担了较大的偿债压力(财务风险)。

实际上,以上公式还可进行进一步的分解。如,净利润的分解可以涉及利润表的营业收入、营业成本、期间费用、所得税等;总资产可以分解为涉及资产负债表的流动资产、长期资产等,从而进行企业财务状况、经营成果更深层次的分析。

【工作任务2-7】A股份有限公司根据去年、今年资产负债表、利润表，计算出相关指标，如表2-6所示（其中，平均数为年初、年末余额相加除以2）。

表2-6 A股份有限公司财务会计报表主要数据　　　　　　　单位：万元

年度	净利润	营业收入	营业成本	平均资产总额	平均负债总额
去年	20 284	411 224	363 534	306 222	205 677
今年	25 653	757 613	679 559	330 580	215 659

【工作成果】

(1) 根据上述资料，相关指标的计算方法与结果如表2-7所示。

表2-7 A股份有限公司主要财务比率表

财务指标	去年	今年	增减	指标计算公式
净资产收益率/%	20.17	22.32	+2.15	净利润÷（资产总额－负债总额）
权益乘数	3.046	2.877	－0.169	资产总额÷（资产总额－负债总额）
资产负债率/%	67.17	65.24	－1.93	负债总额÷资产总额
资产净利率/%	6.62	7.76	+1.14	净利润÷资产总额
销售净利率/%	4.93	3.39	－1.54	净利润÷营业收入
总资产周转率	1.34	2.29	+0.95	营业收入÷资产总额
销售毛利率/%	11.6	10.3	－1.3	（营业收入－营业成本）÷营业收入

需要说明的是，净资产收益率、总资产净利率、营业净利率和总资产周转率都是时期指标，而权益乘数和资产负债率是时点指标，因此，为了使这些指标具有可比性，上表中的权益乘数和资产负债率均采用的是平均值。

(2) 绘制A公司今年杜邦分析图，如图2-2所示（去年的分析图从略）。

(3) 净资产收益率的分解分析。

①净资产收益率变动的原因。该公司的净资产收益率由20.17%增加到22.32%，表明公司的盈利能力在不断增强。将净资产收益率分解为权益乘数、营业净利率和总资产周转率，采用差额因素分析法分析其变动原因（由于四舍五入、计算结果有尾差）。

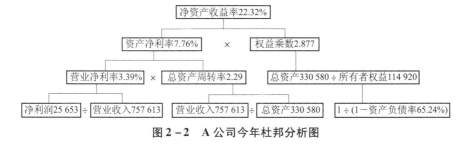

图2-2 A公司今年杜邦分析图

因为，净资产收益率=权益乘数×总资产周转率×营业净利率，所以，

权益乘数下降影响净资产收益率：(2.877－3.046)×1.34×4.93%＝－1.12%

总资产周转率上升影响净资产收益率：$2.877 \times (2.29 - 1.34) \times 4.93\% = 13.47\%$

营业净利率下降影响净资产收益率：$2.877 \times 2.29 \times (3.39\% - 4.93\%) = -10.15\%$

②总资产周转率本年加速了 0.95 次，表明该公司本年利用其总资产产生销售收入的效率在不断增加，即公司的营运能力在增强。净资产收益率上升主要得益于企业营运能力的提高。

③销售净利率下降 1.54%，在于营业收入只上升了 84.23%，而营业成本上升了 86.93%，使销售毛利率下降了 1.3%。可能是由于市场竞争使得产品价格大幅下降，也可能是生产成本急剧上升等原因所致，销售毛利率的变动反映的是企业的核心竞争水平的变化，这说明企业的产品盈利能力在不断下降，面临较大的经营风险。

④权益乘数变动的原因。公司的资产负债率下降了 1.93%，使得权益乘数下降而使公司的盈利有所能力有所下降。权益乘数及资产负债率指标值越小，偿还债务能力越强，偿债压力（财务风险）越低，这是面临较大经营风险公司的必然选择。

（4）分析结论。如果仅从净资产收益率角度看，公司的盈利能力在增强，主要原因是营运能力增强。但产品盈利能力（销售毛利率）下降，表明该公司核心竞争能力减弱，实际上公司面临极大的经营风险，如果不采取措施，可能对公司的持续经营能力产生重大的不利影响。所以，企业应进一步从市场、生产等方面分析销售毛利率下降的原因，如薄利多销的政策是否适当，是否会影响公司的持续发展，生产成本上升的原因等，以便采取相应的对策。

二、沃尔比重法

企业进行财务分析计算出的财务比率，仅从指标本身而言，是无法判断它是偏高还是偏低；若与本企业的历史数据进行比较，也只能看出企业自身的变化，难以评价其在市场竞争中的优劣地位。为了弥补这些缺陷，亚历山大·沃尔在其于 20 世纪初出版的《信用晴雨表研究》和《财务报表比率分析》等著作中，提出了信用能力指数概念，将当时公认的评价企业信用能力的七项财务比率用线性关系结合起来，并分别给定各自的分数比重，然后通过与标准比率进行比较，确定各项指标的得分及总体指标的累计分数，从而对企业做出评价。这七项比率是流动比率、产权比率、固定资产比率、存货周转率、应收账款周转率、固定资产周转率和自有资金周转率。

现代社会与沃尔时代相比，已经有很大的变化。一般认为，企业财务评价的内容首先是盈利能力，其次是偿债能力，再次是成长能力，它们之间大致可按 5:3:2 的比重来分配。盈利能力的主要指标是总资产报酬率、销售净利率和净资产收益率，这三个指标可按 2:2:1 的比重来安排。偿债能力有自有资本比率、流动比率、应收账款周转率和存货周转率，四个指标可按 1:1:1:1 的比重来安排。成长能力有销售增长率、净利增长率和总资产增长率，三个指标可按 1:1:1 的比重来安排。

【工作任务 2-8】沃尔比重法的七项指标、各指标权重、标准值如表 2-8 所示。根据 B 公司经过审计的年度会计报表，计算出这七项财务比率实际值，如表 2-8 所示。

表 2-8　B 公司的沃尔比重评分表

评价指标	权重	标准值	实际值	实际得分	评价方法
流动资产÷流动负债	20	2	1.8	18	评价指标、权重、标准值，根据经验数据、专家意见确定
净资产÷负债	20	1	1.1	22	
资产÷固定资产	10	2	1.8	9	实际值是以经过审计的企业财务报表数据计算的
销售成本÷存货	15	6	5	12.5	
销售收入÷应收账款	15	8	7	13.13	
销售收入÷固定资产	10	2	2.8	14	
销售收入÷净资产	10	5.5	5.2	9.45	
合　计	100			98.08	结论：财务状况良好

【工作成果】

根据上表数据，按沃尔评分的"实际得分=（实际值÷标准值）×权重"公式计算。用沃尔时代的眼光来评价，B 公司的实际得分为 98.08 分。结论：该公司的财务（主要是信用能力）状况良好。

三、企业综合绩效评价

企业综合绩效评价是以投入产出分析为基本方法，通过建立综合评价指标体系，对照相应行业评价标准，对企业特定经营期间的盈利能力、资产质量、债务风险、经营增长以及管理状况等进行的综合评判。我国财政部、国家经贸委、中央企业工委、劳动保障部、国家计委五部委联合发布了《企业绩效评价操作细则（修订）》，国务院国有资产监督管理委员会发布了《中央企业综合绩效评价管理暂行办法》及《中央企业综合绩效评价实施细则》。

我国五部委联合发布的《企业绩效评价操作细则（修订）》规定，按 8∶2 的比重设置定量评价指标和定性评议指标进行企业绩效的评价，共 28 项具体指标。其中，定量评价指标有财务效益状况、资产营运状况、偿债能力状况、发展能力状况四大类指标，每类再分基本指标和修正指标两部分。企业绩效评价指标体系与权数如表 2-9 所示。

表 2-9　企业绩效评价指标体系与权数表

指标类别	定量评价（80%）				定性评议（20%）	
	基本指标 8 项		修正指标 12 项		评议指标 8 项	
	指标名称	权数	指标名称	权数	指标名称	权数
一、财务效益状况	净资产收益率	25	资本保值增值率	12	营者基本素质	18
	总资产报酬率	13	主营业务利润率	8	产品市场占有能力（服务满意度）	16
			盈余现金保障倍数	8	基础管理水平	12
			成本费用利润率	10	发展创新能力	14
二、资产营运状况	总资产周转率	9	存货周转率	5	经营发展战略	12
	流动资产周转率	9	应收账款周转率	5		
			不良资产比率	8		

续表

指标类别	定量评价（80%）				定性评议（20%）	
	基本指标8项		修正指标12项		评议指标8项	
	指标名称	权数	指标名称	权数	指标名称	权数
三、偿债能力状况	资产负债率 已获利息倍数	12 8	现金流动负债比率 速动比率	10 10	在岗员工素质 技术装备更新水平 （服务硬环境） 综合社会贡献	10 10 8
四、发展能力状况	销售增长率 资本积累率	12 12	三年资本平均增长率 三年销售平均增长率 技术投入比率	9 8 7		

我国国务院国有资产监督管理委员会发布的《中央企业综合绩效评价实施细则》规定，按7∶3的比重设置财务绩效定量评价指标和管理绩效定性评价指标进行中央企业综合绩效的评价，共30项具体的评价指标。其中财务绩效定量评价指标有企业盈利能力、资产质量、债务风险和经营增长四大类指标，每类再分基本指标和修正指标两部分。中央企业综合绩效评价指标及权重如表2-10所示。

表2-10 中央企业综合绩效评价指标及权重

指标类别	财务绩效评价（70%）				管理绩效评价（30%）	
	基本指标8项		修正指标14项		评议指标8项	
	指标名称	权数	指标名称	权数	指标名称	权数
一、盈利能力状况	净资产收益率 总资产报酬率	20 14	销售利润率 盈余现金保障倍数 成本费用利润率 资本收益率	10 9 8 7	战略管理 发展创新 经营决策 风险控制 基础管理 人力资源 行业影响 社会贡献	18 15 16 13 14 8 8 8
二、资产质量状况	总资产周转率 应收账款周转率	10 12	不良资产比率 流动资产周转率 资产现金回收率	9 7 6		
三、债务风险状况	资产负债率 已获利息倍数	12 10	速动比率 现金流动负债比率 带息负债比率 或有负债比率	6 6 5 5		
四、经营增长状况	销售增长率 资本保值增值率	12 10	销售利润增长率 总资产增长率 技术投入比率	10 7 5		

现代企业的综合绩效评价，已不再按沃尔时代的将实际值与标准值进行简单比较来评分。我国企业综合绩效评价使用的是功效系数法。功效系数法又叫功效函数法，它根据多目标规划原理，对每一项评价指标确定一个满意值和不允许值，以满意值为上限，以不允许值为下限，计算各指标实现满意值的程度，并以此确定各指标的分数，再经过加权平均进行综合，从而评价被研究对象的综合绩效状况。

运用功效系数法进行综合绩效评价的一般步骤包括：选择业绩评价指标；确定各项业绩

评价指标的标准值；确定各项业绩评价指标的权数；计算各类业绩评价指标得分；计算综合绩效评价分数；最后得出综合绩效评价等级。

企业综合绩效评价结果以评价得分、评价类型和评价级别表示。评价类型是根据评价分数对企业综合绩效所划分的水平档次，用文字和字母表示，分为优（A）、良（B）、中（C）、低（D）、差（E）五种类型。评价级别是对评价类型再划分级次，以体现同一评价类型的不同差异，采用在字母后标注"＋、－"号的方式表示。企业综合绩效最终划分为 10 个等级：优为 A＋＋、A＋、A；良为 B＋、B、B－；中为 C、C－；低为 D；差为 E。

由于功效系数法计算工作量较大，评分与确定等级的过程繁杂，本书从略。

学习任务 6 学习效果检验

一、单项选择题

1. 企业所有者作为投资人，主要进行（   ）。
   A. 盈利能力分析   B. 偿债能力分析   C. 综合分析   D. 运营能力分析
2. 其他条件不变的情况下，下列经济业务可能导致总资产报酬下降的是（   ）。
   A. 用银行存款支付一笔销售费用   B. 用银行存款购入一台设备
   C. 将资本公积转增实收资本   D. 用银行存款归还银行借款
3. 短期债权人在进行企业财务分析时，最关心的是企业的（   ）。
   A. 获利能力   B. 支付能力   C. 社会贡献能力   D. 资产营运能力
4. 如果企业速动比率很小，下列结论成立的是（   ）。
   A. 企业流动资产占用过多   B. 企业短期偿债能力很强
   C. 企业短期偿债能力风险很大   D. 企业资产流动性很强
5. 利息保障倍数不仅反映了企业的获利能力，而且反映了企业的（   ）。
   A. 发展能力   B. 短期偿债能力   C. 长期偿债能力   D. 经营能力
6. 在杜邦财务分析体系中，综合性最强的指标是（   ）。
   A. 净资产收益率   B. 总资产净利率   C. 总资产周转率   D. 销售净利率
7. 与产权比率比较，资产负债率评价企业偿债能力的侧重点是（   ）。
   A. 揭示财务结构的稳健程度   B. 揭示债务偿付安全性的物质保障程度
   C. 揭示主权资本对偿债风险的承受能力 D. 揭示负债与资本的对应关系
8. 评价企业短期偿债能力强弱最直接的指标是（   ）。
   A. 已获利息倍数   B. 速动比率   C. 流动比率   D. 现金流动负债比率
9. 下列指标中，可用于衡量企业短期偿债能力的是（   ）。
   A. 已获利息倍数   B. 产权比率   C. 资产周转率   D. 流动比率

二、多项选择题

1. 下列属于企业盈利能力分析指标的是（   ）。
   A. 总资产报酬率   B. 总资产周转率   C. 资本保值增值率   D. 每股股利

2. 如果流动比率过高，意味着企业存在以下几种可能（　　）。
A. 存在闲置现金　　B. 存在存货积压　　C. 应收账款周转缓慢　　D. 偿债能力很差
3. 企业财务分析的基本内容包括（　　）。
A. 偿债能力分析　　B. 营运能力分析　　C. 发展能力分析　　D. 盈利能力分析
4. 提高应收账款周转率有助于（　　）。
A. 加快资金周转　　B. 提高生产能力　　C. 增强短期偿债能力　　D. 减少坏账损失
5. 下列各项指标中，可用于分析企业长期偿债能力的有（　　）。
A. 流动比率　　B. 资产负债率　　C. 产权比率　　D. 速动比率
6. 反映企业资产营运能力的指标包括（　　）。
A. 总资产周转率　　B. 流动资产周转率　　C. 固定资产周转率　　D. 劳动效率
7. 利息保障倍数指标所反映的企业财务层面包括（　　）。
A. 获利能力　　B. 长期偿债能力　　C. 短期偿债能力　　D. 发展能力
8. 影响速动比率的因素有（　　）。
A. 应收账款　　B. 存货　　C. 短期借款　　D. 预付账款
9. 以下关于杜邦分析法的计算公式中，不正确的有（　　）。
A. 总资产净利率 = 销售净利率 × 总资产周转率
B. 净资产收益率 = 销售毛利率 × 总资产周转率 × 权益乘数
C. 净资产收益率 = 资产净利率 × 权益乘数
D. 权益乘数 = 资产/股东权益 = 1/(1 + 资产负债率)

三、判断题

1. 在采用因素分析法时，既可以按照各因素的依存关系排列成一定的顺序并依次替代，也可以任意颠倒顺序，其结果是相同的。　　　　　　　　　　　　　　　　　　　（　　）
2. 若资产增加幅度低于销售收入净额增长幅度，则会引起资产周转率增大，表明企业的营运能力有所提高。　　　　　　　　　　　　　　　　　　　　　　　　　　（　　）
3. 应收账款周转率过高或过低对企业可能都不利。　　　　　　　　　　　　（　　）
4. 如果已获利息倍数低于1，则企业一定无法支付到期利息。　　　　　　　（　　）
5. 既是企业盈利能力指标的核心，也是财务指标体系核心指标的是净资产收益率。
　　　　　　　　　　　　　　　　　　　　　　　　　　　　　　　　　　（　　）
6. 总资产报酬率高于借入资金利率时，增加借入资金可提高净资产收益率。（　　）
7. 财务绩效定量评价基本计分是按照加权平均法计分原理，将评价指标实际值与行业评价标准值相除，按照权重加权来计算各项指标得分。　　　　　　　　　　　　（　　）
8. 企业管理绩效定性评价，是在财务绩效定量评价的基础上进行的。　　　（　　）
9. 资产负债率与产权比率的乘积等于1。　　　　　　　　　　　　　　　　（　　）

四、计算分析题

1. AD 公司今年年初、今年年末的部分数据如表 2-11 所示。

表 2-11 AD 公司部分数据表　　　　　　　　　单位：万元

项　目	金　额	项　目	金　额
货币资金	300	应付账款	200
短期投资	200	长期负债	625
应收票据	102（年初 168）	所有者权益	1 025（年初 775）
应收账款	98（年初 82）	营业收入	3 000
存货	500（年初 460）	营业成本	2 400
固定资产净值	1 286	财务费用	10
无形资产	14	税前利润	90
短期借款	300	税后利润	54

要求：计算该公司今年的流动比率、速动比率、存货周转率、应收账款周转天数、资产负债率、已获利息倍数、总资产报酬率（年初资产总额 1 500 万元）、净资产收益率。

2. 某公司今年 A 产品材料成本预算与实际执行情况如表 2-12 所示：

表 2-12 A 产品预算与执行情况

项目	产量/台	单位产品材料消耗量/（千克·台$^{-1}$）	材料单价/（元·千克$^{-1}$）
预算数	100	8	5
实际数	110	7	6

要求：分析各因素对产品材料成本影响的方向和程度。

3. 某企业有关资料如表 2-13 所示（该企业流动资产等于速动资产加存货）：

表 2-13 相关资料　　　　　　　　　　　　　　　单位：万元

项　目	存货/万元	流动负债/万元	速动比率	流动比率	总资产周转次数	总资产/万元
期初数	2 400	2 000	0.8			
期末数	3 200	3 000		1.8		
本期数或平均数					1.5	12 000

要求：（1）计算该企业流动资产的期初数与期末数；（2）计算该企业本期销售收入；（3）计算该企业本期流动资产平均余额和流动资产周转次数（计算结果保留两位小数）。

学习情境二

财务管理基础实务

目的要求

本学习情境主要介绍时间价值管理实务、风险与收益管理实务和成本性态分析实务。在工作任务的驱动下完成相应的学习任务后,能够理解资金时间价值的含义、风险与收益的关系;能够理解成本习性分类、成本性态模型公式;能够掌握单利、复利终值与现值的计算;能够掌握年金终值与现值、利率与期间、偿债基金与资本回收额的计算;能够掌握风险的衡量、资产收益率的计算;能够掌握混合成本分解的高低点法、回归分析法。

学习任务 1 时间价值管理实务

一、资金时间价值的含义

资金时间价值也称货币时间价值,是指一定量货币资本在不同时点上的价值量差额。在正常情况下,即使不考虑通货膨胀和风险报酬,资金投入生产经营后,其数额随着时间的持续也会不断增长,这就是资金的时间价值现象。例如,我们现在将 1 000 元存入银行,银行的年利率为 8%,1 年后可得到 1 080 元,于是,现在的 1 000 元与 1 年后的 1 080 元等值。这是因为,1 000 元经过 1 年的时间增值了 80 元,这 80 元即为该资金的时间价值。同样,企业的资金投入到生产经营中,经过生产过程的不断运行和资金的不断运动,随着时间的推移,会创造新的价值,使资金得以增值。因此,一定量的资金投入生产经营或存入银行,会取得一定利润和利息,从而产生资金的时间价值。

资金要具有时间价值必须具备一定的条件,这就是要把资金有目的地进行投资,即作为资金投入生产经营过程才能形成时间价值。因此,资金时间价值产生的前提条件是,由于商品经济的高度发展和借贷关系的普遍存在,出现了资金使用权与所有权的分离,资金的所有者把资金使用权转让给使用者,使用者必须把资金增值的一部分支付给资金的所有者作为报酬,资金占用的金额越大,使用的时间越长,所有者所要求的报酬就越高。而资金在周转过程中的价值增值是资金时间价值产生的根本源泉,所以,资金时间价值的来源是工人创造的剩余价值。

时间价值率与银行存款利率、各种证券利率以及股票股利等,虽然都属于投资报酬率的不同表现形式，但它们之间是有区别的。国库券等政府债券几乎没有风险，如果通货膨胀率很低，可以用政府债券来表现时间价值。因此，资金时间价值是在没有风险、没有通货膨胀条件下的社会平均资金利润率，是利润平均化规律作用的结果。

资金的时间价值有两种表示方法：一种是绝对数，即时间价值额，用利息额表示；另一种是相对数，即时间价值率，用利率表示。但是在实际工作中对这两种表示方法并不作严格区别，财务管理中通常用相对数表示。

二、终值与现值

由于资金在不同时点上具有不同的价值，不同时点上的资金就不能直接进行比较，必须换算到相同的时点上才能比较。因此，掌握资金时间价值的计算显得尤为重要。资金时间价值的计算包括一次性收付款项和系列收付款项的终值、现值等的计算。

现值又称本金，是指未来某一时点上的一定量资金折算到现在的价值。终值又称将来值或本利和，是指现在一定量的资金在未来某一时点上的价值。由于终值与现值的计算与利息的计算方法有关，而利息的计算又有复利和单利两种，因此，终值与现值的计算也有复利和单利之分。

（一）单利的终值和现值

单利方式下，每期都按初始本金计算利息，即当期利息不计入下期本金，计算利息的基础为本金。

1. 单利利息的计算

单利利息计算公式如下：

$$I = P \times i \times n$$

式中：I 表示利息；P 表示现值；n 表示计算利息的期数；i 表示利率（贴现率、折现率）。

在单利方式下，除非特别指明，在计算利息时，给出的利率均为年利率，对于不足一年时，以一年等于 360 天来折算。

【工作任务 3-1】某人持有一张带息票据，面值为 2 000 元，票面利率为 6%，出票日期为 6 月 15 日，到期日为 8 月 14 日（60 天）。

【工作成果】

该持有者到期可得利息额为：$2\,000 \times 6\% \times (60 \div 360) = 20$（元）

2. 单利终值的计算

单利终值计算公式如下：

$$F = P + P \times i \times n = P \times (1 + i \times n)$$

式中，F 表示终值。

【工作任务 3-2】某人存入银行 10 万元，存款利率为 5%，单利方式计算利息条件下 5 年后能取回多少？

【工作成果】

5 年后的本利和为：$10 \times (1 + 5\% \times 5) = 12.5$（万元）

3. 单利现值的计算

单利现值计算公式如下：

$$P = F \div (1 + i \times n)$$

【工作任务3-3】某人希望在5年后取得本利和1 000元，年利率为5%，单利方式计算条件下，此人现在需存入银行多少元？

【工作成果】

现在需存入：1 000÷(1+5×5%) = 800（元）

（二）复利终值与现值

资金时间价值的计算通常是按复利计算的。复利是指每经过一个计息期，均将所产生利息加入本金再计利息，逐期滚算，俗称"利滚利"。

1. 复利终值

复利终值是指一定量的本金按复利计算若干期后的本利和，计算公式如下：

$$F = P \times (1+i)^n$$

式中：$(1+i)^n$ 称为"复利终值系数"或"1元复利终值系数"，用符号$(F/P, i, n)$表示。其数值可查阅1元复利终值系数表（见附表1）。

【工作任务3-4】某人现在将10 000元存入银行，银行利率为5%。要求：计算第一年和第二年的本利和。

【工作成果】

第一年的本利和为：$10\ 000 \times (1+5\%)^1 = 10\ 500$（元）

或者，$10\ 000 \times (F/P, 5\%, 1) = 10\ 000 \times 1.05 = 10\ 500$（元）

第二年的本利和为：$10\ 000 \times (1+5\%)^2 = 11\ 025$（元）

或者，$10\ 000 \times (F/P, 5\%, 2) = 10\ 000 \times 1.102\ 5 = 11\ 025$（元）

上式中的$(F/P, 5\%, 2)$表示利率为5%，期限为2年的复利终值系数。在复利终值系数表上，从横行中找到利率5%，纵列中找到期数2，纵横相交处可查到$(F/P, 5\%, 2) = 1.102\ 5$。它表示在年利率为5%的条件下，现在的1元与2年后的1.102 5元等值。

将单利终值与复利终值进行比较发现：在第一年，单利终值和复利终值是相等的；在第二年单利终值和复利终值不相等，两者相差25(11 025 - 11 000)元，这是因为第一年本金所生的利息在第二年也要计算利息25(500×5%)元。因此，从第二年开始，单利终值和复利终值是不相等的。

2. 复利现值

复利现值相当于原始本金，它是指在将来某一特定时间取得或支出一定数额的资金，按复利折算到现在的价值。复利现值的计算公式如下：

$$P = F \div (1+i)^n = F \times (1+i)^{-n}$$

式中：$(1+i)^{-n}$ 称为"复利现值系数"或"1元复利现值系数"，用符号$(P/F, i, n)$表示，其数值可查阅1元复利现值系数表（见附表2）。

【工作任务3-5】某人5年后需要资金10 000元，假设银行利率为10%，要求计算现在应存入银行多少元资金？

【工作成果】

现在应存入：$10\ 000 \times (1+10\%)^{-5} = 6\ 210$（元）

或者，$10\ 000 \times (P/F, 10\%, 5) = 10\ 000 \times 0.621 = 6\ 210$（元）

三、年金终值与现值

年金是指一定时期内多次发生的等期等额的现金流收付款。年金收支在经济领域中应用很广泛,企业折旧、租金、分期偿还住房抵押贷款、发放养老保险金和支付债券利息等,都是年金形式。年金按其每次收付发生的时点不同,可分为普通年金、即付年金、延期年金和永续年金等几种。

(一)普通年金终值与现值

普通年金又称后付年金或期末年金,是指在每期的期末,间隔相等时间,收入或支出相等金额的系列款项。

1. 普通年金终值

普通年金终值是指每期期末收入或支出的相等款项,按复利计算,在最后一期所得的本利和。银行零存整取业务是普通年金求终值的常见形式。普通年金终值计算公式如下:

$$F = A \times \frac{(1+i)^n - 1}{i}$$

式中:$\frac{(1+i)^n - 1}{i}$ 称为"年金终值系数"或"1元年金终值系数",记为 $(F/A, i, n)$,可直接查阅1元年金终值表(见附表3);A 表示每年等额收入或付出的金额。

普通年金终值计算公式的理解如图3-1所示(0表示第1年年初或"现在")。

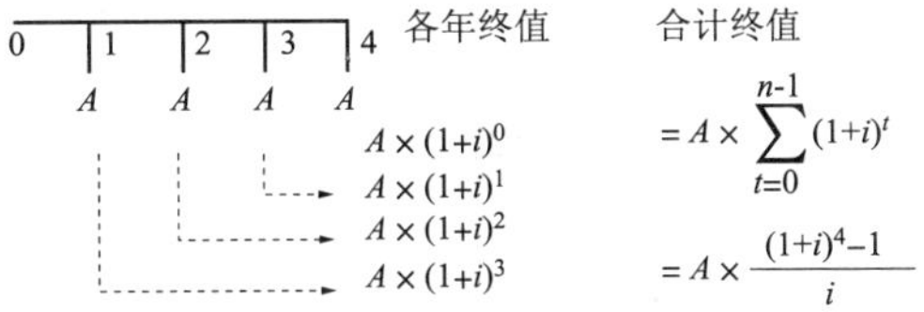

图3-1 普通年金终值理解图

【工作任务3-6】某人连续5年每年年末存入银行2 000元,利率为7%。要求:计算第5年年末能取出多少款项?

【工作成果】

第5年年末能取出:$2\,000 \times \frac{(1+7\%)^5 - 1}{7\%} = 11\,501.4$(元)

或者,$2\,000 \times (F/A, 7\%, 5) = 2\,000 \times 5.750\,7 = 11\,501.4$(元)

2. 普通年金现值

普通年金现值是指一定时期内每期期末等额收支款项的复利现值之和,实际上就是指为了在每期期末取得或支出相等金额的款项,现在需要一次投入或存入多少金额。普通年金现值计算公式如下:

$$P = A \times \frac{1 - (1+i)^{-n}}{i}$$

式中:$\frac{1-(1+i)^{-n}}{i}$ 称为"年金现值系数"或"1元年金现值系数",记为 $(P/A, i, n)$,可查阅1元年金现值表(见附表4)。

普通年金现值计算公式的理解如图3-2所示。

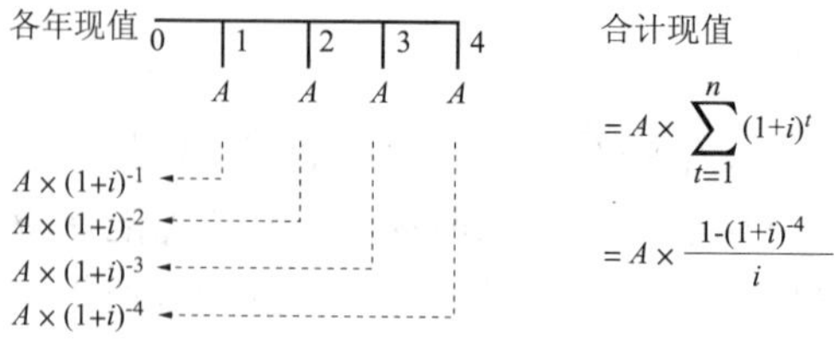

图 3-2 普通年金现值公式理解图

【工作任务 3-7】 某人要求连续 3 年在每年的年末从银行提取现金 1 000 元，若年利率为 10%，第 1 年的年初应存入银行多少元？

【工作成果】

第 1 年的年初应存入：$1\,000 \times \dfrac{1-(1+10\%)^{-3}}{10\%} = 2\,486.9$（元）

或者，$1\,000 \times (P/A, 10\%, 3) = 1\,000 \times 2.486\,9 = 2\,486.9$（元）

（二）即付年金终值与现值

即付年金又称先付年金或预付年金，是指在一定时期内从第一期起每期期初等额收付的系列款项。它与普通年金的区别仅在于付款时间的不同，如图 3-3 所示。

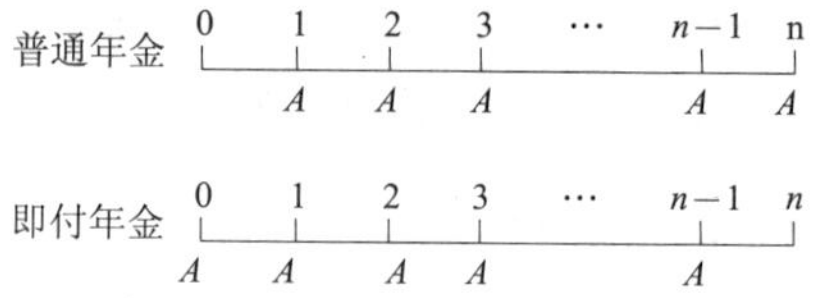

图 3-3 普通年金与即付年金的区别

1. 即付年金终值

即付年金与普通年金的收付款次数是一样的，只是收付款时点不一样。如果计算年金终值，即付年金要比普通年金多计一年的利息；因此，在普通年金终值的基础上乘以 $(1+i)$ 便可计算出即付年金的终值。其计算公式如下：

$$F = A \times \frac{(1+i)^n - 1}{i} \times (1+i)$$

$$F = A \times (F/A, i, n) \times (1+i)$$

【工作任务 3-8】 将工作任务 3-6 中收付款的时间改为每年年初，其余条件不变，要求计算第五年年末的本利和。

【工作成果】

第五年年末的本利和：$2\,000 \times \dfrac{(1+7\%)^5 - 1}{7\%} \times (1+7\%) = 12\,306.50$（元）

或者，$2\,000 \times (F/A, 7\%, 5) \times (1+7\%) = 2\,000 \times 5.750\,7 \times 1.07 = 12\,306.50$（元）

由于 $F = A \times \dfrac{(1+i)^n - 1}{i} \times (1+i)$ 可以表示为 $F = A \times \left[\dfrac{(1+i)^{n+1} - 1}{i} - 1\right]$，方括号中的内容称作"即付年金终值系数"，它是在普通年金终值系数的基础上，期数加 1，系数减 1 所得的结果，通常记为 $(F/A, i, n+1) - 1$。这样，通过查阅"1 元年金终值系数表"得到 $(n+1)$ 期的系数值，然后减 1 便可得出对应的即付年金终值系数的数值。这时可用如下公式计算即付年金的终值，计算公式如下：

$$F = A \times [(F/A, i, n+1) - 1]$$

【工作成果】

根据工作任务 3-8，用这种方法计算本利和：$2\,000 \times [(F/A, 7\%, 6) - 1] = 2\,000 \times [7.153\,3 - 1] = 12\,306.6$（元）

注：本书后附的复利系数表，是按照最多保留四位小数并四舍五入的方式进行编制的，所以，上述计算结果有尾差（下同）。

2. 即付年金现值

即付年金与普通年金的收付款次数是一样的，只是收付款时点不一样。即付年金要比普通年金少折现一年。因此，在普通年金现值的基础上，乘以 $(1+i)$ 便可计算出即付年金的现值。其计算公式如下：

$$P = A \times \frac{1 - (1+i)^{-n}}{i} \times (1+i)$$

$$P = A \times (P/A, i, n) \times (1+i)$$

【工作任务 3-9】 将工作任务 3-7 中收付款的时间改在每年年初，其余条件不变。请问第 1 年年初应一次存入多少钱？

【工作成果】

第 1 年年初应存入：$1\,000 \times (P/A, 10\%, 3) \times (1 + 10\%) = 1\,000 \times 2.486\,9 \times 1.1 = 2\,735.59$（元）

由于 $P = A \times \frac{1-(1+i)^{-n}}{i} \times (1+i)$ 可以表示为 $P = A \times \left[\frac{1-(1+i)^{-(n-1)}}{i} + 1\right]$，方括号中的内容称作"即付年金现值系数"，它是在普通年金现值系数的基础上，期数减 1，系数加 1 所得的结果，通常记为 $(P/A, i, n-1) + 1$。这样，通过查阅"1 元年金现值系数表"得到 $(n-1)$ 期的系数值，然后加 1 便可得出对应的即付年金现值系数的数值。这时可用如下公式计算即付年金的现值，计算公式如下：

$$P = A \times [(P/A, i, n-1) + 1]$$

【工作成果】

根据工作任务 3-9，第 1 年年初应存入：$1\,000 \times [(P/A, 10\%, 2) + 1] = 1\,000 \times [1.735\,5 + 1] = 2\,735.5$（元）

（三）递延年金现值与终值

递延年金是指第一次收付款发生时间与第一期无关，而是递延若干期后才开始发生的系列等额收付款项。递延年金是普通年金的特殊形式，它不是从第 1 期而是递延至 $m+1$ 期（$m \geq 1$）的期末开始收付的年金，如图 3-4 所示。

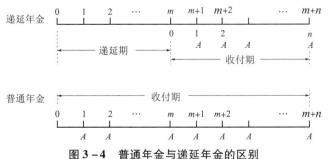

图 3-4 普通年金与递延年金的区别

1. 递延年金终值

递延年金终值的计算与普通年金终值的计算相同，计算公式如下：
$$F = A \times (F/A, i, n)$$

【工作任务 3-10】某人于第 1 年年初投资一项目，估计从第 5 年开始至第 10 年，每年年末可取得收益 10 万元，假定收到当天即全部存入银行，年复利率为 5%。要求计算第 10 年年末可取多少？

【工作成果】

第 10 年年末可取：$10 \times (F/A, 5\%, 6) = 10 \times 6.8019 = 68.019$（万元）

2. 递延年金现值

递延年金现值的计算有以下三种方法。

第一种方法：先求出未来 n 期年金额在 m 期末的现值 $P_m = A \times (P/A, i, n)$，再将此现值调整为第一期期初的现值 $P = P_m \times (P/F, i, m)$。其计算公式如下：
$$P = A \times (P/A, i, n) \times (P/F, i, m)$$

式中：n 表示年金发生期；m 表示递延期。

第二种方法：先求出 $m+n$ 期的年金现值，再扣除 m 期的年金现值。计算公式如下：
$$P = A \times [(P/A, i, m+n) - (P/A, i, m)]$$

式中：$(P/A, i, m+n)$ 表示全部期间的普通年金现值系数；$(P/A, i, m)$ 表示年金未发生期间的普通年金现值系数。

第三种方法：先求出递延年金的终值 $F = A \times (F/A, i, n)$，再将终值折算为现值 $P = F \times (P/F, i, n+m)$。其计算公式如下：
$$P = A \times (F/A, i, n) \times (P/F, i, n+m)]$$

【工作任务 3-11】某人现在（第 1 年年初）存入一笔资金，从第 6 年起的每年年末取出 1 000 元，至第 10 年年末取完，银行存款复利率为 10%，此人现在应一次性存入银行的资金为多少？

【工作成果】

解法 1：$1\,000 \times (P/A, 10\%, 5) \times (P/F, 10\%, 5)$
$= 1\,000 \times 3.7908 \times 0.6209 = 2\,354$（元）

解法 2：$1\,000 \times [(P/A, 10\%, 10) - (P/A, 10\%, 5)]$
$= 1\,000 \times (6.1446 - 3.7908) = 2\,354$（元）

解法 3：$1\,000 \times (F/A, 10\%, 5) \times (P/F, 10\%, 5+5)]$
$= 1\,000 \times 6.1051 \times 0.3855 = 2\,354$（元）

（四）永续年金现值

永续年金是指无限期等额收付的特种年金，也称永久年金或终身年金，它也是普通年金的一种特殊形式。由于永续年金的期限趋于无限，没有终止时间，因而也没有终值，只有现值。永续年金的现值计算公式如下：
$$P = A \div i$$

【工作任务 3-12】某企业要建立一项永久性帮困基金，计划每年拿出 2 万元帮助失学儿童，年利率为 5%。请问现应筹集多少元资金？

【工作成果】

现应筹集：2÷5% =40（万元）

四、利率与期间的推算

以上的计算，主要是在已知时间（即期间）、利率的情况下，求现值或终值。但往往有一些实际情况是已知现值或终值等因素，求期间或利率，此时就需要对资金时间价值计算的期间和利率进行推算。

1. 期间的推算

普通年金下，如果已知现值（或终值）、利率和年金，可通过时间价值系数表来推算期间 n 的值。其基本步骤如下：

(1) 计算 $P÷A$（或 $F÷A$）的值，即普通年金现值（或普通年金终值）系数值，设其为 α。

(2) 根据已知利率，查找普通年金现值（或普通年金终值）系数表，若在该列找到恰好等于 α 的系数值，则该系数值对应的期数即为所求的期间值。

(3) 若找不到恰好等于 α 的系数值，则在此表该列查找最为接近 α 值的上下临界系数 β_1、β_2，以及对应的临界期数 n_1、n_2，然后应用内插法求出 N，计算公式如下：

$$N = n_1 + \frac{\beta_1 - \alpha}{\beta_1 - \beta_2} \times (n_2 - n_1)$$

【工作任务3-13】 某企业拟购进一台机床，A机床比B机床价格要高出1 000元，但每年可节约人工费用200元。若利率为8%，至少应使用多少年购买A机床才有利？

【工作成果】

已知：$P=1\,000$，$A=200$，$i=8\%$；

则：$(P/A,8\%,n) = 1\,000 ÷ 200 = 5$，即 $\alpha=5$。

查普通年金现值系数表，在8%的列上纵向查找，无法找到恰好等于 α 的系数值，于是在该列上下查找大于和小于5的临界数值 β_1、β_2，以及对应的临界期数 n_1、n_2，即：$\beta_1 = 5.206\,4$ 时，$n_1 = 7$；$\beta_2 = 4.622\,9$ 时，$n_2 = 6$。

所以，A机床至少应使用：$7 + \dfrac{5.206\,4 - 5}{5.206\,4 - 4.622\,9} \times (6 - 7) = 6.65$（年）

2. 利率的推算

普通年金下，如果已知现值（或终值）、期数和年金，可通过时间价值系数表来推算利率。其基本步骤如下：

(1) 计算 $P÷A$（或 $F÷A$）的值，即普通年金现值（或普通年金终值）系数值，设其为 α。

(2) 根据已知期数，查找普通年金现值（或普通年金终值）系数表，若找到恰好等于 α 的系数值，则该系数值对应的 i 值即为所求的利率。

(3) 若找不到恰好等于 α 的系数值，则在此表该行查找最为接近 α 的左右临界系数 β_1、β_2，以及对应的临界利率 i_1、i_2；然后用内插法求利率，计算公式如下：

$$i = i_1 + \frac{\beta_1 - \alpha}{\beta_1 - \beta_2} \times (i_2 - i_1)$$

【工作任务3-14】 某公司根据借款合同，现在向银行借入10 000元，在10年内的每年年末归还本息2 000元。请问借款利率为多少？

【工作成果】

已知：$P=10\,000$，$A=2\,000$，$n=10$；

则：$(P/A,i,10)=10\,000\div 2\,000=5$，即 $\alpha=5$。

查找普通年金现值系数表，在期数为10这一行上，无法找到恰好等于 α 的系数值，于是在该行左右查找大于和小于5的临界数值 β_1、β_2，以及对应的临界利率 i_1、i_2，即 $\beta_1=5.2161$ 时，$i_1=14\%$；$\beta_2=4.8332$ 时，$i_2=16\%$。

所以，借款利率为：$14\%+\dfrac{5.2161-5}{5.2161-4.8332}\times(16\%-14\%)=15.13\%$

实际上，一次性收付款也可按上述方法，利用复利现值（或复利终值）系数表，进行利率与期数的推算。需要注意的是，时间价值系数表中的数值是进行了四舍五入并最多保留四位小数的，所以，上述方法推算的利率与期数是近似数据。若需准确地计算期数或利率，则应利用上述时间价值的现值或终值公式进行反算。

【工作任务3-15】 某公司现在向银行借入80万元，3年后需归还本息合计为97万元。要求计算年复利率是多少？

【工作成果】

（1）以复利现值系表推算利率的近似值。

根据已知数据计算 α 的值为：$(P/F,i,3)=80\div 97=0.82474$

在复利现值系数表的期数为3的这一行，查找相关临界值：$\beta_1=0.8396$ 时，$i_1=6\%$；$\beta_2=0.8163$ 时，$i_2=7\%$。

所以，借款利率为：$6\%+\dfrac{0.8396-0.82474}{0.8396-0.8163}\times(7\%-6\%)=6.638\%$

（2）以复利终值（或复利现值）公式准确计算其利率。

由于复利终值公式为 $F=P\times(1+i)^n$，反推其利率公式为 $i=\sqrt[n]{F\div P}-1$，

即准确的利率为：$\sqrt[3]{97\div 80}-1=0.06634(6.634\%)$

五、偿债基金与资本回收额

1. 年偿债基金

年偿债基金是指为了在约定的未来某一时点清偿某笔债务或积聚一定数额的资金，而必须分次等额形成的存款准备金，也就是为了使年金终值达到既定金额的年金数额，即已知终值 F，求年金 A。其计算公式如下：

$$A=F\times\frac{i}{(1+i)^n-1}=F\div\frac{(1+i)^n-1}{i}$$

式中，$\dfrac{i}{(1+i)^n-1}$ 称为偿债基金系数，记为 $(A/F,i,n)$，与年金终值系数 $\dfrac{(1+i)^n-1}{i}$ 互为倒数关系。

【工作任务3-16】 某人拟在5年后还清10 000元债务，从现在起每年年末等额存入银行款项，若存款利率为10%，每年年末需存入多少元？

【工作成果】

每年年末需存入：$10\,000 \times \dfrac{10\%}{(1+10\%)^5-1} = 10\,000 \div \dfrac{(1+10\%)^5-1}{10\%}$

$= 10\,000 \div (F/A,10\%,5) = 10\,000 \div 6.105\,1 = 1\,637.98$（元）

2. 年资本回收额

年资本回收额是指在约定年限内等额回收初始投入资本的金额。它实际上是已知现值 P，求年金 A，其计算公式如下：

$$A = P \times \dfrac{i}{1-(1+i)^{-n}} = P \div \dfrac{1-(1+i)^{-n}}{i}$$

式中，$\dfrac{i}{1-(1+i)^{-n}}$ 称为资本回收系数，记为 $(A/P,i,n)$，与年金现值系数 $\dfrac{1-(1+i)^{-n}}{i}$ 互为倒数关系。

【工作任务 3-17】某企业借得 800 万元的贷款，在 6 年内以年利率 9% 等额偿还，每年年末应付多少金额？

【工作成果】

每年年末应付：$800 \times \dfrac{9\%}{1-(1+9\%)^{-6}} = 800 \div \dfrac{1-(1+9\%)^{-6}}{9\%}$

$= 800 \div (P/A,9\%,6) = 800 \div 4.485\,9 = 178.34$（万元）

学习任务 2　风险与收益管理实务

一、风险的概念

风险指在一定条件下或一定时期内，某一项行动具有多种可能而不确定的结果。从财务的角度来说，风险是指企业在各项财务活动过程中，由于各种难以预料或无法控制的因素作用，使企业的实际收益与预计收益发生背离，从而蒙受经济损失的可能性。风险具有多样性和不确定性，人们可以事先估计采取某种行动可能导致的各种结果以及每种结果出现的可能性大小，但无法确定最终结果是什么。例如，掷一枚硬币，我们可事先知道硬币落地时有正面朝上和反面朝上两种结果，并且每种结果出现的可能性各为 50%。但谁也无法事先知道硬币落地时是正面朝上还是反面朝上。

值得注意的是，风险和不确定性是不同的。不确定性是指对于某种行动，人们知道可能出现的各种结果，但不知道每种结果出现的概率，或者可能出现的各种结果及每种结果出现的概率都不知道，只能做出粗略的估计。如购买股票，投资者无法在购买前确定所有可能达到的期望报酬率以及该报酬率出现的概率。而风险问题出现的各种结果的概率一般可事先估计和测算，只是不准确而已。如果对不确定性问题先估计一个大致的概率，则不确定性问题就转化为风险性问题。在财务管理实务中，一般对两者不作严格区分。讲到风险，可能是指一般意义上的风险，也可能指不确定性问题。

风险是客观的、普遍的，广泛地存在于企业的财务活动中，并影响着企业的财务目标。由于企业的财务活动通常是在有风险的情况下进行的。各种难以预料和无法控制的原因（风险），可能会使企业蒙受损失；但是如果只有损失，就没人会去冒风险，企业冒着风险投资的目的是得到额外收益。所以,风险不仅带来预期的损失,也能带来预期的收益。

二、风险的衡量

正视风险并将风险程度予以量化进行较为准确的衡量,成为企业财务管理的一项重要工作。风险与概率直接相关,并由此与期望值、离散程度等相联系,对风险进行衡量时应着重考虑以下几个方面。

1. 概率分布

在完全相同的条件下,某一事件可能发生也可能不发生,可能出现这种结果也可能出现另一种结果,这类事件称为随机事件。概率就是用百分数或小数来反映随机事件发生可能性及出现某种结果可能性大小的数值。用 X 表示随机事件,X_i 表示随机事件的第 i 种结果,P_i 表示第 i 种结果出现的概率,肯定发生的事件概率为 1,肯定不发生的事件概率为 0,随机事件的概率在 0 与 1 之间,即 $0 \leq P_i \leq 1$。随机事件所有可能的结果出现的概率之和为 1,即:$\sum_{i=1}^{n} P_i = 1$。P_i 越大,表示该事件发生的可能性越大;P_i 越小,表示该事件发生的可能性越小。

将随机事件各种可能的结果按一定的规则进行排列,同时列出各种结果出现的相应概率,这一完整的描述称为概率分布。

2. 期望值

期望值是一个概率分布中的所有可能结果,按各自的概率为权数进行加权计算的平均值,它是加权平均的中心值。期望收益反映预计收益的平均化,在各种不确定性因素(如市场状况等)的影响下,它代表着投资者的合理预期。用 E 表示期望收益,其计算公式如下:

$$E = \sum_{i=1}^{n} X_i P_i$$

【工作任务 3-18】某企业投资某一项目,有甲、乙两种方案,投资额均为 50 000 元,其收益率及概率如表 3-1 所示,计算各方案预期年收益率的期望值。

表 3-1 某项目投资方案的收益及概率分布表

经济情况	概率 P_i	年收益率 X_i/%	
		甲方案	乙方案
繁荣	0.30	20	30
正常	0.50	10	10
衰退	0.20	5	0

【工作成果】

从表 3-1 中可知,所有的 P_i 值均在 0 与 1 之间,且概率之和等于 1(0.3+0.5+0.2)。各方案的期望收益率计算如下:

甲方案期望的收益率:(20%×0.3+10%×0.5+5%×0.2) = 12%

乙方案期望的收益率:(30%×0.3+10%×0.5+0%×0.2) = 14%

3. 标准离差

标准离差也称为标准差、均方差，用来衡量概率分布中各种可能值对期望值的偏离程度，它能够反映风险的大小。用 σ 表示标准离差，计算公式如下：

$$\sigma = \sqrt{\sum_{i=1}^{n}(X_i - E)^2 \times P_i}$$

标准离差可以用来说明投资报酬的不确定程度，是一个绝对数。在期望值相同的投资方案中，标准离差越大，表明各种可能值偏离期望值的幅度越大，结果的不确定性越大，风险也越大。标准离差越小，表明各种可能值偏离期望值的幅度越小，结果的不确定性越小，风险也越小。因此，标准离差的大小，可作为投资风险大小的标志。

【工作任务 3 – 19】利用工作任务 3 – 18 的数据，计算各投资方案的标准离差。

【工作成果】

甲方案标准离差：$\sqrt{(0.20-0.12)^2 \times 0.30 + (0.10-0.12)^2 \times 0.50 + (0.05-0.12)^2 \times 0.20} = 5.57\%$

乙方案标准离差：$\sqrt{(0.30-0.14)^2 \times 0.30 + (0.10-0.14)^2 \times 0.50 + (0.00-0.14)^2 \times 0.20} = 11.14\%$

4. 标准离差系数

标准离差作为反映可能值与期望值偏离程度的一个指标，它以绝对数反映决策方案的风险程度，但它只适用于在期望值相同条件下的风险程度比较，对于期望值不同的决策方案，则不适用。因此，要比较不同的投资项目方案，必须引入标准离差系数这个概念。

标准离差系数是指标准离差与期望值的比值，也称离散系数、标准离差率等，用 V 表示，计算公式如下：

$$V = \sigma \div E$$

标准离差系数是一个相对数，在期望值不同时，标准离差系数越大，表明可能值与期望值偏离程度越大，结果的不确定性越大，风险也越大；反之，标准离差系数越小，表明可能值与期望值偏离程度越小，结果的不确定性越小，风险也越小。

【工作任务 3 – 20】利用工作任务 3 – 19 的数据，计算各投资方案标准离差系数。

【工作成果】

甲方案标准离差率：$(5.57\% \div 12\%) \times 100\% = 46.42\%$

乙方案标准离差率：$(11.14\% \div 14\%) \times 100\% = 79.57\%$

由以上计算结果可知，甲方案比乙方案的期望收益率低，但其投资风险也较低，企业应在收益与风险之间做出决策。

企业可利用期望值和标准离差率这两个指标来比较、选择方案。对单个方案，可通过比较、标准离差率与设定的可接受的此项指标最高值来决策，若前者小于后者，应选择此方案。对于多个方案，决策的总原则是选择标准离差率低、期望值高的方案。然而高收益往往伴随高风险，低收益方案其风险程度往往也较低，究竟选择何种方案，就要权衡期望收益与风险，还要视决策者对风险的态度而定。对风险比较反感的人可能会选择期望收益较低同时风险也较低的方案，喜欢冒风险的人则可能选择风险虽高但同时收益也高的方案。

三、资产收益率

1. 资产收益率的类型

资产收益是指资产的价值在一定时期的增值。它可用金额表示,称为资产收益额,也可用百分比表示,称为资产收益率或报酬率。在财务工作中,资产收益一般用百分比表示,同时,为了比较分析,一般需将不同期限的收益率转化为年收益率。

资产收益率主要包括实际收益率、预期收益率与必要收益率。实际收益率表示已经实现或者确定可以实现的资产收益率,如学习情境二中根据会计报表计算的息税前资产收益率等,它扣除通货膨胀率的影响后就是资产的真实收益率。预期收益率也称期望收益率,是指在不确定或风险条件下,预测的某资产未来可能实现的收益率。必要收益率也称最低收益率或最低要求的收益率,表示投资者对某资产合理要求的最低收益率。

2. 必要收益率的确定

必要收益率与认识到的风险有关。如果某公司陷入财务困难的可能性很大,投资于该公司可能产生较大的损失,则对投资的资产必要收益率要求较高;若某项资产风险较小,则对这项资产要求的必要收益率就小。因此,必要收益率由无风险收益率与风险收益率两部分构成。

无风险收益率也称无风险报酬率或无风险利率,它的大小由纯利率(资金的时间价值)和通货膨胀补贴两部分组成。无风险资产的条件是:不存在违约风险;不存在再投资收益率的不确定性。一般用1年期的国债利率近似地代替无风险收益率。

风险收益率也称风险报酬率,是指某资产持有者因承担该资产的风险而要求的超过无风险利率的额外收益率。它反映了投资者将资金从无风险资产转移到风险资产而要求得到的"额外补偿",它的大小取决于:风险的大小;投资者对风险的偏好。

根据风险与收益的一般关系,可用资本资产定价模型确定必要收益率,计算公式如下:

$$R = R_F + R_R$$
$$R = R_F + \beta \times (R_M - R_F)$$

式中:R 表示资产必要收益率;R_F 表示无风险收益率;R_R 表示风险收益率;β 表示该项资产的系统风险系数;R_M 表示该类资产的平均收益率。

$R_M - R_F$ 称为市场风险溢酬,这是附加在无风险收益率之上的,因为承担了市场风险所要求获得的补偿。它反映的是市场作为整体对风险的平均"容忍"程度,也就是市场整体对风险的厌恶程度。对风险越厌恶和回避,要求的补偿就越高,因此市场风险溢酬的数值也越大。如果市场的抗风险能力强,则对风险的厌恶和回避就不是很强烈,因此要求的补偿就低,市场风险溢酬就小。

【工作任务3-21】经查询相关资料与专家估计,通货膨胀补贴率为1.5%,1年期国债收益率为4%,郑州期货交易所商品期货投资的平均收益率为12.5%,上海证券交易所股票投资的平均收益率为9%,在上海证券交易所交易的A公司股票的β系数为1.3。

【工作成果】

纯利率(货币时间价值率)为2.5%(4%-1.5%);无风险收益率为4%;郑州商品期货风险溢酬为8.5%(12.5%-4%);上海股市风险溢酬为5%(9%-4%);投资A公司股票的必要收益率为10.5%[4%+1.3×(9%-4%)]。

学习任务3　成本性态分析实务

一、成本习性及分类

所谓成本习性，又称为成本性态，是指成本总额与业务量之间在数量上的依存关系。按照习性标准，成本可以划分为固定成本、变动成本和混合成本三类。

1. 固定成本

固定成本是指在一定时期和一定业务量范围内，总额不随业务量发生任何变动的成本。属于固定成本的主要包括按直线法计提的折旧费、保险费，管理人员工资、办公费等，这些费用每年的支出水平基本相同，即使产销业务量在一定范围内变动，它们也保持固定不变。由于固定成本的总额始终保持固定不变，因而，单位固定成本将随产量的增加而逐渐变小。固定成本的特征如图3-5所示。

2. 变动成本

变动成本是指总额随着业务量成正比例变动的成本，直接材料、直接人工、燃料费、产品销售运费、按工作量法提取的折旧费等都属于变动成本。但从产品的单位成本来看，则恰好相反，产品的单位变动成本则保持固定不变。与固定成本相同，变动成本也存在"相关范围"（即一定时期和一定业务量范围）。变动成本的特征如图3-6所示。

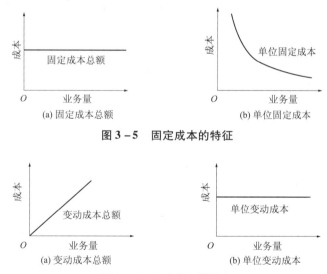

图3-5　固定成本的特征

图3-6　变动成本的特征

3. 混合成本

从成本习性来看，固定成本和变动成本只是两种极端的类型。在现实经济生活中，大多数成本与业务量之间的关系处于两者之间，即混合成本。混合成本是指总额随业务量的变动而变动，但不成同比例变动的成本。常见的混合成本包括半变动成本、半固定成本、延期变动成本和曲线变动成本等。

（1）半变动成本。它通常有一个初始量，类似于固定成本，在这个初始量的基础上随产量的增长而增长，又类似于变动成本。半变动成本总额的特征如图3-7（a）所示。

例如，在租用大型机器设备时，有的租约规定租金同时按如下两种标准计算：每年支付一定租金数额（固定部分），每运转一小时再支付一定租金数额（变动部分）；电话费、水费等也属于典型的半变动成本。

（2）半固定成本。这类成本随产量的变化而呈阶梯形增长。产量在一定限度内，这种成本不变，当产量增长到一定限度后，这种成本就跳跃到一个新水平。化验员、质量检查人员的工资都属于这类成本。半固定成本总额的特征如图3-7（b）所示。

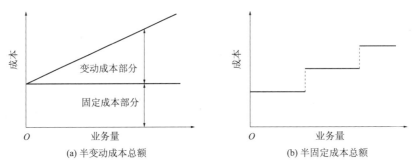

图 3-7　半变动与半固定成本的特征

二、混合成本的分解

1. 总成本公式

企业大量的成本费用项目属于混合成本，为了经营管理的需要，必须把混合成本分为固定与变动两个部分。混合成本的分解方法主要有高低点法、回归分析法、账户分析法、技术测定法与合同确认法等。在将混合成本按照一定的方法区分为固定成本和变动成本之后，根据成本性态，企业的总成本（固定成本总额 + 变动成本总额）就可以计算出来了。

生产经营单一产品的企业的成本性态模型可用以下公式表示：

总成本 = 固定成本总额 + 单位变动成本 × 业务量

单位变动成本 = 变动成本总额 ÷ 业务量

生产经营多种产品的企业的成本性态模型可用以下公式表示：

总成本 = 固定成本总额 + 变动成本率 × 业务额

变动成本率 = 变动成本总额 ÷ 业务额

若用 y 表示总成本，a 表示固定成本总额，b 表示单位变动成本额（或变动成本率），x 表示业务量（或业务额），则成本性态模型的公式可表述为：

$$y = a + bx$$

这个公式在变动成本计算、本量利分析、预算管理、正确制定经营决策和评价各部门工作业绩等方面具有不可或缺的重要作用。

2. 高低点法

高低点法是以过去某一会计期间的总成本和业务量资料为依据，从中选取业务量最高点和业务量最低点，将总成本进行分解，得出成本性态的模型。其计算公式如下：

$$单位变动成本 = \frac{最高点业务量成本 - 最低点业务量成本}{最高点业务量 - 最低点业务量}$$

固定成本总额 = 最高点业务量成本 - 单位变动成本 × 最高点业务量

或：　　　　　 = 最低点业务量成本 - 单位变动成本 × 最低点业务量

采用高低点法计算较简单,但它只采用了历史成本资料中的高点和低点两组数据,故代表性较差。

【工作任务 3-22】某集团公司 A 产品事业部(假设只经营一个品种)近三年会计核算的部分资料,经整理计算如表 3-2 所示。若今年销量为 78 000 台,请用高低点法预测今年总成本。

表 3-2 近三年 A 产品的业务量与成本费用表

年度	前三年	前二年		前一年	
	数额	数额	与上年比较	数额	与上年比较
产品销量	69 000 台	65 200 台	-5.51%	76 500 台	+17.33%
销售成本	172 500 万元	168 216 万元	-2.48%	185 895 万元	+10.51%
销售费用	276 万元	260.8 万元	-5.51%	306 万元	+17.33%
折旧费用	160 万元	160 万元		+160 万元	
其他费用	695 万元	665 万元	-4.32%	753 万元	+13.23%

【工作成果】

(1) 成本习性分析。从表 3-2 可知:销售费用总额随产品销量成正比例变动,所以是变动成本;销量变动但折旧费用总额不变,所以是固定成本;销售成本、其他费用随销量变动而升降,但不成正比例变化,所以是混合成本。

(2) 高低点法分解销售成本(混合成本)。

$$\text{单位变动成本}: \frac{185\ 895 - 168\ 216}{76\ 500 - 65\ 200} = 1.564\ 5(\text{万元}/\text{台})$$

固定成本:$185\ 895 - 1.564\ 5 \times 76\ 500 = 66\ 210.75$ (万元)

(3) 高低点法分解其他费用(混合成本)。

$$\text{单位变动成本}: \frac{753 - 665}{76\ 500 - 65\ 200} = 0.007\ 8(\text{万元}/\text{台})$$

固定成本:$665 - 0.007\ 8 \times 65\ 200 = 156.44$ (万元)

(4) 确定 A 产品事业部总成本性态模型。

固定总成本:$66\ 210.75 + 156.44 + 160 = 66\ 527.19$ (万元)

单位变动成本:$1.564\ 5 + 0.007\ 8 + (260.8 \div 65\ 200) = 1.576\ 3$ (万元/台)

所以,总成本性态模型公式为:$y = 66\ 527.19 + 1.576\ 3x$

(5) 预测今年总成本:$66\ 527.19 + 1.576\ 3 \times 78\ 000 = 189\ 478.59$ (万元)

3. 回归分析法

回归分析法是根据过去一定期间的业务量和混合成本的历史资料,应用最小二乘法原理,算出最能代表业务量与混合成本关系的回归直线,借以确定混合成本中固定成本和变动成本的方法。这是一种较为精确的方法。

成本性态模型的公式为 $y = a + bx$,回归分析法用以下公式计算参数 a、b 的值:

$$a = \frac{\sum y - b \sum x}{n} \qquad b = \frac{n \sum xy - \sum x \cdot \sum y}{n \sum x^2 - \sum x^2}$$

式中：x 表示业务量或业务额，y 表示混合成本总额，n 表示历史数据的次数。

【工作任务 3-23】 某企业生产多种产品，近 6 年会计核算的销售额与成本费用总额（包括营业成本、管理费用与销售费用等）如表 3-3 所示。若明年预计销售额为 150 亿元，采用回归分析法预测该企业明年的成本费用总额。

表 3-3　近 6 年销售额与成本费用总额

年　度	前 5 年	前 4 年	前 3 年	前 2 年	前 1 年	今年
销售额/亿元	120	110	100	120	130	140
成本费用/亿元	100	95	90	100	105	110

【工作成果】

（1）根据表 3-3 整理计算如表 3-4 所示。

表 3-4　历史数据的成本性态分析计算表

年度	销售额（x）		成本费用总额（y）		xy	x^2
	亿元	比上年 ±%	亿元	比上年 ±%		
前 5 年	120		100		12 000	14 400
前 4 年	110	-8.33	95	-5.00	10 450	12 100
前 3 年	100	-9.09	90	-5.26	9 000	10 000
前 2 年	120	20.00	100	11.11	12 000	14 400
前 1 年	130	8.33	105	5.00	13 650	16 900
今年	140	7.69	110	4.76	15 400	19 600
合计 $n=6$	720 Σx		600 Σy		72 500 Σxy	87 400 Σx^2

（2）成本性态分析：随着销售额的增减成本费用总额同方向增减，但不成正比例变化，所以，是混合成本，需将其总额分解为变动成本与固定成本两部分。

（3）将表 3-4 的有关资料代入公式求参数 a、b 值：

$$b=\frac{6\times 72\ 500-720\times 600}{6\times 87\ 400-720^2}=0.5$$

$$a=\frac{600-0.5\times 720}{6}=40$$

（4）该企业成本性态模型公式为：$y=40+0.5x$

（5）明年销售额 150 亿元的预计成本费用总额：$40+0.5\times 150=115$（亿元）

学习任务 4　学习效果检验

一、单项选择题

1. 年金是指在一定期间内每期收付相等金额的款项。每期期初收付的年金是（　　）。
A. 即付年金　　　B. 延期年金　　　C. 普通年金　　　D. 永续年金

2. 每期期末收款、付款的年金，称为（　　）。
   A. 即付年金　　　B. 普通年金　　　C. 延期年金　　　D. 永续年金
3. 以下关于资金时间价值的说法正确的是（　　）。
   A. 资金时间价值包括风险价值和通货膨胀因素
   B. 资金时间价值不包括风险价值和通货膨胀因素
   C. 资金时间价值包括风险价值但不包括通货膨胀因素
   D. 资金时间价值包括通货膨胀因素但不包括风险价值
4. 在利率、现值相同的情况下，若计息期数 $n=1$，则复利终值和单利终值的数量关系是（　　）。
   A. 前者大于后者　　　　　　　　B. 前者等于后者
   C. 前者小于后者　　　　　　　　D. 前者大于或小于后者
5. 成本性态分析时需要分解的成本是（　　）。
   A. 固定成本　　　B. 变动成本　　　C. 混合成本　　　D. 单位变动成本
6. 在相关范围内，（　　）不会随着业务量的变动而变动。
   A. 变动成本总额　　B. 单位固定成本　　C. 混合成本　　D. 单位变动成本
7. 某人现在存入银行 1 000 元，利率 10%，复利计息，第 5 年年末的本利和为（　　）。
   A. 1 611 元　　　B. 2 434.5 元　　　C. 2 416.5 元　　　D. 5 000 元
8. 企业年初借得 50 000 元贷款，10 年期，年利率 12%，每年年末等额偿还，已知年金现值系数 $(P/A,12\%,10)=5.650\ 2$，则每年应付金额为（　　）。
   A. 8 849 元　　　B. 5 000 元　　　C. 6 000 元　　　D. 28 251 元
9. 在期望值相同的条件下，标准差越大的方案，则风险（　　）。
   A. 越大　　　B. 越小　　　C. 二者无关　　　D. 无法判断

二、多项选择题

1. （　　）是普通年金的特殊形式。
   A. 即付年金　　　B. 永续年金　　　C. 递延年金　　　D. 后付年金
2. 资金时间价值代表着（　　）。
   A. 无风险的社会平均资金利润率　　　B. 有风险的社会平均资金利润率
   C. 企业资金利润率的最低限度　　　　D. 工人创造的剩余价值
   E. 无通货膨胀条件下的社会平均资金利润率
3. 投资报酬率的构成要素有（　　）。
   A. 资金的时间价值　　　B. 风险报酬率　　　C. 通货膨胀补偿率
   D. 风险程度　　　　　　E. 社会平均资金利润率
4. 下列年金中，可计算终值与现值的有（　　）。
   A. 普通年金　　　B. 即付年金　　　C. 永续年金　　　D. 递延年金
5. 资产收益率的类型包括（　　）。
   A. 实际收益率　　B. 预期收益率　　C. 真实收益率　　D. 必要收益率
6. 年金具有（　　）的特点。
   A. 等额性　　　B. 系列性　　　C. 连续性　　　D. 固定性

E. 等期性

7. 下列收支通常表现为年金形式的是（　　）。
A. 折旧　　　　B. 租金　　　　C. 利息　　　　D. 养老金

8. 递延年金的特点是（　　）。
A. 第一期没有支付额　　　　　B. 终值大小与递延期长短有关
C. 终值大小与递延期长短无关　D. 计算终值的方法与普通年金相同
E. 计算现值的方法与普通年金相同

9. 固定成本的特征是，在相关范围内，业务量变动而固定成本的（　　）。
A. 总额不变　　　　　　　　　B. 单位固定成本反向变动
C. 单位固定成本不变　　　　　D. 总额正比例变动

三、判断题

1. 资金的时间价值是投资者在冒风险的前提下获得的报酬。（　　）
2. 复利现值系数与复利终值系数互为倒数关系。（　　）
3. 普通年金终值系数的倒数称为普通年金现值系数。（　　）
4. 递延年金终值系数的大小与递延期无关。因此，递延年金终值的计算可采用普通年金终值的计算方法进行。（　　）
5. 资本回收系数与年金现值系数互为倒数关系。（　　）
6. 即付年金终值系数，它和普通年金终值系数相比，可以通过期数减1，系数加1的方法查得。（　　）
7. 单利与复利是两种不同的计算方法，单利终值与复利终值在任何时候都不可能相等。（　　）
8. 无通货膨胀下，投资报酬率＝资金的时间价值＋风险报酬率。（　　）
9. 半固定成本通常有一个初始量，类似于固定成本，在这个初始量的基础上随产量的增长而增长，又类似于变动成本。（　　）

四、计算分析题

1. 某人计划5年后为子女准备20 000元的教育基金，年利率为5%。
要求：（1）计算此人现在需存入银行的金额数。
（2）计算5年的复利利息。

2. 某企业年初一次性投资500 000元生产一种新产品，预计每年年末可得净收益100 000元，投资年限为10年，年利率为5%。
要求：（1）计算该投资项目年收益的现值和终值。
（2）计算年初投资额的终值。

3. 某企业今年年初投资一个项目，建设期为3年，建成后预计在其后的5年中，每年年末可获得净收益5 000万元，年利率为8%。
要求：（1）计算该投资项目年净收益的终值。
（2）计算该投资项目年净收益的现值。

4. 某企业准备投资500万元开发A产品，有关该项目的年收益及概率如表3-5所示：

表3-5 A产品年收益及概率表

经济情况	预计每年收益/万元	概率
繁荣	50	0.3
一般	30	0.5
衰退	20	0.2

要求：（1）计算该投资项目的期望值。

（2）计算该投资项目的标准差。

（3）计算该投资项目的标准差系数。

5. 某企业近3年生产A产品的产量与会计核算的生产费用如表3-6所示。

表3-6 A产品的产量与会计核算的生产费用

成本项目	前年	去年	今年
产量/台	7 900	8 120	8 450
直接材料/元	410 800	422 240	439 400
直接人工/元	150 100	154 280	160 550
制造费用/元	260 700	261 464	261 950
合计/元	829 500	846 104	870 350

要求：（1）进行成本性态分析，用高低点法分解混合成本。

（2）若明年产量为8 700台，请预测生产费用总额。

学习情境四

预算管理实务

目的要求

本学习情境主要介绍预算管理的内容、预算编制方法实务、变动成本法下业务预算编制实务和财务预算编制实务。在工作任务的驱动下完成相应的学习任务后,能够理解弹性预算、零基预算、滚动预算、固定预算、增量预算及定期预算的特点与编制依据;能够掌握销售预算、生产预算、直接材料采购预算、直接人工预算、制造费用预算、单位生产成本预算、销售及管理费用预算等的编制方法;能够掌握现金预算、预计利润表和预计资产负债表的编制方法。

学习任务1 预算管理的内容

一、预算的特征

预算是企业在预测、决策的基础上,以数量和金额的形式反映企业未来一定时期内经营、投资、财务等活动的具体计划,是为实现企业目标而对各种资源和企业活动的详细安排。

预算具有两个特征:首先,编制预算的目的是促成企业以最经济有效的方式实现预定目标,因此,预算必须与企业的战略或目标保持一致。其次,预算作为一种数量化的详细计划,它是对未来活动的细致、周密的安排,是未来经营活动的依据,数量化和可执行性是预算最主要的特征。因此,预算是一种可据以执行和控制经济活动的、最为具体的计划,是企业目标的具体化,是将企业活动导向预定目标的有力工具。

二、全面预算的内容

全面预算是指企业总体计划的数量说明,也就是企业在一定期间内生产经营活动全部计划数量形式的反映。它是根据企业目标编制的经营、资本、财务等年度收支总体计划,包括专门决策预算、日常业务预算与财务预算三大类,如图4-1所示。

专门决策预算又称为特种决策预算,是指企业不经常发生的需要根据特定决策临时编制的一次性预算。它包括经营决策预算和投资决策预算两种。

日常业务预算又称为经营预算或业务预算,是指企业日常发生的各项经营活动的预算。

它主要包括销售预算、生产预算、直接材料采购预算、直接人工预算、制造费用预算、单位生产成本预算、推销及管理费用预算等。这些预算通常与企业利润表、资产负债表的计算相关，前后衔接、相互联系，既有实物量指标又有价值量和时间量指标。

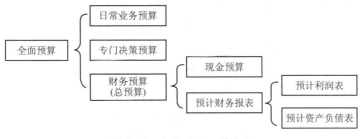

图 4-1　企业全面预算体系

财务预算作为全面预算体系中的最后环节，可以从价值方面总括地反映经营期决策预算与业务预算的结果，也称为总预算，其余预算则相应称为辅助预算或分预算。因此，它在全面预算体系中占有举足轻重的地位。

三、预算的作用

1. 明确工作目标

预算规定了企业一定时期的总目标以及各级各部门的具体目标，这样就可使各个部门了解本单位的经济活动与整个企业经营目标之间的关系，明确各自的职责及其努力方向，从各自的角度去完成企业总的战略目标。

2. 协调部门关系

预算可以把企业各方面的工作纳入统一计划，促使企业内部各部门的预算相互协调，环环紧扣，达到平衡，在保证企业总体目标最优的前提下，组织各自的生产经营活动。

3. 控制日常活动

编制预算是企业经营管理的起点，也是控制日常交易活动的依据。在预算的执行过程中，各部门应通过计量、对比，及时揭露实际脱离预算的差异，分析其原因，以便采取必要措施，消除薄弱环节，保证预算目标顺利完成。

4. 考核业绩标准

预算确定的各项指标，也是考核各部门工作成绩的基本尺度。在评定各部门工作业绩时，要根据预算的完成情况，分析偏离预算的程度和原因，划清责任，奖罚分明，促使各部门完成预算规定的目标。

四、预算工作的组织

预算工作的组织包括决策层、管理层、执行层和考核层，具体表现在以下几个方面。

（1）企业董事会或类似机构应当对企业预算的管理工作负总责。企业董事会或者总经理办公室可以根据情况设立预算委员会或指定财务管理部门负责预算管理事宜，并对企业法人代表负责。

（2）预算委员会主要拟订预算的目标和政策，制定预算管理的具体措施和办法，审议、平衡预算方案，组织下达预算，协调解决预算编制和执行中的问题，组织审计、考核预算的执行情况，督促企业完成预算目标。

（3）企业财务管理部门具体负责企业预算的跟踪管理，监督预算的执行情况，分析预算与实际执行的差异及原因，提出改进管理的意见与建议。

（4）企业内部生产、投资、物资、人力资源、市场营销等职能部门具体负责本部门业务涉及的预算编制、执行、分析等工作，并配合预算委员会或财务管理部门做好企业总预算的综合平衡、协调、分析、控制与考核等工作。其主要负责人参与企业预算委员会的工作，并对本部门预算执行结果承担责任。

（5）企业所属基层单位是企业预算的基本单位，在企业财务管理部门的指导下，负责本单位现金流量、经营成果和各项成本费用预算的编制、控制、分析工作，接受企业的检查与考核。其主要负责人对本单位财务预算的执行结果承担责任。

学习任务 2　预算编制方法实务

一、固定预算与弹性预算

编制预算的方法按其业务量基础的数量特征不同，可分为固定预算和弹性预算两大类。

1. 固定预算

固定预算又称静态预算，是指在编制预算时，只根据预算期内正常的、可实现的某一固定业务量（如生产量、销售量）水平作为唯一基础来编制预算的一种方法。

固定预算方法存在适应性差的缺点。因为这种方法，不论未来预算期实际业务量水平是否发生波动，都只按事先预计的某一个确定的业务量水平作为编制预算的基础。

它的另一个缺点是可比性差。当实际业务量与编制预算所依据的业务量发生较大差异时，有关预算指标的实际数与预算数之间就会因业务量基础不同而失去可比性。对于那些未来业务量不稳定、其水平经常发生波动的企业，如果采用固定预算方法，可能会对企业预算的业绩考核和评价产生扭曲甚至误导作用。这种现象在采用完全成本法的企业中表现得较为突出。

2. 弹性预算

弹性预算又称变动预算、动态预算或滑动预算，是指为了克服固定预算方法的缺点而设计的，以业务量、成本和利润之间的依存关系为依据，以预算期可预见的各种业务量水平为基础，编制能够适应多种情况预算的一种方法。

编制弹性预算所依据的业务量可以是产量、销售量、直接人工工时、机器工时、材料消耗量或直接人工工资等。

与固定预算方法相比，弹性预算方法具有的优点有：

预算范围宽。弹性预算方法能够反映预算期内与一定相关范围内可预见的多种业务量水平相对应的不同预算额，从而扩大了预算的适用范围，便于预算指标的调整。

可比性强。在弹性预算方法下，如果预算期实际业务量与计划业务量不一致，可以将实际指标与实际业务量相应的预算额进行对比，从而能够使预算执行情况的评价与考核建立在更加客观和可比的基础上，便于更好地发挥预算的控制作用。

在理论上，该方法适用于编制全面预算中所有与业务量有关的预算，但实务中，主要用于编制弹性成本费用预算和弹性利润预算，尤其是编制成本费用预算。

（1）弹性成本费用预算。编制成本费用预算的关键是进行成本性态分析，将全部成本最终区分为变动成本和固定成本两个部分。变动成本主要根据单位业务量来控制，固定成本按总额控制。因成本习性公式为 $y = a + bx$，所以弹性成本预算的具体公式如下：

成本弹性预算 = 固定成本预算总数 + $\sum$ 单位变动成本预算 × 预计业务量

编制弹性成本预算首先要选择适当的业务量。选择业务量包括选择业务量的计量单位和业务量变动范围两部分内容。

计量单位选择：一般来说，生产单一产品的部门，可以选用产品实物量；生产多种产品的部门，可以选用人工工时、机器工时；修理部门可以选用修理工时；以手工操作为主的企业应选用人工工时，机械化程度较高的企业应选用机器工时等。

业务量变动范围是指弹性预算所适用的业务量变动区间，需要视各企业的情况进行决定。一般来说，可以定位正常生产能力的70%～120%，或以历史上最高业务量或最低业务量为上下限。

【工作任务4－1】A公司第1车间的生产能力为每月20 000机器工作小时，根据成本性态分析，正常生产能力的小时制造费用为6元，如表4－1所示。当生产能力达到110%时，间接人工、维修费用各增加500元，折旧增加4 000元。要求：按生产能力的80%、90%、110%编制今年9月制造费用弹性预算。

表4－1 制造费用弹性预算

部门：第1车间　　　　预算期：××年9月　　　　正常生产能力：20 000机器小时

	费用项目	变动费用率/ (元·小时$^{-1}$)	正常生产 能力预算/元	弹性生产能力预算/元		
				80%	90%	110%
				16 000小时	18 000小时	22 000小时
变动 费用	间接材料	0.5	10 000	8 000	9 000	11 000
	间接人工	1.5	30 000	24 000	27 000	33 000
	维修费用	2	40 000	32 000	36 000	44 000
	电力	0.45	9 000	7 200	8 100	9 900
	水费	0.3	6 000	4 800	5 400	6 600
	电话费	0.25	5 000	4 000	4 500	5 500
	小计	5	100 000	80 000	90 000	110 000
固定 费用	间接人工		4 000	4 000	4 000	4 500
	维修费用		5 000	5 000	5 000	5 500
	电话费		1 000	1 000	1 000	1 000
	折旧		10 000	10 000	10 000	14 000
	小计		20 000	20 000	20 000	25 000
	合计		120 000	100 000	110 000	135 000
	小时费用率		6	6.25	6.11	6.14

【工作成果】

编制今年 9 月份该车间制造费用弹性预算如表 4－1 所示。从表 4－1 可知，固定成本超过一定的业务量范围，成本总额也会发生变化，并不是一成不变的。从弹性预算中也可以看到，当生产能力达到 100% 时，小时费用率 6 元，为最低，说明企业已充分利用了生产能力，且产品销路没有问题时，应向这个目标努力，从而使成本降低、利润增加。

假定该企业 9 月份的实际生产能力到达 90%，有了弹性预算，就可以与实际执行情况进行比较，衡量其业绩，并分析其差异。实际成本与预算成本的比较，可通过编辑弹性预算执行报告来进行，如表 4－2 所示。

表 4－2　制造费用弹性预算执行报告

部门：第 1 车间　　　　　　　　　　正常生产能力：20 000 机器工作小时（100%）
预算期：××年 9 月　　　　　　　　实际生产能力：18 000 机器工作小时（90%）

费用项目	预算数/元	实际数/元	差异额/元	差异率/%
间接材料	9 000	9 500	500	5.56
间接人工	31 000	30 000	－1 000	－3.23
维修费用	41 000	39 000	－2 000	－4.88
电力	8 100	8 500	400	4.94
水费	5 400	6 000	600	11.11
电话费	5 500	5 600	100	1.82
折旧费	10 000	10 000		
合计	110 000	108 600	－1 400	－1.27

（2）弹性利润预算的编制。弹性利润预算是根据成本、业务量和利润之间的依存关系，为了适应多种业务量变化，按变动成本法为基础编制的息税前利润预算。

会计核算的利润表是按完全成本法编制的，假设财务费用全部是借款利息费用，则完全成本法下息税前利润的计算公式如下：

销售毛利 = 销售收入 － 销售成本

息税前利润 = 销售毛利 － 管理费用 － 销售费用

预算管理中的弹性利润预算一般按变动成本法编制。变动成本法的公式如下：

边际贡献 = 销售收入 － 变动成本

息税前利润 = 边际贡献 － 固定成本

注意：为了行文简洁，本学习情境假设企业没有销售税金及附加、投资收益、营业外收支等影响利润的其他项目。息税前利润扣除借款利息费用后即为税前利润，税前利润扣除所得税费用后才是净利润。

编制弹性利润预算，可以选择因素法和百分比法两种方法。前者是根据受业务量变动影响的收入、成本等因素与利润的关系，列表反映在不同业务量的利润水平的预算方法，适用于单一品种或采用分算法处理固定成本的多品种经营的企业。后者是按不同销售额的百分比来编制弹性利润预算的方法，适用于多品种经营的企业。

【工作任务 4－2】B 公司今年 9 月正常生产能力下的利润为 70 800 元，如表 4－3 所示。

要求：用变动成本法编制销售收入为90%、110%时的弹性利润预算。

表4-3 利润弹性预算

编制单位：B公司　　　　　　　预算期：××年9月　　　　　　　　　　　　单位：元

项目	正常能力（100%）	90%	110%
销售收入	900 000	700 000	1 100 000
变动生产成本	376 500	292 500	442 500
变动销售及管理费用	128 700	100 100	157 300
边际贡献	403 800	307 400	500 200
固定制造费用	250 000	250 000	250 000
固定销售及管理费用	83 000	83 000	83 000
息税前利润	70 800	(25 600)	167 200

【工作成果】

由表4-3可知，利润的弹性预算，是以成本性态分析与成本弹性预算为其基础，按变动成本法编制的。现假定实际销售收入为900 000元，为了考核利润预算完成情况，评价工作成绩，还须编制利润弹性预算执行报告，如表4-4所示。

表4-4 利润弹性预算执行报告

编制单位：B公司　　　　　　　　　　　　　　　　　　　　　　预算期：××年9月
　　　　　　　　　　　　　　　　　　　　　　　　　　　　　　　　单位：元

项目	预算数	实际数	差异额	差异率/%
销售收入	900 000	900 000		
变动生产成本	367 500	372 300	4 800	1.31
变动销售及管理费用	128 700	123 600	-5 100	-3.96
边际贡献	403 800	404 100	300	0.07
固定制造费用	250 000	248 000	-2 000	0.80
固定销售及管理费用	83 000	83 000		
息税前利润	70 800	73 100	2 300	3.25

二、增量预算与零基预算

编制成本费用预算的方法按其出发点的特征不同，可分为增量预算和零基预算两大类。

1. 增量预算

增量预算又称调整预算，是指以基期成本费用水平为基础，结合预算期业务量水平及有关影响成本因素的未来变动情况，通过调整原有费用项目而编制预算的一种方法。这种预算编制方法比较简单。

传统的预算编制方法基本上采用的是增量预算方法，即以基期的实际预算为基础，对预算值进行增减调整。增量预算方法的假设前提包括：①现有的业务活动是企业必需的，不需要进行调整；②原有的各项开支水平是合理的，在预算期予以保持；③增加费用预算是值得的。

增量预算方法的缺点是：①受原有费用项目限制，可能导致保护落后；②滋长预算中的"平均主义"和"简单化"；③不利于企业未来发展。

2. 零基预算

零基预算又称零底预算，是指在编制成本费用预算时，不考虑以往会计期间所发生的费用项目或费用数额，而是将所有的预算支出均以零为出发点，一切从实际需要与可能出发，逐项审议预算期内各项费用的内容及开支标准是否合理，在综合平衡的基础上编制费用预算的一种方法。零基预算的编制程序：

（1）动员与讨论：根据企业在预算期内的总体目标，对每项业务说明其性质和目的，以零为基础，详细提出各项业务所需的开支和费用。

（2）划分不可避免项目和可避免项目：按照成本效益分析方法比较分析每一项费用预算是否必要，能否避免，以及各自所产生的效益，以便区别对待。

（3）划分不可延缓项目和可延缓项目：对不可避免的项目优先分配资金，对可延缓成本则根据可动用资金情况，按照轻重缓急，以及每个项目所需要现金的多少分成不同等级，逐项下达费用预算。

零基预算的优点是：不受已有费用项目和开支水平的限制；能够调动各方面降低费用的积极性，有助于企业的发展。其缺点是工作量大，重点不突出，编制时间较长。

此法特别适用于产出较难辨认的服务性部门费用预算的编制。

【工作任务4-3】 某公司为了深入挖掘成本潜力、降低费用开支水平，拟对历年来超支严重的业务招待费、劳动保护费、办公费、广告费、保险费等间接费用项目按照零基预算方法编制预算（不考虑原有费用支出水平）。

【工作成果】

经多次讨论研究，预算编制人员确定上述费用在预算年度开支水平，如表4-5所示。

表4-5 预计费用项目及开支金额　　　　　　　　　　　　　　　　单位：元

费用项目	开支金额	费用项目	开支金额
1. 业务招待费	180 000	4. 广告费	300 000
2. 劳动保护费	150 000	5. 保险费	120 000
3. 办公费	100 000	合计	850 000

经过充分论证，得出以下结论：上述费用中除业务招待费和广告费以外，都不能再压缩了，必须得到全额保证。根据历史资料对业务招待费和广告费进行成本-效益分析，得到表4-6所示数据。

表4-6 零基预算成本效益分析　　　　　　　　　　　　　　　　单位：元

成本项目	成本金额	收益金额
业务招待费	1	4
广告费	1	6

权衡上述各项费用开支的轻重缓急排出层次和顺序：劳动保护费、办公费和保险费在预算期必不可少，需要全额得到保证，属于不可避免的约束性固定成本，故列为第一层次。业务招待费和广告费可根据预算期间企业财力情况酌情增减，属于可避免项目。其中广告费的成本效益较大，列为第二层次；业务招待费的成本效益相对较小，列为第三层次。

假定该公司预算年度对上述各项费用可动用的财力资源只有 700 000 元，根据以上排列的层次和顺序分配资源，最终落实的预算金额如下：

（1）确定不可避免项目的预算金额：150 000 + 100 000 + 120 000 = 370 000（元）

（2）确定可分配的资金数额：700 000 - 370 000 = 330 000（元）

（3）按成本效益比重将可分配的资金数额在业务招待费和广告费之间进行分配：

业务招待费可分配资金：330 000 × 4 ÷ (4 + 6) = 132 000（元）

广告费可分配资金：330 000 × 6 ÷ (4 + 6) = 198 000（元）

三、定期预算与滚动预算

编制预算的方法按其预算期的时间特征不同，可分为定期预算和滚动预算两大类。

1. 定期预算

定期预算就是以会计年度为单位编制的各种预算。定期预算方法的优点是能够使预算期间与会计年度相配合，便于考核和评价预算的执行结果。缺点是具有盲目性（远期指导性差）、滞后性（灵活性差）和间断性（连续性差）。

2. 滚动预算

滚动预算又称连续预算或永续预算，是指在编制预算时，将预算期与会计年度脱离，随着预算的执行不断延伸补充预算，逐期向后滚动，使预算期永远保持为一个固定期间的一种预算编制方法。滚动预算按其预算编制和滚动的时间单位不同可分为逐月滚动、逐季滚动和混合滚动三种方式。

（1）逐月滚动。逐月滚动是指在预算编制过程中，以月份为预算的编制单位和滚动单位，每个月调整一次预算的方法。这种方法比较精确，但工作量较大。

逐月滚动方式如图 4-2 所示：先编制未来 12 个月的预算。在明年 1 月执行预算后，根据实际情况，修订 2 月至 12 月的预算，同时补充后年 1 月的预算；在执行了 2 月的预算后，再修订调整明年 3 月至后年 1 月预算，并补充后年 2 月的预算，使预算期间在任何时间都始终保持 12 个月。

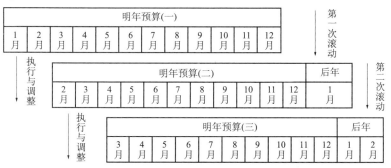

图 4-2 逐月滚动方式示意图

（2）逐季滚动。逐季滚动是指在预算编制过程中，以季度为预算的编制单位和滚动单位，每个季度调整一次预算的方法。工作量比逐月滚动小，但预算精度较差。

（3）混合滚动。混合滚动方式是指在预算编制过程中，同时使用月份和季度作为预算的编制和滚动单位的方法。这是滚动预算的一种变通方式。

这种预算方法的理论依据：人们对未来的把握程度不同，对近期的预计把握较大，对远期的预计把握较小。为了做到长计划短安排，远略近详，即在预算编制过程中，可以对近期预算提出较高的精度要求，使预算的内容相对详细，而对远期预算提出较低的精度要求，使预算的内容相对简单，这样能够减少预算的工作量。

与传统的定期预算方法相比，按滚动预算方法编制的预算具有透明度高、及时性强、连续性好，以及完整性和稳定性突出的优点。其主要缺点是预算工作量较大。

学习任务 3　业务预算编制实务

业务预算的编制主要包括销售预算、生产预算、直接材料采购预算、直接人工预算、制造费用预算、单位生产成本预算、销售及管理费用预算等的编制。

一、销售预算的编制

销售预算是指为了规划一定预算期内因组织销售活动而引起的预计销售收入而编制的一种日常业务预算。只要市场经济存在，任何企业都必须实行以销定产。因此，销售预算就成为编制全面预算的关键，是整个预算的起点，其他预算都以销售预算作为基础。

本预算需要在销售预测的基础上，根据企业年度目标利润确定的预计销售量和销售价格等进行编制。单价根据市场供求关系并通过价格决策决定；预计销售量则需要根据市场预测或销售合同并结合企业生产能力来确定。为了行文简洁，本学习情境的内容不考虑增值税因素，销售收入的基本公式如下：

$$预计销售收入 = \sum 某产品销售单价 \times 该产品预计销量$$

为了便于财务预算，还应在编制销售预算的同时，编制与销售收入有关的经营现金收入预算表，以反映全年及各季度销售所得的现销收入和回收前期应收账款的现金收入。预算期的经营现金收入的计算公式如下：

$$某期经营现金收入 = 该期现销收入 + 回收前期应收账款$$

式中：现销收入 = 该期销售收入 × 该期预计现销率；现销率是指一定期间现销含税收入占该期含税销售收入的百分比指标。回收前期应收账款 = 本期期初应收账款 × 预计应收账款回收率；应收账款回收率为前期应收账款在本期回收的现金额度占相关的应收账款的百分比指标。在全面预算中，现销率和回收率一般为已知数据。

此外，根据下列公式可以计算出企业预算期末的应收账款余额，为编制预计资产负债表做准备。

$$期末应收账款余额 = 期初应收账款余额 + 该期销售收入 - 本期现金收入$$

【工作任务 4-4】 渝都实业公司生产和销售一种产品，根据预测明年各季度的销售量分别是 5 000 件、7 500 件、10 000 件和 9 000 件，后年第一季度销售量为 10 000 件，单价均为

20元。每季度销售收入在本季收到现金60%，其余赊账在下季度收账，该公司今年年底应收账款余额为31 000元。

【工作成果】

渝都实业公司明年销售预算如表4-7所示。

表4-7 渝都实业公司销售预算

项目	第一季度	第二季度	第三季度	第四季度	合计
预计销售量/件	5 000	7 500	10 000	9 000	31 500
预计单位售价/（元·件$^{-1}$）	20	20	20	20	20
销售收入/元	100 000	150 000	200 000	180 000	630 000

预计明年各季度现金收入，如表4-8所示。

表4-8 渝都实业公司预计现金收入　　　　　　　　　　单位：元

项目	本期发生额	现金收入			
		第一季度	第二季度	第三季度	第四季度
期初应收	31 000	31 000			
第一季度	100 000	60 000	40 000		
第二季度	150 000		90 000	60 000	
第三季度	200 000			120 000	80 000
第四季度	180 000				108 000
期末应收	(72 000)				
合计	589 000	91 000	130 000	180 000	188 000

二、生产预算编制

生产预算是指为了规划一定预算期内预计生产量水平而编制的一种日常业务预算。该预算是所有日常业务预算中唯一只使用实物量计量单位的预算。

生产预算是在销售预算的基础上编制出来的，其主要内容包括销售量、期初存货和期末存货、生产量。由于存在许多不确定性，企业的生产和销售时间上和数量上不能完全一致，一般应以产定销，计算公式如下：

预计生产量 = 预计销售量 + 预计期末存货量 − 预计期初存货量

在编制预算时要注意生产量、销售量、存货量之间的比例关系，避免储备不足、产销脱节或超储积压等。

【工作任务4-5】 渝都实业公司希望在每季度末保持相当于下季度销售量10%的期末存货（产成品），即当季初的产成品存量为当季销量的10%。

【工作成果】

渝都实业公司明年生产预算如表4-9所示。

表 4-9　渝都实业公司生产预算　　　　　　　　　　　　　　单位：件

项目	第一季度	第二季度	第三季度	第四季度	全年合计
预计销售量	5 000	7 500	10 000	9 000	31 500
加：期末存货	750	1 000	900	1 000	1 000
合计	5 750	8 500	10 900	10 000	32 500
减：期初存货	500	750	1 000	900	500
预计生产量	5 250	7 750	9 900	9 100	32 000

三、直接材料预算的编制

直接材料预算是为了规划一定预算期内因组织生产活动和材料采购活动预计发生的直接材料需用量、采购数量和采购成本而编制的一种经营预算。

直接材料预算以生产预算、材料消耗定额和预计材料单位采购成本为基础，同时要考虑原材料存货水平而编制。直接材料预算一般以产定耗、以耗定购，其主要内容包括需（耗）用量、采购量和采购成本等。某种材料预计需要量按各种产品的材料消耗定额和生产量计算。材料采购量在材料需用量的基础上，考虑材料的期初、期末库存量计算确定。材料采购总成本根据各种材料的采购量、采购单价计算确定。计算公式如下：

$$某材料需用量 = \sum 预计生产量 \times 某材料消耗定额$$

$$某材料采购量 = 该材料需用量 + 期末库存量 - 期初库存量$$

$$材料采购总成本 = \sum 某材料单位成本 \times 某材料采购量$$

材料的采购与产品的销售有相类之处，即可采用商业信用等方式赊购材料，这样就可能存在一部分应付账款项。为了便于编制现金预算，对于材料采购还须计算现金支出预算。同时，也可以计算出企业期末的应付账款余额，为编制预计资产负债表做准备。

【工作任务 4-6】假设渝都实业公司甲产品只耗用一种材料，采购单价 2.5 元，每件产品消耗该材料 2 千克。今年年末该材料库存为 1 500 千克，估计明年每季度末材料库存量分别为 2 100 千克、3 100 千克、3 960 千克、3 640 千克。今年年末应付账款余额为 11 000 元，明年材料采购的货款 50% 在本季度内支付，另外 50% 在下季度支付。

【工作成果】

渝都实业公司明年直接材料预算如表 4-10 所示。

表 4-10　渝都实业公司明年直接材料预算

项目	第一季度	第二季度	第三季度	第四季度	全年合计
预计生产量/件	5 250	7 750	9 900	9 100	32 000
单位产品材料用量/（千克·件$^{-1}$）	2	2	2	2	2
生产需要量/千克	10 500	15 500	19 800	18 200	64 000
加：预计期末存量/千克	2 100	3 100	3 960	3 640	3 640
合计	12 600	18 600	23 760	21 840	67 640
减：预计期初存量/千克	1 500	2 100	3 100	3 960	1 500
预计采购量/千克	11 100	16 500	20 660	17 880	66 140

续表

项目	第一季度	第二季度	第三季度	第四季度	全年合计
单价/（元·千克$^{-1}$）	2.5	2.5	2.5	2.5	2.5
预计采购金额/元	27 750	41 250	51 650	44 700	165 350

预计明年现金支出表如表 4 - 11 所示。

表 4 - 11　渝都实业公司预计现金支出表　　　　　　　　单位：元

项目	本期发生额	现金支出			
		第一季度	第二季度	第三季度	第四季度
期初应付款	11 000	11 000			
第一季度	27 750	13 875	13 875		
第二季度	41 250		20 625	20 625	
第三季度	51 650			25 825	25 825
第四季度	44 700				22 350
期末应付款	(22 350)				
合　计	154 000	24 875	34 500	46 450	48 175

四、直接人工预算的编制

直接人工预算是指为了规划一定预算期内人工工时的消耗水平和人工成本水平而编制的一种经营预算。它以生产预算为基础编制，其主要内容有预计产量、单位产品工时、人工总工时、每小时人工成本和人工总成本。直接人工成本包括直接工资和按直接工资的一定比例计算的其他直接费用（如职工福利费、社会保险费等）。计算公式如下：

$$某产品工时数 = 该产品生产量 \times 单位产品工时定额$$

$$某产品人工成本 = 该产品工时数 \times 小时工资率$$

$$企业人工成本合计 = \sum 预计某种产品直接人工成本$$

【工作任务 4 - 7】渝都实业公司生产每件产品需 0.2 人工小时，每小时的人工成本为 10 元。

【工作成果】

渝都实业公司明年直接人工预算如表 4 - 12 所示。

表 4 - 12　渝都实业公司明年直接人工预算

项目	第一季度	第二季度	第三季度	第四季度	全年合计
预计生产量/件	5 250	7 750	9 900	9 100	32 000
单位产品工时/小时	0.2	0.2	0.2	0.2	0.2
人工总工时/小时	1 050	1 550	1 980	1 820	6 400
每小时人工成本/元	10	10	10	10	10
人工总成本/元	10 500	15 500	19 800	18 200	64 000

五、制造费用预算的编制

制造费用预算是指为了规划一定预算期内除直接材料和直接人工预算以外预计发生的其他生产费用而编制的一种日常业务预算。

制造费用按其习性,可分为变动制造费用和固定制造费用。变动制造费用预算以生产预算为基础来编制,可根据预计生产量或直接人工总工时、预计的变动制造费用分配率来计算。固定制造费用可在上年的基础上,根据预期变动加以适当修正进行预计。在制造费用预算中,除折旧费等非付现成本外都需要支付现金。为了方便编制现金预算,需要预计现金支出,将制造费用预算额扣除非付现成本后,调整为现金支出的费用。

【工作任务 4-8】渝都实业公司变动制造费用按人工小时分配,每小时为 2.5 元,各费用项目的分配率见表 4-13;固定制造费用预计为 48 000 元,每季平均分摊。

【工作成果】

渝都实业公司明年制造费用预算如表 4-13 所示。

表 4-13 渝都实业公司明年制造费用预算

项目		费用分配率	第一季度	第二季度	第三季度	第四季度	全年合计
预计人工总工时			1 050	1 550	1 980	1 820	6 400
变动制造费用/元	间接材料	1	1 050	1 550	1 980	1 820	6 400
	间接人工	0.6	630	930	1 188	1 092	3 840
	修理费	0.4	420	620	792	728	2 560
	水电费	0.5	525	775	990	910	3 200
	小计	2.5	2 625	3 875	4 950	4 550	16 000
固定制造费用/元	修理费		3 000	3 000	3 000	3 000	12 000
	水电费		1 000	1 000	1 000	1 000	4 000
	管理员工资		2 000	2 000	2 000	2 000	8 000
	折旧		5 000	5 000	5 000	5 000	20 000
	保险费		1 000	1 000	1 000	1 000	4 000
	小计		12 000	12 000	12 000	12 000	48 000
现金支出费用			9 625	10 875	11 950	11 550	44 000

六、产品成本预算的编制

产品成本预算是指为了规划一定预算期内每种产品的单位产品成本、生产成本、销售成本等内容而编制的一种日常业务预算。

本预算需要在生产预算、直接材料预算、直接人工预算和制造费用预算的基础上编制,同时,也能够为编制预计利润表和预计资产负债表提供数据。

企业进行会计核算时采用完全成本法计算产品成本,即将生产产品所发生的直接材料、直接人工、制造费用(包括变动制造费用、固定制造费用)全部作为生产成本,并以此分配计算完工产品成本与在产品成本。完全成本法在全部制造成本的基础上计算存货成本,所以,它的期初、期末存货中还包括该产品分配的固定制造费用。在此基础上根据产品销量计算本期销售成本,随同本期发生的销售费用、管理费用等一并作为利润的抵减列入利润表项目。

在财务管理特别是预算管理中,一般采用变动成本法计算产品成本,也可以采用完全成本法,本学习情境介绍变动成本法。变动成本法中的产品成本只包括直接材料、直接人工和变动制造费用这三部分变动制造成本。在变动成本法下,如果产成品存货采用先进先出法计价,在没有在产品的情况下,销售成本可用本期生产成本加上期初产成品成本,减期末产成品成本计算确定。再将本期销售成本,随同本期发生的固定制造费用、销售费用、管理费用等期间费用,在当期收入中予以抵减。所以,生产成本、单位产品成本、期初与期末产成品成本,均按直接材料、直接人工和变动制造费用计算确定。

【工作任务4-9】渝都实业公司今年年末产成品单位成本为8元。

【工作成果】

采用变动成本法编制明年产品成本预算,如表4-14所示。

表4-14 渝都实业公司明年产品成本预算

成本项目	全年生产量32 000件			
	单耗	单价/元	单位成本/(元·件$^{-1}$)	总成本/元
直接材料	2千克/件	2.5	5	160 000
直接人工	0.2小时/件	10	2	64 000
变动制造费用	0.2小时/件	2.5	0.5	16 000
合计			7.5	240 000
产成品存货	数量/件	单位成本/元	总成本/元	
年初存货	500	8	4 000	
年末存货	1 000	7.5	7 500	
本年销售	31 500		236 500	

七、销售与管理费用预算的编制

销售费用预算是指为了规划一定预算期内企业在销售阶段组织产品销售预计发生各项费用而编制的一种日常业务预算。管理费用预算是指为了规划一定预算期内因管理企业预计发生的各项费用而编制的一种日常业务预算。

销售与管理费用预算的编制方法与制造费用预算的编制方法非常接近,也应将其划分为变动性和固定性两部分费用。变动性费用一般都要用现金支出,各预算期的现金支出可用销售收入的比例进行分配确定。对于固定性费用的现金支出可以采取两种处理方法:

第一种方法,根据全年固定性费用的预算总额扣除其中的非付现成本(如销售机构的折旧费)的差额在年内各季度内平均分摊。

第二种方法,根据具体的付现成本项目的预计发生情况分季度编制预算。

【工作任务4-10】渝都实业公司明年变动销售及管理费用为销售收入的7.6%,各费用项目的比率如表4-15所示;固定销售及管理费用预计为52 000元,每季平均分摊。

【工作成果】

渝都实业公司明年销售及管理费用预算如表4-15所示。

表 4-15　渝都实业公司明年销售及管理费用预算　　　　　　　　　　单位：元

项目		变动费率	第一季度	第二季度	第三季度	第四季度	全年合计
预计销售收入			100 000	150 000	200 000	180 000	630 000
变动销售及管理费用	销售佣金	1%	1 000	1 500	2 000	1 800	6 300
	运输费	1.60%	1 600	2 400	3 200	2 880	10 080
	广告费	5%	5 000	7 500	10 000	9 000	31 500
	小计	7.60%	7 600	11 400	15 200	13 680	47 880
固定销售及管理费用	薪金		5 000	5 000	5 000	5 000	20 000
	办公用品		4 500	4 500	4 500	4 500	18 000
	其他费用		3 500	3 500	3 500	3 500	14 000
	小计		13 000	13 000	13 000	13 000	52 000

学习任务4　财务预算编制实务

财务预算的编制主要包括现金预算、预计利润表和预计资产负债表等内容的编制。

一、现金预算的编制

现金预算也称现金收支预算，是以日常业务预算和特种决策预算为基础所编制的反映现金收支情况的预算。现金预算中的现金收入主要反映经营性现金收入，现金支出则同时反映经营性现金支出和资本性现金支出。现金预算由现金收入、现金支出、现金多余或不足、资金的筹集和运用四部分组成。

【工作任务4-11】渝都实业公司今年年末现金余额为8 000元，无短期借款。明年每季度末应保持现金余额10 000元，若资金不足或多余，以2 000元为间隔，于每季初借入、每季末偿还短期借款。借款年利率为8%，借款利息于偿还本金时一并支付。同时，明年准备购入100 000元机器设备，于第二季度与第三季度分别支付价款的50%；每季度预交所得税20 000元；预计第三季度发放现金股利30 000元；第四季度购买国债10 000元。

【工作成果】

渝都实业公司明年现金预算如表4-16所示。

表 4-16　渝都实业公司明年现金预算　　　　　　　　　　单位：元

项目	第一季度	第二季度	第三季度	第四季度	全年合计
期初现金余额	8 000	13 400	10 125	11 725	8 000
加：销货现金收入	91 000	130 000	180 000	188 000	589 000
可供使用现金	99 000	143 400	190 125	199 725	597 000
减：现金支出					
直接材料	24 875	34 500	46 450	48 175	154 000
直接人工	10 500	15 500	19 800	18 200	64 000
制造费用	9 625	10 875	11 950	11 550	44 000
销售及管理费用	20 600	24 400	28 200	26 680	99 880

续表

项目	第一季度	第二季度	第三季度	第四季度	全年合计
预交所得税	20 000	20 000	20 000	20 000	80 000
购买国债				10 000	10 000
发放股利			30 000		30 000
购买设备		50 000	50 000		100 000
支出合计	85 600	155 275	206 400	134 605	581 880
现金收支差额	13 400	(11 875)	(16 275)	65 120	15 120
向银行短期借款		22 000	28 000		50 000
归还银行短期借款				50 000	50 000
借款利息				2 440	2 440
期末现金余额	13 400	10 125	11 725	12 680	12 680

二、预计利润表的编制

预计利润表是指以货币形式综合反映预算期内企业经营活动成果（包括边际贡献、净利润等）计划水平的一种财务预算。它是根据销售、产品成本、费用等预算编制的。在变动成本法下，利润表的相关项目计算公式如下：

$$边际贡献 = 销售收入 - 变动成本$$

$$息税前利润 = 边际贡献 - 固定成本$$

$$净利润 = 息税前利润 - 借款利息 - 所得税$$

式中：变动成本包括销售成本、变动销售费用、变动管理费用；固定成本包括固定制造费用、固定销售费用、固定管理费用；假设财务费用全部为借款利息支出，并假设没有销售税金及附加（若有则在边际贡献中扣除）。

【工作任务4－12】渝都实业公司所得税税率为25%，不考虑其他税费，没有偶然所得与其他影响利润的事项。

【工作成果】

按变动成本法编制渝都实业公司明年预计利润表，如表4－17所示。

表4－17 渝都实业公司预计利润表

项目	第一季度	第二季度	第三季度	第四季度	全年合计
销售收入	100 000	150 000	200 000	180 000	630 000
减：销售成本	37 750	56 250	75 000	67 500	236 500
变动销售及管理费用	7 600	11 400	15 200	13 680	47 880
边际贡献	54 650	82 350	109 800	98 820	345 620
减：固定制造费用	12 000	12 000	12 000	12 000	48 000
固定销售及管理费用	13 000	13 000	13 000	13 000	52 000
利息支出				2 440	2 440
税前利润	29 650	57 350	84 800	71 380	243 180
减：所得税	7 412.50	14 337.50	21 200	17 845	60 795
税后利润	22 237.50	43 012.50	63 600	53 535	182 385

三、预计资产负债表的编制

预计资产负债表是以货币为单位反映预算期末财务状况的总括性预算，包括资产、负债及所有者权益项目。如前所述，在变动成本法下的预计资产负债表中，产成品项目的期初与期末金额中均不包括应分配的固定制造费用。

【学习任务 4-13】渝都实业公司今年年末固定资产原值 270 000 元，累计折旧 32 250 元，长期借款为 40 000 元，实收资本为 200 000 元，留存收益为 33 500 元。

【工作成果】

编制渝都实业公司明年的预计资产负债表，如表 4-18 所示。

表 4-18 渝都实业公司明年预计资产负债表   单位：元

资产	期初数	期末数	负债及权益	期初数	期末数
流动资产			流动负债		
货币资金	8 000	12 680	短期借款		
交易性金融资产		10 000	应付账款	11 000	22 350
应收账款	31 000	72 000	未交所得税		-19 205
原材料	3 750	9 100	流动负债合计	11 000	3 145
产成品	4 000	7 500	长期负债		
流动资产合计	46 750	111 280	长期借款	40 000	40 000
固定资产原值	270 000	370 000	所有者权益		
减：累计折旧	32 250	52 250	实收资本	200 000	200 000
固定资产净值	237 750	317 750	留存收益	33 500	185 885
资产总计	284 500	429 030	权益总计	284 500	429 030

学习任务 5 学习效果检验

一、单项选择题

1. 相对于固定预算而言，弹性预算的主要优点是（　　）。
   A. 机动性强　　　B. 稳定性强　　　C. 远期指导性强　　　D. 连续性强

2. 企业年度各种产品销售业务量为 100% 时的销售收入为 5 500 万元，变动成本为 3 300 万元，企业年固定成本总额为 1 300 万元，利润为 900 万元，则当预计业务量为 70% 时，利润是（　　）。
   A. 540 万元　　　B. 240 万元　　　C. 630 万元　　　D. 680 万元

3. 在根据销售预算编制生产预算时，生产预算编制的关键是正确地确定（　　）。
   A. 销售价格　　　B. 销售数量　　　C. 期初存货量　　　D. 期末存货量

4. 可以保持预算的连续性和完整性，并能克服传统定期预算缺点的是（　　）方法。
   A. 弹性预算　　　B. 零基预算　　　C. 滚动预算　　　D. 固定预算

5. 下列各项中，不属于增量预算基本假定的是（　　）。
   A. 增加费用预算是值得的　　　　　　B. 预算费用标准必须进行调整

C. 原有的各项开支都是合理的　　　D. 现有的业务活动为企业所必需

6. 预算管理中不属于总预算内容的是（　　）。
A. 现金预算　　　B. 生产预算　　　C. 预计利润表　　　D. 预计资产负债表

7. 以预算期内正常的，可实现的某一业务量水平为唯一基础来编制预算的是（　　）方法。
A. 零基预算　　　B. 定期预算　　　C. 静态预算　　　D. 滚动预算

8. 在下列预算编制方法中，基于一系列可以预见的业务量编制的、能适应多种情况的预算是（　　）。
A. 弹性预算　　　B. 固定预算　　　C. 增量预算　　　D. 零基预算

9. 某企业按照百分比方法编制弹性利润预算表，预算销售收入为100万元，变动成本额为60万元，固定成本为30万元，利润为10万元，如果预算销售收入达到110万元，则预算利润总额为（　　）万元。
A. 14　　　B. 11　　　C. 4　　　D. 1

二、多项选择题

1. 下列（　　）属于财务预算的内容。
A. 现金预算　　　　　　　　B. 预计利润表和预计资产负债表
C. 财务费用预算　　　　　　D. 营业费用预算

2. 编制预计财务报表的依据包括（　　）。
A. 现金预算　　　B. 特种决策预算　　　C. 日常业务预算　　　D. 责任预算

3. 相对固定预算，弹性预算的优点是（　　）。
A. 预算成本低　　　B. 预算工作量小　　　C. 预算可比性强　　　D. 预算适应范围宽

4. 相对定期预算而言，滚动预算的优点是（　　）。
A. 透明度高　　　　　　　　B. 及时性强
C. 预算工作量小　　　　　　D. 连续性、稳定性突出

5. 在编制现金预算的过程中，可作为其编制依据的有（　　）。
A. 日常业务预算　　　B. 预计利润表　　　C. 预计资产负债表　　　D. 特种决策预算

6. 在下列各种预算中，属于财务预算内容的有（　　）。
A. 销售预算　　　B. 生产预算　　　C. 现金预算　　　D. 预计利润表

7. 编制弹性利润预算的基本方法包括（　　）。
A. 趋势法　　　B. 因素法　　　C. 百分比法　　　D. 沃尔比重法

8. 滚动预算按其预算编制和滚动的时间单位不同可以分为（　　）。
A. 逐月滚动　　　B. 逐季滚动　　　C. 混合滚动　　　D. 增量滚动

9. 与生产预算有直接联系的预算有（　　）。
A. 直接材料预算　　　　　　B. 变动制造费用预算
C. 销售及管理费用预算　　　D. 直接人工预算

三、判断题

1. 为了编制滚动预算，应将纳入预算的各项费用进一步划分为不可延缓项目和可延缓

项目。（　）
2. 在编制生产预算时，关键是正确地确定预计销售量。（　）
3. 企业在编制零基预算时，需要以现有的费用项目为依据，但不以现有的费用水平作为基础。（　）
4. 在编制预计资产负债表时，对表中年初项目和年末项目均需要根据各种日常业务预算和专门预算的预计数据分析填列。（　）
5. 预计财务报表的编制程序是先编制预计利润表，然后编制预计资产负债表。（　）
6. 在编制零基预算时，应以企业现有的费用水平为基础。（　）
7. 总预算是企业所有以货币及其他数量形式反映的、有关企业未来一段时间内全部经营活动各个项目目标的行动计划与相应措施的数量说明。（　）
8. 弹性预算只是一种编制费用的预算方法。（　）
9. 单位生产成本预算通常应反映各产品单位生产成本。（　）

四、计算分析题

1. A公司明年制造费用的明细项目如下：（1）间接人工：基本工资3 000元，另加每工时津贴0.10元；（2）物料费：每工时0.15元；（3）折旧费：5 000元；（4）维护费：基数为2 000元，另加每工时负担0.08元；（5）水电费：基数1 000元，另加每工时负担0.20元。

要求：为该公司在3 000～6 000工时的相关范围内，编制一套能适用于多种业务量（间隔为1 000工时）的制造费用弹性预算。

2. B公司生产一种产品，预计明年全年生产量为2 500件，生产所需的甲材料为15 800千克，单价为150元；所需的乙材料为25 200千克，单价为100元。预计全年直接人工成本为65 000元，预计变动成本制造费用全年为45 000元。月末在产品很少，采用不计算在产品的成本法确定完工产品成本，产成品按先进先出法计价。今年年末产成品库存80件（单位成本1 800元），明年年末产成品库存120件。

要求：用变动成本法为B公司编制明年产品成本预算表，如表4-19所示。

表4-19　产品成本预算表

成本项目	单价	单位用量	单位成本	总成本
直接材料				
甲材料				
乙材料				
小计				
直接人工				
变动制造费用				
合计				
加：在产品期初余额				
减：在产品期末余额				

续表

成本项目	单价	单位用量	单位成本	总成本
预计产品生产成本				
加：产成品期初余额				
减：产成品期末余额				
预计产品销售成本				

3. 某企业生产和销售 A 产品，明年四个季度预计销售数量分别为 1 000 件、1 500 件、2 000 件和 1 800 件，单位售价为 100 元。明年每季度销售收入中，本季度收到现金 50%，下季度收回现金 40%，再下季度收回现金 10%。上年年末应收账款余额为 62 000 元（在明年第一季度全部收现）。

要求：（1）编制明年销售预算（表 4-20）；（2）确定明年年末应收账款余额。

表 4-20 销售预算表

	项目	第一季度	第二季度	第三季度	第四季度	全年
销售预算	销售数量					
	销售单价					
	销售收入					
预计现金流入	上年应收账款					
	第一季度					
	第二季度					
	第三季度					
	第四季度					
	现金流入合计					

学习情境五

筹资方式管理实务

目的要求

本学习情境主要介绍筹资管理的内容、股权筹资管理实务和债务筹资管理实务。在工作任务的驱动下完成相应的学习任务后,能够理解筹资动机、筹资分类、筹资渠道、筹资方式与筹资原则;能够理解股权筹资与债务筹资的优缺点;能够掌握吸收直接投资、发行股票等股权筹资的方式与税收筹划;能够掌握银行借款、发行债券、融资租赁、商业信用等债务筹资的方式与税收筹划。

学习任务1 筹资管理的内容

资金是企业生存之本,任何企业从事生产经营活动都需要资金。因此,筹资活动既是企业财务管理的起点,也是企业的一项基本财务活动。

一、企业筹资的动机

企业筹资是指企业为了满足其经营活动、投资活动、资本结构调整和其他需要,运用一定的筹资方式,通过一定的筹资渠道,筹措和获取所需资金的一种财务行为。企业筹资通常基于以下原因。

(1)设立性筹资动机。设立性筹资动机即企业设立时为取得资本金而产生的筹资动机。企业在设立之初,必须先筹集一定的法定资本金,作为企业的启动资金,作为保护投资者和债权人的合法权益、维持企业正常生产经营的基础。因此,依法筹集资本金是企业最原始的筹资动机。

(2)扩张性筹资动机。扩张性筹资动机即企业为扩大生产经营规模或增加对外投资而产生的追加筹资的动机。企业在其持续的生产经营过程中,必须扩大再生产,在发展中求生存。企业的发展离不开资金,如开发新产品、进行技术改造、开拓具有发展前景的投资领域等,都需筹集资金。

(3)支付性筹资动机。支付性筹资动机即为了满足经营业务活动的正常波动所形成的支付需要而产生的筹资动机。企业经常会出现超出维持正常经营活动资金需求的季节性、临时性的交易支付需要,如职工工资的集中发放、大额采购款项的支付、提前偿还债务、向股东发放股利等,这时就需要临时性筹资来满足这种波动需求,维持企业的支付能力。

（4）调整性筹资动机。调整性筹资动机即企业因调整现有资金结构的需要而产生的筹资动机。为了控制财务风险，企业必须审时度势，通过筹资调整现有的资本结构，使之日趋合理。如企业的债务资本比例过高有较大的财务风险，可通过股权资本来化解；或流动负债的比例过大使得企业偿债压力过大，可以举借长期债务偿还短期债务等。

二、筹资分类

1. 股权筹资、债务筹资及混合筹资

按企业所取得资金的权益特性不同，筹资分为股权筹资、债务筹资和混合筹资。股权筹资又称主权资本筹资、自有资金筹资，是指企业通过发行股票、吸收直接投资、内部积累等方式筹集资金。所筹集资金可长期使用不用归还，财务风险小，但资金成本相对较高。债务筹资又称为负债性筹资、借入资金筹资，是指企业通过发行债券、向银行借款、融资租赁、商业信用等方式筹集资金。所筹资金由于到期需要还本付息，因此承担的财务风险较大。相对股权筹资而言，债务筹资付出的资金成本较低。混合筹资兼具股权与债务筹资性质，如我国上市公司发行的可转换公司债券和认股权证等。

2. 短期筹资与长期筹资

按照所筹资金使用期限的长短，分为短期筹资与长期筹资。短期资金是指使用期限在一年以内或超过一年的一个营业周期以内的资金。短期资金主要投资于现金、应收账款、存货等流动资产，一般在短期内可收回。短期资金通常采取商业信用、短期银行借款、商业汇票贴现、短期融资券、应收账款转让等方式来筹集。长期资金是指使用期限在一年以上或超过一年的一个营业周期以上的资金。长期资金主要投资于新产品的开发和推广、生产规模的扩大、厂房和设备的更新等长期资产，一般需几年甚至十几年才能收回。长期资金通常采用吸收投资、发行股票、发行公司债券、长期借款、融资租赁和内部积累等方式来筹集。

3. 直接筹资与间接筹资

按照筹资是否通过金融机构，筹资分为直接筹资与间接筹资。直接筹资是指企业无须借助金融机构，而通过一定的金融工具直接向资金所有者融通资金的筹资行为。直接筹资通常采用发行股票与债券、吸收直接投资等方式进行。间接筹资是指资金供求双方通过金融中介机构间接实现资金融通的活动。典型的间接筹资是向银行借款。

4. 内源筹资与外源筹资

按照资金的来源范围不同，筹资分为内源筹资与外源筹资。内源筹资也称内部筹资，是指企业利用自身的留存收益满足资金需求。内源筹资一般不需要支付外显资本成本，因此，企业应在充分利用内源筹资的前提下，再寻求外部筹资。外源筹资也称外部筹资，是指企业在内源筹资无法满足自身资金需求时，通过企业外部筹集资金。

三、筹资渠道与筹资方式

1. 筹资渠道

筹资渠道是指筹措资金的来源方向与通道，能够体现资金的来源。认识和了解各种筹资渠道及其特点，有助于企业充分拓宽和正确利用筹资渠道。

（1）银行信贷资金。银行对企业的各种贷款，是我国目前各类企业最为重要的资金来源。我国银行主要有商业性银行和政策性银行。商业性银行是以盈利为目的、从事信贷资金

投放的金融机构，如工商银行、交通银行等，它主要为企业提供各种商业贷款；政策性银行为特定企业提供政策性贷款，如进出口开发银行等。

（2）其他金融机构资金。其他金融机构主要指信托投资公司、保险公司、租赁公司、证券公司、财务公司等。它们所提供的各种金融服务，既包括信贷资金投放，也包括物资的融通，还包括为企业承销股票、债券等金融服务。

（3）其他企业资金。企业在生产经营过程中，往往形成部分暂时闲置的资金，并为一定的目的而进行相互投资。另外，企业间的购销业务可以通过商业信用方式来完成，从而形成企业间的债权债务关系，形成债务人对债权人的短期信用资金占用。企业间的相互投资和商业信用的存在，为筹资企业提供了一定的资金来源。

（4）居民个人资金。企业职工和居民个人的结余货币，作为"游离"于银行及非银行金融机构等之外的个人资金，可用于对企业进行投资，形成民间资金来源渠道，从而为企业所用。

（5）国家财政资金。国家对企业的直接投资是国有企业特别是国有独资企业获得资金的主要渠道。在国有企业的资金来源中，股权资本部分大多是由国家财政以直接拨款方式形成的，除此以外，有些是国家对企业"税前还贷"或减免各种税款而形成的。不管是何种形式形成的，从产权关系上看，它们都属于国家投入的资金，产权归国家所有。

（6）企业自留资金。它是指企业内部形成的资金，也称企业内部留存，主要包括提取公积金和未分配利润等。这些资金无须企业通过一定的方式去筹集，而直接由企业内部自动生成或转移。

2. 筹资方式

筹资方式是指企业筹措资金所采用的具体形式。它受到法律环境、经济体制、融资市场等筹资环境的制约，特别是受国家对金融市场和融资行为方面的法律法规制约。我国企业目前的筹资方式主要有吸收直接投资、发行股票、发行债券、发行可转换债券、银行借款、商业信用、融资租赁、留存收益等。

企业筹资渠道与筹资方式之间存在着密切关系。筹资渠道是一种客观存在，体现筹资的可能性，反映社会资金的来源、通道与流量；而筹资方式则体现着企业如何取得资金，属于企业的主观能动行为，解决如何将可能性变为现实性的问题。同一筹资渠道的资金往往可以采用多种不同的筹资方式取得，而同一筹资方式又往往可以筹集来源于不同渠道的资金。

四、筹资原则

企业筹资决策涉及筹资渠道与方式、筹资数量、筹资时机、筹资结构、筹资风险、筹资成本等。因此，为了满足资金需要，企业筹资通常应当遵循以下基本原则。

（1）筹措合法。企业的筹资活动不仅为自身的生产经营提供了资金来源，也会影响投资者的经济利益，影响到社会经济秩序，必须遵循国家的相关法律法规，依法履行法律法规和投资合同约定的责任，合法合规筹资，依法披露信息，维护各方的合法权益。

（2）规模适当。企业筹资规模应与企业资金需求量保持一致，既要避免因筹资不足，影响生产经营活动的正常进行，又要防止筹资过多，造成资金闲置浪费。

（3）筹措及时。企业筹资应该合理安排资金的筹集时间，适时获取所需资金。这样既能避免过早筹集资金形成资金投放前的闲置，又能防止取得资金的时间滞后，贻误资金投放的有利时机。

（4）来源经济。企业筹资必然要付出一定的代价并承担相应的风险。不同筹资方式下的资金成本和财务风险高低不同，为此，需要对各种筹资方式进行分析、对比，选择经济可行的筹资方式。

（5）结构合理。企业筹资要综合考虑股权资金与债务资金的关系、长期资金与短期资金的关系、内部筹资与外部筹资的关系，合理安排资本结构，保持适当的偿债能力，防范企业财务危机。

学习任务 2　股权筹资管理实务

股权筹资又称自有资本筹资或主权资本筹资等，它形成企业的所有者（股东）权益。吸收直接投资、发行股票和留存收益，是股权筹资的三种基本形式。

一、吸收直接投资

（一）吸收直接投资的含义

吸收直接投资是指企业遵循"共同投资、共同经营、共担风险、共享利润"的原则，依照国家法律、法规的规定，以协议等形式直接吸收国家、法人、个人投入资金的一种筹资方式。吸收直接投资是非股份制企业筹集股权资本的基本方式。吸收直接投资的实际出资额中，注册资本部分形成实收资本，超过注册资本的部分属于资本溢价形成资本公积。

（二）吸收直接投资的种类

1. 吸收国家投资

国家投资是指有权代表国家投资的政府部门或者机构，以国有资产进行的投资。国家投资形成的资本称为国有资本。吸收国家投资一般具有以下特点：①产权归属国家；②资金的运用和处置受国家约束较大；③在国有企业中广泛采用。

2. 吸收法人投资

法人投资是指法人单位以其依法可以支配的资产投入企业。法人投资形成的资本称为法人资本。吸收法人投资一般具有如下特点：①发生在法人单位之间；②以参与企业利润分配为目的；③出资方式灵活多样。

3. 吸收外商直接投资

企业可以通过合资经营或合作经营等方式吸收外商直接投资，即与其他国家的投资者共同投资，创办中外合资经营企业或者中外合作经营企业，共同经营、共担风险、共负盈亏、共享利益。

4. 吸收社会公众投资

社会公众投资是指社会个人或本公司职工以个人合法财产投入公司，这种情况下形成的资本称为个人资本。吸收社会公众投资一般具有以下特点：①参加投资的人员较多；②每人投资的数额相对较少；③以参与公司利润分配为基本目的。

（三）吸收直接投资的出资方式

1. 以货币资产出资

以货币资产出资是吸收直接投资中最重要的出资方式。企业有了货币资产，便可以获取其他物质资源，支付各种费用，满足企业创建时的开支和随后的日常周转需要。

2. 以实物资产出资

实物出资是指投资者以房屋、建筑物、设备等固定资产和材料、燃料、商品等流动资产所进行的投资。实物投资应符合以下条件：①适合企业生产、经营、研发等活动的需要；②技术性能良好；③作价公平合理。

实物出资中实物的作价，可以由出资各方协商确定，也可以聘请专业资产评估机构评估确定。国有及国有控股企业接受其他企业的非货币资产出资，需要委托有资格的资产评估机构进行资产评估。

3. 以土地使用权出资

土地使用权是指土地经营者对依法取得的土地在一定期限内有进行建筑、生产经营或其他活动的权利。土地使用权具有相对的独立性，在土地使用权存续期间，包括土地所有者在内的其他任何人和单位，不能任意收回土地和非法干预使用权人的经营活动。企业吸收土地使用权投资应符合以下条件：①适合企业科研、生产、经营、研发等活动的需要；②地理、交通条件适宜；③作价公平合理。

4. 以工业产权出资

工业产权通常是指专有技术、商标权、专利权、非专利技术等无形资产。投资者以工业产权出资应符合以下条件：①有助于企业研究、开发和生产出新的高科技产品；②有助于企业提高生产效率，改进产品质量；③有助于企业降低生产消耗、能源消耗等各种耗费；④作价公平合理。

吸收工业产权等无形资产出资的风险较大，因为以工业产权投资，实际上是把技术转化为资本，使技术的价值固定化。而技术具有强烈的时效性，会因其不断老化落后而导致实际价值不断减少，甚至完全丧失。对无形资产出资方式的限制是：股东或发起人不得以劳务、信用、自然人姓名、商誉、特许经营权或者设定担保的财产等作价出资。

二、发行股票

（一）股票的含义与分类

1. 股票的特征

股票是指股份有限公司为筹集资本金而发行的、用以证明投资者的股东身份的一种可转让的书面凭证，它代表对公司净资产的所有权。

股票的特征为：①永久性。公司发行股票所筹集的资金属于公司的长期自有资金，没有期限，不需归还。②流通性。股票作为一种有价证券，在资本市场上可以自由转让、买卖和流通，也可以继承、赠送或作为抵押品。③风险性。风险性表现在股票价格的波动性、红利的不确定性、破产清算时股东处于剩余财产分配的最后顺序等。④参与性。股东作为股份公司的所有者，拥有参与企业管理的权利，包括重大决策权、经营者选择权、财务监控权、公司经营的建议和质询权等。

2. 股票的分类

（1）按股东享有的权利和承担的义务不同，股票可分为普通股和优先股。普通股是普通股股票的简称，是公司发行的代表股东享有平等的权利、义务，不加特别限制的，股利不固定的股票。普通股是最基本的股票，股份有限公司通常情况只发行普通股。优先股是优先股股票的简称，是公司发行的相对于普通股具有一定优先权的股票。其优先权利主要表现在股利分配优先权和分取剩余财产优先权上。优先股股东在股东大会上无表决权，在参与公司经营管理上受到一定限制，仅对涉及优先股权利的问题有表决权。

（2）按股票票面是否记名，可将股票分为记名股和无记名股。记名股票是指在股票上载有股东姓名或名称并将其记入公司股东名册的一种股票。无记名股票是指在股票上不记载股东姓名或名称，也不将其记入公司股东名册的股票。我国公司法规定：公司向发行人、国家授权投资的机构和法人发行的股票，应当为记名股票；向社会公众发行的股票，可以为记名股票，也可以为无记名股票。

（3）按发行对象和上市地区不同，可将股票分为A股、B股、H股、N股和S股等。A股的正式名称是人民币普通股票，它是以人民币标明票面金额，并以人民币认购和交易的股票；B股的正式名称是人民币特种股票，它是以人民币标明票面金额，以外币认购和交易的股票；H股是指在香港（Hong Kong）上市的股票；N股是指在纽约（New York）上市的股票；S股是指在新加坡（Singapore）上市的股票。

（二）股票发行主体与程序

1. 股票发行主体

发行股票是股份有限公司筹集资本金的基本方式。设立股份有限公司，应当有2人以上200人以下为发起人，其中须有半数以上的发起人在中国境内有住所。股份有限公司的设立，可以采取发起设立或者募集设立的方式。发起设立是指由发起人认购公司应发行的全部股份而设立股份有限公司。募集设立是指由发起人认购公司应发行股份的一部分，其余股份向社会公开募集或者向特定对象募集而设立股份有限公司。

2. 首次发行股票的一般程序

（1）发起人认足股份、缴付股资。发起方式设立的公司，发起人认购公司的全部股份；募集方式设立的公司，发起人认购的股份不得少于公司股份总数的35%。发起人可以用货币出资，也可以非货币资产作价出资。在发起设立方式下，发起人缴付全部股资后，应选举董事会、监事会，由董事会办理公司设立的登记事项；在募集设立方式下，发起人认足其应认购的股份并缴付股资后，其余部分向社会公开募集。

（2）提出公开募集股份的申请。以募集方式设立的公司，发起人向社会公开募集股份时，必须向国务院证券监督管理部门递交募股申请，并报送批准设立公司的相关文件，包括公司章程、招股说明书等。

（3）公告招股说明书，签订承销协议。公开募集股份申请经国家批准后，应公告招股说明书。招股说明书应包括公司的章程、发起人认购的股份数、本次每股票面价值和发行价格、募集资金的用途等。同时，与证券公司等证券承销机构签订承销协议。

（4）招认股份，缴纳股款。发行股票的公司或其承销机构一般用广告或书面通知的办法招募股份。认股者一旦填写了认股书，就要承担认股书中约定的缴纳股款义务。如果认股者的总股数超过发起人拟招募的总股数，可以采取抽签的方式确定哪些认股者有权认股。认股者应在规定的期限内向代收股款的银行缴纳股款，同时交付认股书。股款认足后，发起人应委托法定的机构验资，出具验资证明。

（5）召开创立大会，选举董事会、监事会。发行股份的股款募足后，发起人应在规定期限内（法定为30天）主持召开创立大会。创立大会由发起人、认股人组成，应有代表股份总数半数以上的认股人出席方可举行。创立大会通过公司章程，选举董事会和监事会成员，并有权对公司的设立费用进行审核，对发起人用于抵作股款的财产作价进行审核。

（6）办理公司设立登记，交割股票。经创立大会选举的董事会，应在创立大会结束后30天内，办理申请公司设立的登记事项。登记成立后，即向股东正式交付股票。

（三）股票发行价格

我国公司法规定，公司发行股票不准折价发行，即不得以低于股票面额的价格发行。发行人或主承销商事先需要协商一个发行底价或者发行价格区间。股票的面值为股本，股票实际发行价款超过股票面值部分在扣除相关的发行费用后作为股本溢价，资本公积。股票发行价的估计方法主要有市盈率定价法、净资产倍率法和现金流量折现法等。

1. 市盈率定价法

市盈率定价法是根据盈利预测计算出发行人的每股收益，乘以发行市盈率来决定发行价格的方法。其计算公式如下：

$$股票发行价格 = 每股收益 \times 发行市盈率$$

市盈率是股票每股市价与每股收益的比率，其计算公式如下：

$$市盈率 = 每股市价 \div 每股收益$$

发行市盈率一般根据股票市场的平均市盈率、发行人的行业情况、发行人的经营状况及其成长性等因素确定。每股收益确定方法有两种：

（1）完全摊薄法，即用发行当年预测全部净利润除以总股本，直接得出每股净利润。

（2）加权平均法，其计算公式如下：

$$每股收益 = 发行当年预测净利 \div [发行前总股本 + 本次发行股本 \times (12 - 发行时的月数) \div 12]$$

【工作任务5-1】 某公司当前总股本为5 000万股，每股面值1元，准备于明年4月再发行4 000万股（4月底前能收到发行的股票款项），预计明年能实现净利润3 760万元。经专家测算后本股票的发行市盈率确定为19倍。

【工作成果】

每股收益：$3\,760 \div [5\,000 + 4\,000 \times (12 - 4) \div 12] = 0.490\,4$（元）

每股发行价：$0.490\,4 \times 19 = 9.32$（元）

2. 净资产倍率法

净资产倍率法是指通过资产评估和相关会计手段确定发行公司拟募股资产的每股净资产，根据证券市场的状况将每股净资产乘以一定的倍率，以此确定股票发行价格的方法。

3. 现金流量折现法

现金流量折现法是通过预测公司未来盈利能力，据此计算出公司净现金流量，并按一定的折现率折算，从而确定股票发行价格的方法。

由于普通股未来收益具有高度的不确定性，所以一般预测未来5年的每股收益，将前4年的收益按特定贴现率进行复利折现。由于普通股没有到期日，将第5年的收益作为以后各年的固定收益视为永续年金，将永续年金按特定贴现率折现到第5年年初（第4年年末），再将第4年年末的价值折现到发行时点，然后将前4年现值和以后各年现值相加，求得股票的发行价格。所以，每股收益贴现法一般分段折现计算。

【工作任务5-2】 某股份公司拟发行股票，经测算，发行后的第1年每股收益为0.3元，在可预见的未来5年中，每年收益均比上年增长20%；5年后的情况无法估计，贴现率为 8%。请计算该股票的发行价格。

【工作成果】

（1）前 4 年每股收益现值：$0.3 \times (P/F, 8\%, 1) + 0.3 \times (1 + 20\%) \times (P/F, 8\%, 2) + 0.3 \times (1 + 20\%)^2 \times (P/F, 8\%, 3) + 0.3 \times (1 + 20\%)^3 \times (P/F, 8\%, 4) = 1.31$（元）

（2）第 5 年及以后每股收益现值：$0.3 \times (1 + 20\%)^4 \div 8\% \times (P/F, 8\%, 4) = 5.72$（元）

（3）股票发行价格：$1.31 + 5.72 = 7.03$（元）

（四）股票上市交易

股票上市指股份有限公司公开发行的股票经批准在证券交易所进行挂牌交易。经批准在交易所上市交易的股票称上市股票，股票获准上市的股份有限公司简称上市公司。我国公司法规定，上市公司股东转让其股份（股票）即股票流通，必须在依法设立的证券交易场所进行。

1. 股票上市的目的

股票上市的目的是多方面的，主要包括以下几个方面：①便于筹措新资金。证券市场上有众多的资金供应者；股票上市经过政府机构的审查批准并接受严格的管理，执行股票上市和信息披露的规定，容易吸引社会资本投资者；公司可以通过增发、配股、发行可转换债券等方式进行再融资。②促进股权流通和转让。股票上市后便于投资者购买，提高了股权的流动性和股票的变现力，便于投资者认购和交易。③促进股权分散化。上市公司拥有众多的股东，加之上市股票的流通性强，能够避免公司的股权集中，分散公司的控制权，有利于公司治理结构的完善。④便于确定公司价值。股票上市后，公司股价有市价可循，便于确定公司的价值，市场行情也能够为公司收购兼并等资本运作提供询价基础。

但股票上市也有对公司不利的一面，主要包括：上市成本较高，手续复杂严格；公司将负担较高的信息披露成本；信息公开的要求可能会暴露公司的商业机密；股价有时会歪曲公司的实际情况，影响公司声誉；可能会分散公司的控制权，造成管理上的困难。

2. 股票上市的条件

公司公开发行的股票进入证券交易所交易，必须受到严格的条件限制。我国证券法规定，股份有限公司申请股票上市，应当符合下列条件：①股票经国务院证券监督管理机构核准已公开发行；②公司股本总额不少于人民币 3 000 万元；③公开发行的股份达到公司股份总数的 25% 以上；公司股本总额超过人民币 4 亿元的，公开发行股份的比例为 10% 以上；④公司最近 3 年无重大违法行为，财务会计报告无虚假记载。

3. 上市股票的暂停、终止与特别处理

当上市公司出现经营情况恶化、存在重大违法违规行为或其他原因导致不符合上市条件时，就可能被暂停或终止上市。

若出现上市公司最近 2 个会计年度的审计结果显示的净利润为负值，注册会计师对最近 1 个会计年度的财产报告出具无法表示意见或否定意见的审计报告，财务报告对上年度利润进行调整导致连续 2 个会计年度亏损，自然灾害、重大事故等导致生产经营活动基本中止，公司涉及诉讼的可能赔偿金额超过公司净资产等情况时，其股票交易将被交易所"特别处理（ST）"。在上市公司的股票交易被实行特别处理期间，其股票交易遵循下列规则：①股票报价日涨跌幅限制为 5%（正常交易股票的日涨跌幅限制为 10%）；②股票名称改为原股票名前加"ST"；③上市公司的中期报告必须经过注册会计师审计。

三、股权筹资的税收筹划

1. 发行股票的税收筹划

当企业决定采用发行股票筹集资金时,需要考虑发行股票的资本成本。发行股票所支付的股息不能直接在税前扣除,只能从企业税后利润中支付,同时还需要考虑股票发行过程中存在的评估费、发行费、审计费、公证费等中介费用的税务问题。

2. 留存收益筹资的税收筹划

留存收益的来源包括盈余公积金、未分配利润两部分,企业通过留存收益筹资可以避免收益向外分配时存在的双重纳税问题。因此,在特定税收条件下,它是一种减少投资者税负的手段。

3. 吸收直接投资的税收筹划

企业通过吸收直接投资筹集到的资金构成企业的股权资金,其支付的红利不能在税前扣除,因而不能获得税收收益。企业吸收直接投资时应考虑自身的资本结构,衡量股权融资和债务融资的资金成本,实现合理降低税负的目的。

【工作任务5-3】某股份制企业现有普通股400万股,每股10元,没有负债。由于产品市场行情看好,明年准备扩大经营规模,该公司董事会经过研究,商定两个筹资方案:发行股票600万股,每股10元,共6 000万元;发行股票300万股(每股10元),发行债券3 000万元(债券利率为8%)。假设企业下一年度预期盈利1 400万元,企业所得税税率为25%。

【工作成果】

(1)方案1(发行股票600万股):应纳企业所得税350万元(1 400×25%),净利润1 050万元(1 400-350),每股净利1.05元(1 050÷1 000)。

(2)方案2(发行股票300万股并发行债券3 000万元):利息支出240万元(3 000×8%),应纳企业所得税290万元[(1 400-240)×25%],税后利润870万元(1 400-240-290),每股净利1.24元(870÷700)。

不同筹资方式下公司的每股净利不同,因此方案2较为理想。

四、股权筹资的优缺点

1. 股权筹资的优点

(1)股权筹资是企业稳定的资本基础。股权资本没有固定的到期日,无须偿还,是企业的永久性资本,除非企业清算时才有可能予以偿还。这对于保障企业对资本的最低需求,促进企业长期持续稳定经营具有重要意义。

(2)股权筹资是企业良好的信誉基础。股权资本作为企业最基本的资本,代表了公司的资本实力,是企业与其他单位组织开展经营业务,进行业务活动的信誉基础。同时,股权资本也是其他方式筹资的基础,尤其可为债务筹资,包括银行借款、发行公司债券等提供信用保障。

(3)企业财务风险较小。股权资本不用在企业正常运营期内偿还,不存在还本付息的财务风险。相对于债务资本而言,股权资本筹资限制少,资本使用上也无特别限制。另外,企业可以根据其经营状况和业绩的好坏,决定向投资者支付报酬的多少,资本成本负担比较灵活。

2. 股权筹资的缺点

（1）资本成本负担较重。尽管股权资本的资本成本负担比较灵活，但一般而言，股权筹资的资本成本要高于债务筹资。这主要是由于投资者投资于股权特别是投资于股票的风险较高，投资者或股东相应要求得到较高的报酬率。企业长期不派发利润和股利，将会影响企业的市场价值。从企业成本开支的角度来看，股利、红利从税后利润中支付，而使用债务资本的资本成本允许税前扣除。此外，普通股的发行、上市等方面的费用也很高。

（2）容易分散企业的控制权。利用股权筹资，由于引进了新的投资者或出售了新的股票，必然会导致企业控制权结构的改变，分散企业的控制权。控制权的频繁迭变，势必会影响企业管理层的人事变动和决策效率，影响企业的正常经营。

（3）信息沟通与披露成本较大。投资者或股东作为企业的所有者，有了解企业经营业务、财务状况、经营成果等的权利。企业需要通过各种渠道和方式加强与投资者的关系管理，保障投资者的权益。特别是上市公司，其股东众多而分散，只能通过公司的公开信息披露了解公司状况，这就需要公司花费更多的精力，有些还需要设置专门的部门进行公司的信息披露和投资者关系管理。

学习任务3　债务筹资管理实务

负债是企业的一项重要资金来源，几乎没有一家企业是只靠自有资本，而不运用负债就能满足经营活动需要的。但负债筹集的资金不能归企业永久使用，必须按期还本付息。按照所筹资金可使用时间的长短，一般把负债筹资分为长期负债筹资和短期负债筹资两类。按筹资方式可分为银行借款、发行债券、融资租赁、商业信用等。

一、银行借款

（一）银行借款的种类

银行借款是指企业根据借款合同从有关银行或其他非银行金融机构借入所需资金的一种筹资方式，包括短期借款（偿还期在1年以内）、长期借款（偿还期超过1年）筹资。

1. 按贷款机构分为政策银行贷款、商业银行贷款和其他金融机构贷款

政策银行贷款是指执行国家政策性贷款业务的银行向企业发放的贷款，通常为长期贷款，如国家开发银行贷款、中国进出口信贷银行贷款、中国农业发展银行贷款等。

商业银行贷款是指由各商业银行，如中国工商银行、中国建设银行、中国农业银行、中国银行等，向工商企业提供的贷款，用以满足企业生产经营的资金需要，包括短期贷款和长期贷款。

其他金融机构贷款，如从信托投资公司取得实物或货币形式的信托投资贷款，从财务公司取得的各种中长期贷款，从保险公司取得的贷款等。其他金融机构的贷款一般较商业银行贷款的期限要长，要求的利率较高，对借款企业的信用要求和担保的选择比较严格。

2. 按贷款有无担保分为信用贷款和担保贷款

信用贷款是指以借款人的信誉或保证人的信用为依据而获得的贷款。企业取得这种贷款，无须以财产作为抵押。对于这种贷款，由于风险较高，银行通常要收取较高的利息，往往还附加一定的限制条件。

担保贷款是指由借款人或第三方依法提供担保而获得的贷款。担保贷款包括保证贷款、抵押贷款和质押贷款。保证贷款是指按担保法规定的保证方式，以第三人作为保证人承诺在借款人不能偿还借款时，按约定承担一定保证责任或连带责任而取得的贷款。抵押贷款是指按担保法规定的抵押方式，以借款人或第三人的财产作为抵押物而取得的贷款。质押贷款是指按担保法规定的质押方式，以借款人或第三人的动产或财产权利作为质押物而取得的贷款。抵押时不需转移财产（如房屋、机器设备等）的占有，质押时需将其动产或财产权利移交给债权人占有。当债务人不履行或不愿履行债务时，抵押贷款和质押贷款的债权人有权将该财产、财产权利折价或者以拍卖、变卖的价款优先受偿。

（二）银行借款的程序

银行借款的程序主要是：①企业根据筹资需求向银行书面申请，按银行要求的条件和内容填报借款申请书；②银行按照有关政策和贷款条件，对借款企业进行信用审查，依据审批权限核准公司申请的借款金额和用款计划；③借款申请获批准后，银行与企业进一步协商贷款的具体条件，签订正式的借款合同，规定贷款的数额、利率、期限和一些约束性条款；④签订后借款合同，企业在核定的贷款指标范围内，根据用款计划和实际需要，一次或分次将贷款转入公司的存款结算户，以便使用。

为了维护借贷双方的合法权益，保证资金的合理使用，企业向银行借入资金时，双方应签订借款合同。借款合同主要包括：①基本条款，主要明确双方的权利与义务，具体包括借款数额、借款方式、款项发放的时间、还款期限、还款方式、利息支付方式、利息率的高低等。②保护条款，主要包括借款按规定用途使用、有关的物资保证、抵押质押的财产或权利、担保人及其责任等内容。③违约条款，主要载明对企业逾期不还或挪用贷款等如何处理、银行不按期发放贷款的处理等内容。④其他条款，如双方经办人、合同生效日期等内容。

（三）长期借款的本息规划

长期银行借款筹资必须按借款合同的约定归还借款本金与借款利息。银行借款本息的归还方式可以是到期还本付息、每年付息到期还本，还可以每年年初等额归还本息、每年年末等额归还本息等。由于借款本金列作负债（资产负债表）影响财务状况、借款利息列作财务费用（利润表）影响经营成果，企业应按货币时间价值的公式，在借入款项前、归还借款本息时进行借款本息的年度规划。

【工作任务5-4】某公司从银行借款780 000元，年限4年，年复利率8%，每年等额归还借款本息。请分别计算每年年初、每年年末等额归还借款本息的总额。

【工作成果】

（1）每年年初等额还款属于预付年金，借款本金（780 000元）为现值，根据预付年金现值查表公式 $P = A \times (P/A, i, n) \times (1+i)$，可反算年金 $A = P \div [(P/A, i, n) \times (1+i)]$。用查表法计算每年年初应还本息：$780\ 000 \div [(P/A, 8\%, 4) \times (1 + 8\%)] = 218\ 055.68$（元）。

（2）每年年末等额还款属于普通年金，借款本金为现值，根据普通年金现值的查表公式 $P = A \times (P/A, i, n)$ 可反算年金 $A = P \div (P/A, i, n)$。用查表法计算每年年末应还借款本息：$780\ 000 \div (P/A, 8\%, 4) = 235\ 500.14$（元）。

注意：普通年金现值公式为 $P = A \times \dfrac{1-(1+i)^{-n}}{i}$，则年金 $A = P \div \dfrac{1-(1+i)^{-n}}{i}$，若用此公式计算每年年末应还借款本息：$780\,000 \div \dfrac{1-(1+8\%)^{-4}}{8\%} = 235\,498.23$（元），与上述计算结果（235 500.14）相差 1.91 元，这是由于普通年金现值系数进行了四舍五入并最多保留四位小数。所以，用查表法计算的结果不精确，用公式计算结果精确，但计算工作量大。

（四）短期借款的额度与协定

1. 信贷额度

信贷额度即贷款限额，是借款企业与银行在协议中规定的借款最高限额，信贷额度的有效期限通常为 1 年。一般情况下，在信贷额度内，企业可以随时按需要支用借款。但是，银行并不承担必须贷款的义务。如果企业信誉恶化，即使在信贷限额内，企业也可能得不到借款。此时，银行不会承担法律责任。

2. 周转信贷协定

周转信贷协定是银行具有法律义务地承诺提供不超过最高限额的贷款协定。在协定的有效期内，只要企业借款总额未超过最高限额，银行必须满足企业任何时候提出的借款要求。企业要享用周转信贷协定，通常需要对贷款限额的未使用部分付给银行一笔承诺费用。

3. 补偿性余额

补偿性余额是银行要求借款企业按贷款限额或实际借用额保持一定比例计算的最低存款余额。对于银行来说，补偿性余额有助于降低贷款风险，补偿其可能遭受的风险；对借款企业来说，补偿性余额则提高了借款的实际利率，加重了企业的负担。

二、发行债券

（一）债券的特征

债券是债务人依照法律程序发行，承诺按约定的利率和日期支付利息，并在特定日期偿还本金的书面凭证。债券的发行人是债务人，投资于债券的人是债权人。企业发行债券所筹集的资本计入资产负债表的"应付债券"项目。债券与股票都属于有价证券，但二者存在很大区别。

（1）债券是债务凭证，是对债权的证明；股票是所有权凭证，是对所有权的证明。

（2）债券的收益表现为利息，利息的多少一般与发行公司的经营状况无关，是固定的；股票的收益是股息，股息的多少是由公司的盈利水平决定的，一般是不固定的。

（3）债券的风险较小，因为其利息收入基本稳定；股票的风险则较大。

（4）债券是有期限的，到期必须还本付息；除非公司破产清算，股票一般不退还股本。

（5）债券属于公司的债务，它在公司剩余财产分配（即破产清算）时优先于股票偿付；股票属于公司的股东权益。

（二）债券的种类

1. 按是否记名分为记名债券和无记名债券

记名债券应当在公司债券存根簿上载明债券持有人的姓名及住所、取得债券的日期及债券的编号等信息。记名债券的持有人，可以背书方式或者法律、行政法规规定的其他方式转让，转让后由公司将受让人的姓名或者名称及住所记载于公司债券存根簿。无记名债券应当在公司债券存根簿上载明债券总额、利率、偿还期限和方式、发行日期及债券的编号。无记名债券的转让，在债券持有人将该债券交付给受让人后即发生转让的效力。

2. 按能否转换股权分为可转换债券与不可转换债券

可转换债券的债券持有者可以在规定的时间内按规定的价格转换为发债公司的股票。公司法规定，可转换债券的发行主体是股份有限公司中的上市公司。不可转换债券是指不能转换为发债公司股票的债券，大多数公司债券属于这种类型。

3. 按有无财产担保分为担保债券和信用债券

担保债券是指由发行人或第三方依法提供担保而发行的按期还本付息的债券，主要是指抵押债券。抵押债券按其抵押品的不同，又分为不动产抵押债券、动产抵押债券和证券信托抵押债券。信用债券是无担保债券，仅凭公司自身的信用发行的、没有抵押担保的债券。

（三）债券的发行价格

1. 债券的面值

债券面值包括两个基本内容：一是币种；二是票面金额。债券币种可用本国货币，也可用外币。债券的票面金额是债券到期时偿还债务的金额。面额印在债券上，固定不变，到期必须足额偿还。

2. 债券的期限

债券都有明确的到期日，债券从发行之日起，至到期日之间的时间称为债券的期限。在债券的期限内，公司必须支付利息，债券到期时必须偿还本金，也可按规定到期一次还本付息、分批偿还或提前偿还。

3. 债券的利率

债券上通常都载明利率。债券标注的利率一般是年利率，在不计复利的情况下，面值与利率相乘即可得出年利息。

4. 发行价格的计算

理论上，债券的面值应该是它的价格，事实上并非如此。由于发行者的种种考虑或资金市场上供求关系、利息率的变化，债券的市场价格常常脱离它的面值，有时高于面值，有时低于面值。也就是说，债券的面值是固定的，它的价格却是经常变化的。

债券的发行价格有三种：平价发行、折价发行、溢价发行。平价发行又称面值发行，是指按债券的面值出售；折价发行是指以低于债券面值的价格出售；溢价发行是指按高于债券面值的价格出售。债券发行价格根据债券面值、票面利率、期限、还本付息方式、市场利率、风险率等因素确定，一般而言，债券发行价格可分为下列两种情况计算。

（1）按期付息到期还本债券发行价格的计算公式如下：

$$债券发行价格 = 债券利息的现值 + 本金的现值$$

或债券发行价格 = 票面金额 × 票面利率 × $(P/A, i, n)$ + 票面金额 × $(P/F, i, n)$

（2）到期还本付息（不计复利）债券发行价格的计算公式如下：

$$发行价格 = 面值 \times (1 + 票面利率 \times 期限) \times (P/F, i, n)$$

式中：n 为债券期限；i 为市场利率。

【工作任务 5 – 5】东方实业公司发行面值为 1 000 元，票面年利率为 10%，期限为 10 年，每年年末付息的公司债券。

【工作成果】

当市场利率为10%时，该债券发行价格为：$1\,000 \times (P/F,10\%,10) + 1\,000 \times 10\% \times (P/A,10\%,10) = 1\,000$（元）

当市场利率为15%时，该债券发行价格为：$1\,000 \times (P/F,15\%,10) + 1\,000 \times 10\% \times (P/A,15\%,10) = 749$（元）

当市场利率为5%时，该债券发行价格为：$1\,000 \times (P/F,5\%,10) + 1\,000 \times 10\% \times (P/A,5\%,10) = 1\,386$（元）

【工作任务5-6】新华实业公司发行面值1 000元，票面年利率6%（不计复利），期限为10年，到期一次还本付利息的债券，已知目前市场利率为5%。

【工作成果】

债券发行价格：$1\,000 \times (1 + 6\% \times 10) \times (P/F,5\%,10) = 982.24$（元）

（四）债券的发行与偿还

1. 债券的发行

我国公司法规定，股份有限公司、国有独资公司和两个以上的国有公司或者两个以上的国有投资主体投资设立的有限责任公司，具有发行债券的资格。

我国公司法规定，发行公司债券必须符合下列条件：股份有限公司的净资产不低于3 000万元，有限责任公司的净资产不低于6 000万元；累计债券总额不超过公司净资产的40%；最近3年平均可分配利润足以支付公司债券1年的利息；筹集资金投向符合国家产业政策；债券的利率不得超过国务院限定的利率水平等。

我国证券法规定，公司申请公司债券上市交易，应当符合下列条件：公司债券的期限为1年以上；公司债券实际发行额不少于人民币5 000万元；公司申请债券上市时仍符合法定的公司债券发行条件。

公司债券的发行步骤是：首先做好债券发行准备，向有关部门提出申请，然后选择合适的承销人，向社会公布债券出售说明书，发行债券，收取发行款和支付发行费用等。发行公司债券筹集的资金，必须用于审批机关批准的用途，不得用于非生产性支出等。

2. 债券的偿还

公司发行的债券应按约定期限偿还债券面值（本金）和债券利息。债券面值一般都是到期偿还；若在债券契约中有约定的，也可提前偿还或滞后偿还。需要注意的是，发行人计息还本，是以债券的面值与票面利率为根据，而不是以其发行价格与市场利率为依据。

债券上必须记载债券的利息率、约定付息的频率与付息方式。债券付息频率主要有按年付息、按半年付息、按季付息、按月付息、利随本清等。债券付息可采用现金、支票、汇款等方式支付。

三、融资租赁

（一）租赁的特征与分类

租赁是指出租人以获取租金为目的，授予承租人在约定的期限内占有和使用财产权利的一种契约性行为，包括融资租赁和经营租赁。

1. 租赁的基本特征

（1）所有权与使用权相分离。租赁资产的所有权与使用权分离是租赁的主要特点之一。

银行信用虽然也是所有权与使用权相分离,但载体是货币资金,租赁则是资金与实物相结合基础上的分离。

(2) 融资与融物相结合。租赁是以商品形态与货币形态相结合提供的信用活动。出租人在向企业出租资产的同时,解决了企业的资金需求,具有信用和贸易双重性质。它不同于一般的借钱还钱、借物还物的信用形式,而是借物还钱,并以分期支付租金的方式来体现。租赁的这一特点将银行信贷和财产信贷融合在一起,成为企业融资的一种新形式。

(3) 租金的分期支付。在租金的偿还方式上,租金与银行信用的还本付息不一样,采取了分期支付的方式。出租方的资金一次投入,分期收回。对于承租方而言,通过租赁可以提前获得资产的使用价值,分期支付租金便于分期规划未来的现金流出量。

2. 经营租赁

经营租赁是由租赁公司向承租单位在短期内提供资产,并提供维修、保养、人员培训等的一种服务性业务,又称服务性租赁。经营租赁的租金一般直接列作当期的成本费用。

经营租赁的特点:①出租的资产一般由租赁公司根据市场需要选定,然后再寻找承租企业。②租赁期较短,短于资产的有效使用期,在合理的限制条件内承租企业可以中途解约。③租赁资产的维修、保养由租赁公司负责。④租赁期满或合同中止以后,出租资产由租赁公司收回。经营租赁比较适用于租用技术过时较快的生产设备。

3. 融资租赁

融资租赁是由租赁公司按承租单位要求出资购买设备,在较长的合同期内提供给承租单位使用的融资信用业务,它是以融通资金为主要目的的租赁。

融资租赁的主要特点:①出租的设备由承租企业提出要求购买,或者由承租企业直接从制造商或销售商那里选定。②租赁期较长,接近于资产的有效使用期,在租赁期间双方无权取消合同。③由承租企业负责设备的维修、保养。④租赁期满,按事先约定的方法处理设备,包括退还租赁公司,或继续租赁,或企业留购。通常采用企业留购办法,即以很少的"名义价格"(相当于设备残值)买下设备。

(二) 融资租赁的程序与形式

1. 融资租赁的程序

企业融资租赁的基本程序是:①选择租赁公司,确定所需的租赁资产(主要是设备);②向租赁公司提出申请,办理租赁委托;③签订购货协议与租赁合同;④办理验货与投保;⑤支付租金;⑥融资租赁合同期满,承租企业应按租赁合同的规定选择退租、续租、留购;出租企业也可以低价卖给承租企业或无偿赠送给承租企业。

融资租赁合同由承租企业与租赁公司签订,主要内容有:①一般条款。主要包括合同的性质、当事人身份、合同签订日期;重要名词解释;租赁资产的名称、规格型号、数量、技术性能、交货地点、使用地点;交货、验收、购置价;租期、起租日期;租金的构成、支付方式、支付的币种与金额等。②特殊条款。主要包括购货合同与租赁合同的关系;租赁资产的所有权;租期中不得退租;对出租人的免责与承租保障;对承租人违约和对出租人的补救;资产的使用、保管、维修和保养;保险条款;租赁保证金和担保条款;租赁期满对资产的处理条款等。

2. 融资租赁的主要形式

(1) 售后租回。根据协议,企业将某资产卖给出租人,再将其租回使用。采用这种租赁形式，出售资产的企业可得到相当于售价的一笔资金，同时仍然可以使用资产。当然，在此期间，该企业要支付租金，并失去财产所有权。从事售后租回的出租人一般为租赁公司等金融机构。

（2）直接租赁。直接租赁是指承租人直接向出租人租入所需要的资产，并付出租金。直接租赁的出租人主要是制造厂商、租赁公司。除制造厂商外，其他出租人都是先从制造厂商购买资产，再出租给承租人。

（3）杠杆租赁。杠杆租赁要涉及承租人、出租人和资金出借者三方当事人。从承租人的角度来看，这种租赁与其他租赁形式并无区别，同样是按合同的规定，在基本租赁期内定期支付定额租金，取得资产的使用权。但对出租人却不同，出租人只出购买资产所需的部分资金（如30%），作为自己的投资，另外以该资产作为担保向资金出借者借入其余资金（如70%）。因此，它既是出租人又是借款人，同时拥有对资产的所有权，既收取租金又要偿付债务。如果出租人不能按期偿还借款，那么资产的所有权就要转归资金出借者。

（三）融资租赁的租金

在租赁筹资方式下，承租企业要按合同规定向租赁公司支付租金。租金的数额和支付方式对承租企业未来财务状况具有直接的影响，也是租赁筹资决策的重要依据。

1. 租金的构成

融资租赁的租金包括资产价款和租息两部分，其中租息又可分为租赁公司的融资成本、租赁手续费等。资产价款是租金的主要内容，它由资产的买价、运杂费和途中保险费等构成，它是资产负债表中固定资产的构成内容；相应的融资额是资产负债表中"长期应付款"的构成内容。融资成本是指租赁公司为购买租赁资产所筹资金的成本，即资产租赁期间的利息。租赁手续费包括租赁公司承办租赁资产的营业费用和一定的盈利。

2. 租金的规划

企业融资租入资产后，应按期支付租金，每期支付的租金可以等额，也可不等额。在我国融资租赁实务中，计算租金的方法一般采用等额年金法。等额年金法也称资本回收法，是利用年金现值的计算公式经变换后计算每期支付租金的方法。

由于每期支付的租金包括归还的融资本金和承担的融资利息两部分，归还的融资本金抵减资产负债表的"长期应付款"项目影响财务状况，承担的融资利息在利润表的"财务费用"中抵减利润影响经营成果，所以，企业应事前进行租金规划，一般都需要编制"租金摊销计划表"。

3. 租金的支付方式

租金按支付时期的长短，可以分为年付、半年付、季付和月付等方式。按支付时期先后，可以分为先付租金和后付租金两种。先付租金是指在期初支付；后付租金是指在期末支付。

【工作任务5-7】某公司1月1日起从租赁公司租入一套设备，价值60万元，租期6年，年利率10%，租赁期满时预计残值5万元，归租赁公司，租金每年年末支付一次。

【工作成果】

每年租金：$[600\,000 - 50\,000 \times (P/F, 10\%, 6)] \div (P/A, 10\%, 6) = 131\,283(元)$。为了有计划地安排租金的支付，承租企业应编制租金摊销计划如表5-1所示。其中，年付租息 = 上年本金余额 × 年利率，年还本金 = 年付租金 - 年付租息。

表 5-1　租金摊销计划表　　　　　　　　　　　　　单位：元

年份	年付租金	年付租息	年还本金	本金余额
0				600 000
1	131 283	60 000	71 283	528 717
2	131 283	52 872	78 411	450 306
3	131 283	45 031	86 252	364 054
4	131 283	36 405	94 878	269 176
5	131 283	26 918	104 365	164 811
6	131 283	16 481	114 802	50 009
合　计	787 698	237 707	549 991	50 009*

*50 009 即为到期残值（尾数 9 为计算过程中四舍五入的误差导致）

四、商业信用

商业信用是指商品交易中的延期付款或延期交货所形成的借贷关系，又称商业信用融资。商业信用是企业之间利用直接信用活动筹措短期资金的常见方式。

（一）商业信用的形式

（1）应付账款。应付账款是指企业通过赊购商品方式，延期支付货款。它是一种最典型、最常见的筹措短期资金的方式。

（2）预收货款。在这种形式下，卖方要先向买方收取货款，但要延期到一定时期以后交货，这等于卖方先向买方借一笔资金。它是另外一种典型的筹措短期资金的方式。

（3）商业汇票。商业汇票是指单位之间根据购销合同进行延期付款的商品交易时，开出的反映债权债务关系的票据，包括商业承兑汇票、银行存兑汇票两种。对于买方来说，它是一种短期融资方式。

（二）商业信用条件

所谓信用条件，是指销货人对付款时间和现金折扣所作的具体规定。信用条件从总体上来看，主要有以下几种形式。

（1）延期付款，但不涉及现金折扣。这是指企业购买商品时，卖方允许买方在交易发生后一定时期内按发票金额支付货款的情形，例如 "$n/45$"，表示在 45 天内按发票金额付款。

（2）延期付款，但早付款可享受现金折扣。在这种条件下，买方若提前付款，卖方可给予一定的现金折扣，如买方不享受现金折扣，则必须在一定时期内付清账款。例如 "$2/10,1/30,n/45$" 表示：在 10 日内付款，可享受 2% 的现金折扣；超过 10 日在 30 日内付款，可享受 1% 的现金折扣；超过 30 日则全额付款，最长付款期为 45 日。现金折扣的目的主要是销货方为了加速账款的收现。

（三）现金折扣成本的计算

商业信用是企业在生产经营过程中自然形成的"信用筹资"，除了带息商业汇票、有现金折扣的应付账款外，一般都没有显性的用资费用。

如果销货单位提供现金折扣，购买单位应考虑是否获得此项折扣，因为丧失现金折扣的机会成本可能很高。放弃现金折扣成本可按下式计算：

$$放弃现金折扣的成本 = \frac{现金折扣率}{1-现金折扣率} \times \frac{360}{(信用期-折扣期)}$$

【工作任务5-8】某公司采购材料价款1万元，付款条件为3/10、2.5/30、1.8/50、n/90。目前用于支付账款的资金需要在90天时才能周转回来，若享受此折扣在90天内付款，只能通过银行借款解决，利率为12%，确定公司支付材料采购款的时间。

【工作成果】

（1）初步判断。根据放弃折扣成本率计算公式，放弃10天付款的成本率为3%÷(1-3%)×[360÷(90-10)]=13.92%；放弃30天付款的成本率为2.5%÷(1-2.5%)×[360÷(90-30)]=15.38%；放弃50天付款的成本率为1.8%÷(1-1.8%)×[360÷(90-50)]=16.50%。由于各种方案放弃折扣的成本率均高于借款利息率，因此初步结论是要取得现金折扣，向银行借款以支付货款。

（2）比较净收益。10天付款获折扣300元，借款9 700元，80天利息9 700×80×(12%÷360)=258.67（元），净收益41.33元。30天付款获折扣250元，借款9 750元，60天利息195元，净收益55元。50天付款获折扣180元，借款9 820元，40天利息130.93元，净收益49.07元。

（3）结论：第30天付款是最佳方案，其净收益最大。

五、债务筹资的税收筹划

1. 银行借款的税收筹划

银行借款的资金成本主要是利息，利息可以在税前扣除，所以具有抵税作用。企业可以通过选择不同的还本付息方式来减轻税负，以不同还本付息方式下的应纳所得税总额为主要选择标准，应纳所得税总额最小的优先考虑，同时将不同还本付息方式下现金流出的时间和数额作为辅助判断标准。

2. 发行债券税收筹划

根据税法规定，债券利息可以在税前列支。企业债券的付息方式有定期还本付息和分期付息等方式。当企业选择定期还本付息时，在债券有效期内享受债券利息税前扣除收益，因此企业可以优先考虑选择该方式。

3. 企业间借用资金税收筹划

企业间资金借用一般应通过合法的金融机构进行。此种方式在利息计算及资金回收等方面与银行贷款相比有较大弹性和回旋余地，对于设有财务公司或财务中心（结算中心）的集团企业来说，税收利益尤为明显。企业集团财务公司或财务中心（结算中心）能起到"内部"银行的作用，它可利用集团资源和信誉优势实现整体对外筹资，也可利用集团内各企业在税种、税率及优惠政策等方面的差异，调节集团资金结构和债务比例，既能解决资金难题，又能实现集团整体税收利益。

4. 借款费用税收筹划

企业发生的借款费用多数可以直接在税前扣除，但有些借款费用则需要计入资产成本，分期扣除。如企业为购置、建造固定资产、无形资产和经过12个月以上的建造才能达到预定可销售状态的存货发生借款的,在有关资产购置、建造期间发生的合理的借款费用,应当作为资本性支出计入资产成本。

5. 租赁税收筹划

租赁可以分为融资租赁和经营租赁两类,它也是企业减轻税负的重要方法。对承租人来说,经营租赁的租金可以在税前扣除,这样就可以减少税基,从而减少应纳税额。融资租赁资产可以计提折旧计入成本费用,降低税负。

【工作任务 5-9】某企业现有一项目需投资 1 000 万元,项目所需资金通过银行取得,借款年利率为 10%。项目寿命期为 5 年,预期第一年可获得息税前利润 180 万元,以后每年增加 60 万元,企业所得税税率为 25%。有两种计息方案:

(1) 复利计息到期一次还本付息。
(2) 每年年末支付当年借款所产生的利息并等额还本 200 万元。

站在企业税收筹划角度,哪种方式更适合?

【工作成果】

(1) 复利计息到期一次还本付息,应还本息与应交所得税计算如表 5-2 所示。

表 5-2 到期一次还本付息的税收筹划表　　　　　　　　　单位:万元

年数	年初借款	当年利息	当年还款	息税前利润	税前利润	应交所得税
1	1 000	100		180	80	20
2	1 100	110		240	130	32.5
3	1 210	121		300	179	44.75
4	1 331	133.1		360	226.9	56.73
5	1 464.1	146.41	1 610.51	420	273.59	68.4
合计	—	610.51	—	—	889.59	222.37

(2) 每年支付当年利息并等额还本 200 万元,应还本息与应交所得税计算如表 5-3 所示。

表 5-3 每年付息并等额还本的税收筹划表　　　　　　　　　单位:万元

年数	年初借款	当年利息	当年还款	息税前利润	税前利润	应交所得税
1	1 000	100	300	180	80	20
2	800	80	280	240	160	40
3	600	60	260	300	240	60
4	400	40	240	360	320	80
5	200	20	220	420	400	100
合计	—	300	—	—	1 200	300

(3) 由以上计算可知,从节税减负角度看,方案 1 税负轻,方案 2 税负重。

六、债务筹资的优缺点

1. 债务筹资的优点

（1）筹资速度较快。与股权筹资比，债务筹资不需要经过复杂的审批手续和证券发行程序，如银行借款、融资租赁等，可以迅速获得资金。

（2）筹资弹性大。发行股票等股权筹资，一方面需要经过严格的政府审批，另一方面从企业的角度出发，由于股权不能退还，股权资本在未来永久性地给企业带来了资本成本的负担。利用债务筹资，可以根据企业的经营情况和财务状况，灵活商定债务条件，控制筹资数量，安排取得资金的时间。

（3）资本成本负担较轻。一般来说，债务筹资的资金成本要低于股权筹资。其一，取得资金的手续费用等筹资费用较低；其二，利息、租金等用资费用比股权资本要低；其三，利息等资本成本可以在税前支付。

（4）可以利用财务杠杆。债务筹资不改变公司的控制权，因而股东不会出于控制权稀释原因反对负债。债权人从企业那里只能获得固定的利息或租金，不能参加公司剩余收益的分配。当企业的资本报酬率高于债务利率时，会增加资本收益率或普通股每股收益，提高净资产报酬率，提升企业价值。

（5）稳定公司的控制权。债权人无权参加企业的经营管理，利用债务筹资不会改变和分散股东对公司的控制权。

2. 债务筹资的缺点

（1）不能形成企业稳定的资本基础。债务资本有固定的到期日，到期需要偿还，只能作为企业的补充性资本来源。再加上举借债务往往需要进行信用评级，没有信用基础的企业和新创企业，往往难以取得足够的债务资本。现有债务资本在企业的资本结构中达到一定比例后，往往由于财务风险升高而不容易再取得新的债务资金。

（2）财务风险较大。债务资本有固定的到期日，有固定的利息负担；抵押、质押等担保方式取得的债务，资本使用上可能会有特别的限制。这些都要求企业必须有一定的偿债能力，要保持资产流动性及其资产报酬水平，作为债务清偿的保障，对企业的财务状况提出了更高的要求，否则会给企业带来财务危机，甚至导致企业破产。

（3）筹资数额有限。债务筹资的数额往往受到贷款机构资本实力的制约，不可能像发行债券和股票那样一次筹集到大笔资本，无法满足公司大规模筹资的需要。

学习任务4　学习效果检验

一、单项选择题

1. 下列（　　）可以为企业筹集股权资本。
A. 向银行借款　　B. 融资租赁　　C. 发行债券　　D. 留存收益

2. 在下列各项中，能够引起企业股权资本增加的筹资方式是（　　）。
A. 吸收直接投资　　B. 发行公司债券　　C. 利用商业信用　　D. 留存收益转增资本

3. 下列（　　）可以为企业筹集短期资金。
   A. 融资租赁　　　B. 商业信用　　　C. 内部积累　　　D. 发行股票
4. 普通股和优先股筹资方式共有的缺点包括（　　）。
   A. 财务风险大　　B. 筹资成本高　　C. 容易分散控制权　　D. 筹资限制多
5. 某企业与银行商定的周转信贷额为 800 万元，年利率为 2%，承诺费率为 0.5%，年度内企业使用了 500 万元，平均使用 10 个月，本年度应向银行支付的承诺费为（　　）万元。
   A. 6.83　　　　B. 0.42　　　　C. 1.92　　　　D. 1.5
6. 企业向租赁公司租入一台设备，价值 500 万元，租期为 5 年，租赁综合费率为 12%，若采用先付租金的方式，则平均每年支付的租金为（　　）万元。
   A. 123.8　　　B. 138.7　　　C. 245.4　　　D. 108.6
7. 以下属于普通股筹资特点的是（　　）。
   A. 会降低公司的信誉　　　　　　B. 有利于公司自主管理、自主经营
   C. 筹资费用低　　　　　　　　　D. 与吸收直接投资相比，资本成本较高
8. 按照是否能够转换成公司股权，可将债券分为（　　）。
   A. 记名债券和无记名债券　　　　B. 可转换债券和不可转换债券
   C. 信用债券和担保债券　　　　　D. 不动产抵押债券和证券信托抵押债券
9. 下列既可作为贷款担保的抵押品，又可作为贷款担保的质押品的是（　　）。
   A. 房屋　　　　B. 土地使用权　　C. 债券　　　　D. 商标专用权

二、多项选择题

1. 下列（　　）属于企业留存收益。
   A. 法定公积金　　B. 任意公积金　　C. 资本公积金　　D. 未分配利润
2. 银行借款筹资的优点包括（　　）。
   A. 筹资速度快　　B. 筹资成本低　　C. 限制条款少　　D. 借款弹性好
3. 融资租赁的租金中的租赁手续费包括（　　）。
   A. 租息　　　　B. 营业费用　　　C. 一定的盈利　　D. 融资成本
4. 下列各项中，属于留存收益区别于"发行普通股"筹资方式的特点的有（　　）。
   A. 筹资金额受限制　B. 财务风险大　　C. 不会分散控制权　　D. 资本成本高
5. 公司债券与股票的区别表现在（　　）。
   A. 债券是固定收益证券，股票多为变动收益证券
   B. 债券到期必须还本付息，股票一般不退还股本
   C. 债券在剩余财产分配中优于股票
   D. 债券的投资风险较大，股票的投资风险较小
6. 下列各项中，不可以作为无形资产出资的有（　　）。
   A. 自然人姓名　　B. 劳务　　　　C. 专利权　　　　D. 商标权
7. 下列各项中，属于短期筹资方式的有（　　）。
   A. 应付账款　　　B. 应付票据　　C. 应付债券　　　D. 票据贴现

8. 与股权筹资相比，债务筹资的优点有（　　）。
   A. 筹资弹性大　　　　　　　　　B. 资本成本负担较轻
   C. 可利用财务杠杆　　　　　　　D. 稳定公司控制权
9. 下列关于融资租赁的说法正确的有（　　）。
   A. 租赁资产在期满后归还给出租人　B. 租赁期接近于资产有效使用期
   C. 租赁期间双方无权取消合同　　　D. 承租企业负责设备维修、保养

三、判断题

1. 商业信用筹资时，除有现金折扣的应付账款外，其他商业信用融资没有显性用资成本。（　　）
2. 按照所筹资金使用期限的长短，可以将筹资分为股权筹资和负债筹资。（　　）
3. 按企业所取得资金的权益特性不同，企业筹资分为股权筹资和债务筹资。（　　）
4. 吸收直接投资是企业按照"共同投资、共同经营、共担风险、共享收益"的原则，直接吸收国家、法人、个人和外商投入资金的一种筹资方式。其中以实物资产出资是吸收直接投资中最重要的出资方式。（　　）
5. 优先股股东在股东大会上无表决权，所以优先股股东无权参与企业经营管理。（　　）
6. 相对于银行借款筹资而言，发行公司债券的筹资风险大。（　　）
7. 从出租人的角度来看，杠杆租赁与直接租赁并无区别。（　　）
8. 如果某一时期国民经济不景气或者市场经济过热，通货膨胀持续居高不下，此时筹资企业的资本成本比较高。（　　）
9. 流动负债的比例过大使得企业偿债压力过大，举借长期债务偿还短期债务，是支付性筹资动机。（　　）

四、计算分析题

1. 某公司现有普通股为8 000万股，每股面值1元；准备于明年11月发行6 000万股，发行市盈率确定为20倍；估计明年净利润为4 000万元。
   要求：（1）用加权平均法计算每股收益，并确定股票的发行价格；（2）若股票成功发行并上市，1月后（明年年底）在股票市场上的交易价格为13元，计算该股票的市盈率。
2. 某公司准备向银行借入3年期的长期借款，借款利率为9%，借款额为50万元，每年年末等额还本付息。要求对这3年借款本息进行规划。
3. 某企业需投资某项目2 000万元，能获得息税前利润300万元，企业所得税税率为25%。投资所需资金有以下两个筹集方案：（1）投资总额全部由投资者投入；（2）投资总额由投资者投入1 200万元，银行借款800万元，借款年利率为10%。
   要求：（1）分别计算每个方案的税前利润；（2）若不存在纳税调整项，计算每个方案应交所得税额；（3）计算每个方案的股权资本税后收益率（净利润÷股权资本）；（4）根据股权资本税后收益率进行税收筹划，确定哪个方案更优。
4. 某企业拟购进一批234万元的原料，销售方给出的信用条件为"2/10，n/30"。若银行借款利率为10%，应于何时付款？

学习情境六

筹资成本与规模管理实务

目的要求

本学习情境主要介绍资本成本管理实务、资金需要量预测实务、杠杆原理与资本结构管理实务、杠杆原理管理实务和资本结构管理实务。在工作任务的驱动下完成相应的学习任务后，能够理解资本成本的内容、资本结构影响因素；能够理解经营杠杆、财务杠杆和复合杠杆的含义与作用；能够掌握各种筹资方式个别资本成本、综合资本成本的计算；能够掌握资金需要量的因素分析法、销售百分比法、回归直线预测法；能够掌握变动成本法收益指标、经营杠杆、财务杠杆和复合杠杆的计算与应用；能够掌握资本结构择优的每股收益无差别点法、比较资本成本法。

学习任务1 资本成本管理实务

一、资本成本的内容

1. 资本成本的概念

资本成本是指企业为筹集和使用长期资本而付出的代价。长期资本包括股权资本和长期负债资本。在市场经济条件下，企业不能无偿使用资金，必须向资金提供者支付一定数量的费用作为补偿，所以，企业必须节约使用资金。资本成本包括用资费用和筹资费用。

（1）用资费用。用资费用是指企业在生产经营、投资过程中因使用资金而支付的代价，如向股东支付的股利、向债权人支付的利息等，是构成资本成本的主要内容。

（2）筹资费用。筹资费用是指企业在筹措资金过程中为获取资金而支付的费用，如向银行支付的借款手续费，因发行股票、债券而支付的发行费等。

资本成本既可以用绝对数表示，也可以用相对数表示，但在财务管理中，一般用相对数表示，即表示为用资费用与筹资净额的比率。

2. 资本成本的作用

（1）资本成本是比较筹资方式、选择筹资方案的依据。各种资本的资本成本率，是比较、评价各种筹资方式的依据。在评价各种筹资方式时，一般会考虑的因素包括对企业控制权的影响、对投资者吸引力的大小、融资的难易和风险、资本成本的高低等，而资本成本是其中的重要因素。在其他条件相同时，企业筹资应选择资本成本最低的方式。

（2）平均资本成本是衡量资本结构是否合理的依据。企业财务管理目标之一是企业价值最大化，企业价值是企业资产带来的未来经济利益的现值。计算现值时采用的贴现率通常会选择企业的平均资本成本，当平均资本成本率最小时，企业价值最大，此时的资本结构是企业理想的最佳资本结构。

（3）资本成本是评价投资项目可行性的主要标准。任何投资项目，如果它预期的投资报酬率超过该项目使用资金的资本成本率，则该项目在经济上就是可行的。因此，资本成本率是企业用以确定投资项目要求达到的投资报酬率的最低标准。

（4）资本成本是评价企业整体业绩的重要依据。一定时期企业资本成本的高低，不仅能够反映企业筹资管理的水平，还可作为评价企业整体经营业绩的标准。企业的生产经营活动，实际上就是所筹集资本经过投放后形成的资产营运，企业的总资产报酬率应高于其平均资本成本率，才能带来剩余收益。

二、个别资本成本

个别资本成本是指各种筹资方式的成本，主要包括债券成本、银行借款成本、普通股成本和留存收益成本等。

1. 债券成本

债券成本中的利息在税前支付，可以起抵税作用，一般计算税后资本成本率，税后资本成本率与股权资本成本率才具有可比性。债券的筹资费用一般较高，这类费用主要包括申请发行债券的手续费、债券注册费、印刷费、上市费等。债券成本率计算公式如下：

$$债券成本率 = \frac{年利息 \times (1 - 所得税税率)}{债券筹资金额 \times (1 - 债券筹资费率)} \times 100\%$$

【工作任务6-1】某企业以1 100元的价格，溢价发行面值为1 000元、期限5年、票面利率为7%的公司债券一批。每年付息一次，到期一次还本，发行费用率为3%，所得税税率为20%。

【工作成果】

$$债券成本率为：\frac{1\,000 \times 7\% \times (1 - 20\%)}{1\,100 \times (1 - 3\%)} = 5.25\%$$

2. 银行借款成本

银行借款成本包括借款利息和借款手续费用。利息费用税前支付，银行借款成本率公式如下：

$$银行借款成本率 = \frac{年利息 \times (1 - 所得税税率)}{借款筹资总额 \times (1 - 借款筹资费率)} \times 100\%$$

由于银行借款的手续费较低，上式中的筹资费率常常可以忽略不计，则上式可简化为：

$$银行借款成本 = 借款利率 \times (1 - 所得税税率)$$

【工作任务6-2】ABC公司欲从银行取得一笔长期借款1 000万元，手续费0.1%，年利率为5.994%，期限3年，每年结息一次，到期一次还本。公司所得税税率为25%。

【工作成果】

$$银行借款成本率：\frac{1\,000 \times 5.994\% \times (1 - 25\%)}{1\,000 \times (1 - 0.1\%)} \times 100\% = 4.5\%$$

3. 普通股成本

普通股成本主要是向股东支付的各期股利。由于各期股利并不一定固定，随企业各期收益波动，因此普通股的资本成本按贴现模式计算，并假定各期股利的变化具有一定的规律性。如果是上市公司普通股，其资本成本还可以根据该公司的股票收益率与市场收益率的相关性，按资本资产定价模型法估计。

（1）股利增长模型法。假定资本市场有效，股票市场价格与价值相等，则普通股成本率公式为：

$$普通股成本率 = \frac{第1年每股现金股利}{每股市价 \times (1-筹资费率)} + 股利年增长率$$

【工作任务6-3】 某公司现有普通股3 000万股、市价30元，筹资费用率为2%，本年发放现金股利每股0.6元，预期股利年增长率为10%。

【工作成果】

$$普通股成本率：\frac{0.6 \times (1+10\%)}{30 \times (1-2\%)} + 10\% = 12.24\%$$

（2）资本资产定价模型法。假定资本市场有效，股票市场价格与价值相等，普通股资本成本率为：

$$R = R_F + \beta \times (R_M - R_F)$$

【工作任务6-4】 某公司普通股β系数为1.5，此时一年期国债利率5%，证券市场平均报酬率15%。

【工作成果】

$$普通股资本成本率为：5\% + 1.5 \times (15\% - 5\%) = 20\%$$

4. 留存收益成本

留存收益是企业税后净利形成的，包括盈余公积和未分配利润，它是一种所有者权益，其实质是所有者向企业的追加投资。企业利用留存收益筹资无须发生筹资费用。如果企业将留存收益用于再投资，所获得的收益率低于股东自己进行一项风险相似的投资项目的收益率，企业就应该将其分配给股东。留存收益的资本成本率，表现为股东追加投资要求的报酬率，其计算与普通股成本相同，也分为股利增长模型法和资本资产定价模型法，不同点在于留存收益资本成本不考虑筹资费用。

三、综合资本成本

企业的资金来源渠道和筹资方式可谓多种多样，而各种方式的筹资成本高低不同。在衡量和评价单一融资方案时，需要计算个别资本成本；在衡量和评价企业筹资总体的经济性时，需要计算企业的综合资本成本。综合资本成本通常以企业全部资本中各种个别资本成本为基础，以各种筹资方式所筹资金占全部资本的比重为权数，采用加权平均法来计算。其计算公式如下：

$$加权平均资本成本 = \sum (某资本比重 \times 该资本成本)$$

应当指出的是，上述计算中的个别资本占全部资本的比重，通常是按账面价值确定的，其资料容易取得。但当资本的账面价值与市场价值差别较大时，如股票、债券的市场价格发生较大变动，计算结果会与资本市场现行实际筹资成本有较大的差距，从而贻误筹资决策。为了克服这一缺陷，个别资本占全部资本比重的确定还可以按市场价值或目标价值确定。

【工作任务6-5】 渝城实业公司年末的长期资本账面总额为1 000亿元，其中：银行长期贷款400亿元，占40%；长期债券150亿元，占15%；普通股200亿股（每股面值1元，每股发行净价2元），占40%；留存收益50亿元，占5%。长期贷款、长期债券、普通股和留存收益的个别资本成本分别为：5%、6%、9%、8.5%。比较稳定的普通股，每股市价为4元，债券的市场价值等于账面价值。要求计算该公司的平均资本成本。

【工作成果】

按账面价值计算：$5\% \times 40\% + 6\% \times 15\% + 9\% \times 40\% + 8.5\% \times 5\% = 6.93\%$

按市场价值计算：$\dfrac{5\% \times 400 + 6\% \times 150 + 9\% \times 200 \times 4 + 8.5\% \times 50}{400 + 150 + 200 \times 4 + 50} = 7.52\%$

学习任务2 资金需要量预测实务

资金的需要量是筹资的数量依据，必须科学合理地进行预测。筹资数量预测的基本目的，是保证筹集的资金既能满足生产经营的需要，又不会产生资金多余而闲置。筹资数量预测的方法主要有因素分析法、资金习性预测法等。资金习性预测法又有高低点法、销售百分比法、回归直线法等。

一、因素分析法

因素分析法又称分析调整法，是以有关项目基期的平均资金需要量为基础，根据预测年度的生产经营任务和资金周转加速的要求，进行分析调整，来预测资金需要量的一种方法。这种方法计算简便，容易掌握，但预测结果不够精确。它通常用于品种繁多、规格复杂、资金用量小的项目。因素分析法的计算公式如下：

资金需要量 =（基期资金平均占用额 - 不合理资金占用额）×（1±预测期销售增减额）
×（1±预测期资金周转速度变动率）

【工作任务6-6】 甲企业上年度资金平均占用额为2 200万元，经分析，其中不合理部分200万元，预计本年度销售增长5%，资金周转加速2%。预测甲企业的年度资金需要量。

【工作成果】

预测年度资金需要量：$(2\,200 - 200) \times (1 + 5\%) \times (1 + 2\%) = 2\,058$（万元）

二、销售百分比法

1. 销售百分比法的含义与基本假定

销售百分比法是指以资金与销售额的比率为基础，预测未来资金需要量的方法。应用此法预测资金需要量的理论依据是资金习性，它与成本习性类似，即资金的变动与业务量变动之间存在依存关系。按照资金习性，可以把资金区分为不变资金、变动资金和半变动资金。不变资金是指在一定的产销量范围内，不受产销量变动的影响而保持固定不变的那部分资金。变动资金是指随产销量的变动而同比例变动的那部分资金。半变动资金是指虽然受产销量变化的影响，但不成同比例变动的资金。

所以，销售百分比预测资金需用量的前提是：①企业的部分资产和负债与销售额同比例变化；②企业各项资产、负债与所有者权益结构已达到最优。

2. 销售百分比法的应用步骤

销售额比率法的应用步骤是：①预计预测期销售额增长率；②确定随销售额变动而变动的资产和负债项目；③确定预测期需要增加的资金数额；④根据有关财务指标的约束确定对

外筹资数额。

3. 销售百分比法的计算公式

$$对外筹资的需要量 = \left(\frac{A}{S_1} - \frac{B}{S_1}\right)\Delta S - EPS_2$$

式中：A 表示随销售变动的资产（变动资产或敏感性资产）；B 表示随销售变动的负债（变动负债或敏感性负债）；S_1 表示基期的销售额；S_2 表示预测期销售额；ΔS 表示销售的变动额；P 表示预测期销售净利率；E 为预测期留存收益的比率。

【工作任务 6-7】某公司今年 12 月 31 日的资产负债表（简表）如表 6-1 所示。

表 6-1 资产负债表（简表）

资产项目/万元		负债及所有者权益项目/万元	
现金	200	应交税费	1 000
应收账款	2 000	应付账款	500
存货	2 800	短期借款	500
固定资产净值	5 000	应付债券	3 000
		实收资本	4 000
		留存收益	1 000
资产合计	10 000	负债与所有者权益合计	10 000

假定该公司今年的销售收入为 10 000 万元，销售净利率为 8%，股利支付率为 50%，公司现有生产能力尚未饱和，增加销售无须追加固定资产投资。经预测，明年该公司销售收入将提高到 12 000 万元，销售净利率和股利分配政策不变。

【工作成果】

（1）预计明年销售额增长率：(12 000 - 10 000) ÷ 10 000 = 20%

（2）确定基期（今年）敏感项目占销售额的百分比，如表 6-2 所示。

表 6-2 某公司销售额比率表

资产	占销售收入比例/%	负债与所有者权益	占销售收入比例/%
现金	2	应交税费	10
应收账款	20	应付账款	5
存货	28	短期借款	不变动
固定资产净值	半变动	公司债券	不变动
		实收资本	不变动
		留存收益	不变动
合计	50	合计	15

说明：因为较多的销售量需要占用较多的存货，发生较多的应收账款，导致现金需求增加；应交税费和应付账款也会随销售的增加而增加；但实收资本、应付债券、短期借款等不会自动增加；该公司现有生产能力尚未饱和，增加销售无须追加固定资产投资（说明它是

阶梯式半变动资金)。

(3) 确定今年需要增加的资金。从表6-2中可以看出,销售收入每增加100元,必须增加50元的资金占用,但同时增加15元的资金来源,还剩下35元的资金需求。故此:

明年需要增加的资金:(50% - 15%) × 2 000 = 700(万元)

(4) 根据有关财务指标的约束条件,确定对外筹资的数额。

明年对外筹资的数额:700 - 12 000 × 8% × (1 - 50%) = 220(万元)

三、回归直线法

回归直线法是根据若干期业务量和资金占用的历史资料,运用最小平方原理计算不变资金和单位销售额变动资金的一种资金习性分析方法。

设产销量为自变量 x,资金占用为因变量 y,a 为不变资金,b 为单位产销量所需变动资金,它们之间的关系可表示为 $y = a + bx$。可见,只要求出 a 和 b,并知道预测期的产销量,就可以用上述公式测算未来的资金需求情况。参数 a、b 值的计算公式如下:

$$a = \frac{\sum y - b \sum x}{n} = \frac{\sum x_i^2 \sum y_i - \sum x_i \sum x_i y_i}{n \sum x_i^2 - (\sum x_i)^2}$$

$$b = \frac{n \sum xy - \sum x \sum y}{n \sum x^2 - (\sum x)^2} = \frac{n \sum x_i y_i - \sum x_i \sum y_i}{n \sum x_i^2 - (\sum x_i)^2}$$

【工作任务6-8】某企业近6年产销量和资金变化情况如表6-3所示。明年预计销售量为1 500万件,采用回归直线法预测该企业明年的资金需要量。

表6-3 某企业近6年产销量与资金占用情况

年 度	前5年	前4年	前3年	前2年	前1年	今年
产销量/万件	1 200	1 100	1 000	1 200	1 300	1 400
资金占用/万元	1 000	950	900	1 000	1 050	1 100

【工作成果】

(1) 根据历史资料可知,各年产销量升降资金占用额也随之同方向升降,但不成正比例变动,所以是半变动资金。相关数据的计算如表6-4所示。

表6-4 资金需要量预测指标计算表

年 度	产销量/万件	资金占用/万元	$x_i y_i$	x_i^2
前5年	1 200	1 000	1 200 000	1 440 000
前4年	1 100	950	1 045 000	1 210 000
前3年	1 000	900	900 000	1 000 000
前2年	1 200	1 000	1 200 000	1 440 000
前1年	1 300	1 050	1 365 000	1 690 000
今年	1 400	1 100	1 540 000	1 960 000
合计 n = 6	$\sum x_i = 7 200$	$\sum y_i = 6 000$	$\sum x_i y_i = 7 250 000$	$\sum x_i^2 = 8 740 000$

（2）计算参数值并确定预测公式如下：

$$a = \frac{7\,200^2 \times 6\,000 - 7\,200 \times 7\,250\,000}{6 \times 8\,740\,000 - 7\,200^2} = 400$$

$$b = \frac{6 \times 7\,250\,000 - 7\,200 \times 6\,000}{6 \times 8\,740\,000 - 7\,200^2} = 0.5$$

所以，预测公式为：$y = 400 + 0.5x$

（3）预测明年资金需要量：$400 + 0.5 \times 1\,500 = 1\,150$（万元）

学习任务3　杠杆原理管理实务

财务管理中，由于特定费用（如固定成本或固定财务费用）的存在，当某一财务变量以较小幅度变动时，另一相关财务变量会以较大幅度变动，这就是所谓的杠杆原理。合理运用杠杆原理，有助于企业规避风险，提高财务管理水平。财务管理中的杠杆效应有三种形式：经营杠杆、财务杠杆和复合杠杆。进行这些杠杆的计算、分析，需要对会计核算（完全成本法）的相关资料，在成本习性分析、变动成本法核算的基础上进行。

一、变动成本法的收益指标

1. 边际贡献

边际贡献是指销售收入总额减去变动成本总额以后的差额。设 M 为边际贡献总额，m 为单位边际贡献，p 为销售单价，b 为单位变动成本，x 为产销量，其计算公式如下：

$$M = px - bx = (p - b)x = mx$$

2. 息税前利润

息税前利润是指企业支付利息和缴纳所得税之前的利润。设 EBIT 为息税前利润，a 为固定成本总额，计算公式如下：

$$EBIT = px - bx - a = (p - b)x - a = M - a$$

3. 每股收益

每股收益是指归属于普通股的净利润除以发行在外的普通股股数。设 I 为利息额，T 为所得税税率，N 为发行在外的普通股股数，在没有优先股的情况下，每股收益可用以下公式计算：

$$EPS = (EBIT - I) \times (1 - T) \div N$$

【工作任务6-9】某公司产销一种产品，单价100元/件，单位变动成本50元/件，固定成本30 000元。请计算产销量为800件、900件、1 000件、1 100件、1 500件下变动成本法的息税前利润（假设这些产销量全在相关范围之内且已进行了混合成本分解），并以1 000件为基数计算产销量与息税前利润的增减百分比。

【工作成果】

变动成本法相关收益指标及变动百分比如表6-5所示。

表6-5　某公司不同产销量下的收益表

产销量/件	1 000	1 100	1 500	900	800
单价/元	100	100	100	100	100

续表

单位变动成本/元	50	50	50	50	50
边际贡献/万元	5	5.5	7.5	4.5	4
固定成本/万元	3	3	3	3	3
息税前利润/万元	2	2.5	4.5	1.5	1
产销量变动比率/%		+10	+50	-10	-20
息税前利润变动比率/%		+25	+125	-25	-50

二、经营杠杆

1. 经营杠杆的含义

从上例不难看出：随着产销量的变化，该公司的息税前利润呈 2.5 倍的速度变化。在其他条件不变的情况下，由于固定成本在相关范围内保持固定不变，随着产销量的增加，产品单位固定成本下降，从而提高单位利润，使息税前利润的增长率大于产销量的增长率。反之，产销量的减少会提高单位固定成本，降低单位利润，使息税前利润下降率也大于产销量下降率。如果不存在固定成本，所有成本都是变动的，那么边际贡献就是息税前利润，这时息税前利润变动率就与产销量变动率完全一致。这种由于固定成本的存在而导致息税前利润变动率大于产销量变动率的杠杆效应，称为经营杠杆。

2. 经营杠杆的计量

只要企业存在固定成本，就存在经营杠杆效应的作用，但不同企业或同一企业不同产销量基础上的经营杠杆效应的大小是不完全一致的，为此，需要对经营杠杆进行计量。对经营杠杆进行计量最常用的指标是经营杠杆系数。所谓经营杠杆系数，是指息税前利润变动率相当于产销量变动率的倍数。其计算公式如下：

$$DOL = \frac{息税前利润变动率}{产销量变动率} = \frac{(EBIT_1 - EBIT_0) \div EBIT_0}{(x_1 - x_0) \div x_0}$$

式中：DOL 为经营杠杆系数；$EBIT_0$ 为变动前的息税前利润；$EBIT_1$ 为变动后的息税前利润；x_0 为变动前的产销量；x_1 为变动后的产销量。

上述公式是计算经营杠杆系数的理论公式，但利用该公式，必须以已知变动前后的相关资料为前提，比较麻烦。经营杠杆系数还可以按以下简化公式进行计算：

$$DOL = \frac{基期边际贡献}{基期息税前利润} = \frac{M_0}{EBIT_0}$$

【工作任务 6-10】A 公司今年、明年有关收益资料如表 6-6 所示。试计算该企业明年的经营杠杆系数。

表 6-6 A 公司有关资料

项目	今年金额/万元	明年金额/万元	变动额/万元	变动率/%
销售额	1 000	1 200	200	20
变动成本	600	720	120	20

续表

项目	今年金额/万元	明年金额/万元	变动额/万元	变动率/%
边际贡献	400	480	80	20
固定成本	200	200		
息税前利润	200	280	80	40

【工作成果】

明年经营杠杆系数(DOL):$\dfrac{80 \div 200}{200 \div 1\,000} = \dfrac{40\%}{20\%} = 2$(倍)

或:明年经营杠杆系数(DOL):$400 \div 200 = 2$(倍)

3. 经营杠杆的作用

(1)衡量企业经营风险的大小。引起企业经营风险的主要原因是市场需求和成本等因素的不确定性,经营杠杆本身并不是利润不稳定的根源。但是,经营杠杆扩大了市场和生产等不确定因素对利润变动的影响。经营杠杆系数越高,利润变动越剧烈,企业的经营风险就越大。

(2)帮助企业调整成本结构。经营杠杆系数随固定成本变化呈同方向变化,即在其他因素一定的情况下,固定成本越高,经营杠杆系数就越大,利润变动的幅度也就越大。所以,经营杠杆现象的根本原因是固定成本的存在。当企业产品供不应求,市场销售前景看好时,企业应选择资本密集型生产方式,提高成本结构中的固定成本比重,充分利用经营杠杆效用,促使利润大幅度增长;反之,当产品供过于求时,企业应选择人工密集型生产方式,降低成本结构中的固定成本比重,减小经营杠杆系数,避免企业利润大幅下降的风险。

(3)预测规划企业未来的营业利润和业务量水平。对上述两个公式进行等式变换,可推算其他相关指标或预测未来业务量、收益指标。

【工作任务6-11】某公司今年的息税前利润为20万元,按简化公式计算的经营杠杆系数为3,预计明年的产销量比今年增长50%,明年的息税前利润是多少?

【工作成果】

由于$\dfrac{(EBIT_1 - EBIT_0) \div EBIT_0}{(x_1 - x_0) \div x_0} = 3$,经对该公式进行等式变换,可预计该公司明年的息税前利润($EBIT_1$)为:$20 \times (1 + 50\% \times 3) = 50$(万元)

【工作任务6-12】某公司今年的息税前利润为20万元,产销量为10 000件,按简化公式计算的经营杠杆系数为2。明年息税前利润目标为30万元,该公司明年的产销量应达到多少?

【工作成果】

由于$\dfrac{\text{息税前利润变动率}}{\text{产销量变动率}} = 2$,可知明年预计产销量的变动率为25%(50% ÷ 2),所以,预计明年产销量:$10\,000 \times (1 + 25\%) = 12\,500$(件)。

三、财务杠杆

1. 财务杠杆的含义

【工作任务6-13】甲公司、乙公司今年发行在外的普通股分别为2 000股和1 000股,每股面值均为100元;甲公司无负债,乙公司负债为100 000元,利率为8%;息税前资本利润率均为10%;所得税率均为25%。明年息税前利润率均增长50%,其他因素不变。也就是说,两公司的资本规模、业务的盈利能力、所得税率及盈利增长率等均完全相同,只是资本结构不同。要求计算各公司这两年的每股收益额(EPS)与相关指标的增长率。

【工作成果】

计算各公司每股收益变动情况,如表6-7所示。

表6-7 两公司的资本结构与普通股收益表

今年			明年		
项目	甲公司	乙公司	项目	甲公司	乙公司
发行在外普通股/股	2 000	1 000	息税前利润增长率/%	50	50
股本额/元	200 000	100 000	增长后的息税前利润/元	30 000	30 000
负债额/元		100 000	债务利息/元		8 000
资本总额/元	200 000	200 000	税前利润总额/元	30 000	22 000
息税前利润/元	20 000	20 000	所得税/元	7 500	5 500
债务利息额/元		8 000	净利润/元	22 500	16 500
税前利润总额/元	20 000	12 000	普通股每股收益 EPS/元	11.25	16.5
所得税额/元	5 000	3 000	每股收益增加额/元	3.75	7.5
净利润额/元	15 000	9 000	每股收益增长率/%	50	83.33
每股收益 EPS/元	7.5	9			

由上例可知,甲公司、乙公司的资金总额,息税前利润(EBIT)、所得税率完全相同,不同的只是资金结构,甲公司全部资本都是普通股,乙公司的资本中普通股和负债各占一半。在甲公司、乙公司息税前利润均增长50%的情况下,甲公司每股收益增长50%,而乙公司却增长了83.33%。因为,不论企业营业利润多少,债务利息通常固定不变。当息税前利润增大时,每1元盈余所负担的固定财务费用(如利息和融资租赁租金等)就会相对减少,这能给普通股股东带来更多的盈余;反之,当息税前利润减少时,每1元盈余所负担的固定财务费用就会相对增加,这就会大幅度减少普通股的盈余。这种由于固定财务费用的存在而导致每股利润变动率大于息税前利润变动率的杠杆效应,称作财务杠杆。

2. 财务杠杆的计量

从上述分析可知,只要在企业的筹资方式中有利息费用的债务资本存在,就会存在财务杠杆效应。但不同企业财务杠杆的作用程度是不完全一致的,为此,需要对财务杠杆进行计量。对财务杠杆进行计量的最常用指标是财务杠杆系数。所谓财务杠杆系数,是普通股每股收益的变动率相当于息税前利润变动率的倍数。其计算公式如下:

$$DFL = \frac{普通股每股收益变动率}{息税前利润变动率} = \frac{(EPS_1 - EPS_0) \div EPS_0}{(EBIT_1 - EBIT_0) \div EBIT_0}$$

式中:DFL 为财务杠杆系数;EPS_1 为变动后的普通股每股收益;EPS_0 为基期普通股每股收益。

上述公式是计算财务杠杆系数的理论公式，必须以已知变动前后的相关资料为前提，比较麻烦。通常可用以下简化公式计算：

$$DFL = \frac{基期息税前利润}{基期税前利润} = \frac{EBIT_0}{EBIT_0 - I_0}$$

【工作任务 6-14】根据表 6-7 中的资料计算财务杠杆系数。

【工作成果】

甲公司财务杠杆系数：50%÷50% = 1（倍）

或：20 000÷(20 000 - 0) = 1（倍）

乙公司财务杠杆系数：83.33%÷50% = 1.67（倍）

或：20 000÷(20 000 - 8 000) = 1.67（倍）

3. 财务杠杆的作用

（1）衡量企业财务风险的大小。财务风险是指企业利用负债筹资而引起的到期不能偿还本息的风险。企业负债比例越高，负担的利息就越重，财务杠杆系数就越大。当息税前利润增大时，每 1 元盈余所负担的财务费用就会相对减少，能给普通股股东带来更多的盈余；反之，当息税前利润减少时，每 1 元盈余所负担的财务费用就会相对增加，就会大幅度减少普通股的盈余。一旦企业息税前利润下降，不足以补偿利息支出，企业的每股利润就会下降得更快。因此，财务杠杆系数越大，企业面临的财务风险就越大。

（2）帮助企业调整资本结构。产生财务杠杆现象的根本原因是固定利息费用的存在。财务杠杆系数随固定利息费用变化呈同方向变化，即在其他因素一定的情况下，负债比例越高，利息费用就越高，财务杠杆系数就越大，每股收益变动的幅度也就越大。因此，当企业息税前利润呈稳步增长时，企业应提高资本结构中的负债比重，充分利用财务杠杆效用，促使每股收益的大幅度增长；反之，当企业息税前利润逐步下降时，企业应降低资本结构中的负债比重，减小经营杠杆系数，避免企业每股收益大幅下降的风险。

四、复合杠杆

1. 复合杠杆的概念

如前所述，由于存在固定成本，产生经营杠杆效应，使息税前利润的变动率大于产销量的变动率；同样，由于存在固定财务费用，产生财务杠杆效应，使企业每股收益的变动率大于息税前利润的变动率。如果两种杠杆共同起作用，那么销售稍有变动就会使每股收益产生更大的变动。这种由于固定成本和固定财务费用的共同存在而导致的每股收益变动率大于产销量变动率的杠杆效应，称为复合杠杆。

【工作任务 6-15】某公司生产销售一种产品，在相关范围内，单价为 10 元，单位变动成本为 4 元，固定成本为 400 万元，利息费用为 80 万元，所得税税率为 25%，普通股为 100 万股。近两年及预测明年的情况是：销量 100 万台、120 万台与 84 万台（均在相关范围内）。要求计算这三年的每股收益（EPS）及相关指标的逐年增减率。

【工作成果】

该公司近三年用变动成本法计算的收益，以及逐年比较的变动情况如表 6-8 所示。

表6-8 某公司近三年变动收益表   金额单位：万元

项　目	去年	今年	变动率/%	明年	变动率/%
销售收入	1 000	1 200	+20	840	-30
变动成本	400	480	+20	336	-30
边际贡献	600	720	+20	504	-30
固定成本	400	400		400	
息税前利润	200	320	+60	104	-67.5
利息	80	80		80	
税前利润总额	120	240	+100	24	-90
所得税	30	60	+100	6	-90
净利润	90	180	+100	18	-90
普通股股数	100万股	100万股		100万股	
每股收益EPS	0.9元	1.8元	+100	0.18元	-90

从表6-8不难看出，该公司今年的销售比去年增长了20%，每股收益却增长了1倍；预计明年的销售比今年减少30%，每股收益却减少了90%。究其原因，在表6-8中，固定成本和利息始终保持不变，一旦销售增加，单位产品分摊的固定成本和利息减少，每股收益随之提高；反之，一旦销售下降，单位产品分摊的固定成本和利息增加，每股收益随之以更大的比率下降。这是经营杠杆和财务杠杆共同发挥效用，使得企业每股收益的变动幅度大大超过销售的变动幅度。

2. 复合杠杆的计量

从以上分析中得知，只要企业同时存在固定成本和固定财务费用等支出，就会存在复合杠杆的作用。但不同企业，复合杠杆作用的程度是不完全一致的，为此，需要对复合杠杆作用的程度进行计量。对复合杠杆进行计量的常用指标是复合杠杆系数。复合杠杆系数是指每股收益变动率相当于产销量变动率的倍数，又称为总杠杆系数，用DCL表示，其公式为：

$$DCL = \frac{普通股每股收益变动率}{产销量变动率} = \frac{(EPS_1 - EPS_0) \div EPS_0}{(x_1 - x_0) \div x_0}$$

复合杠杆系数还可以用简化公式计算：

$$DCL = \frac{基期边际贡献}{基期税前利润} = \frac{M_0}{EBIT_0 - I_0}$$

由于复合杠杆是经营杠杆与财务杠杆联合作用的结果，所以，这三者之间的关系可用以下公式表示：

$$DCL = DOL \times DFL$$

【工作成果】

根据表6-8中的有关数据可求出今年的复合杠杆系数。

复合杠杆系数：100%÷20%＝5（倍）

或：600÷120＝5（倍）

3. 复合杠杆与企业风险的关系

从以上分析看到，在复合杠杆的作用下，当企业经济效益好时，每股利润会大幅度上升，当企业经济效益差时，每股利润会大幅度下降。企业复合杠杆系数越大，每股利润的波动幅度越大。由于复合杠杆作用使每股利润大幅度波动而造成的风险，称为复合风险。在其他因素不变的情况下，复合杠杆系数越大，企业风险越大，复合杠杆系数越小，企业风险越小。

学习任务 4　资本结构管理实务

一、资本结构的含义

资本结构是指企业各种资金的构成及其比例关系。资本结构有广义和狭义之分。狭义的资本结构仅指长期资金结构；广义的资本结构是指全部资金（包括长期资金和短期资金）的结构。此处所涉及的是狭义的资本结构。

企业资本结构是由于企业采用的各种筹资方式筹集资金而形成的，各种筹资方式不同的组合类型决定着企业资本结构及其变化。企业筹资方式虽然很多，但总的来看分为负债资本和股权资本两类，因此，资本结构问题总的来说是负债资本的比例问题，即负债在企业全部资本中所占的比重。

二、影响资本结构的因素

资本结构是一个产权结构问题，是社会资本在企业经济组织形式中的资源配置结果。资本结构的变化，将直接影响社会资本所有者的利益。

1. 企业经营状况的稳定性和成长率

企业产销业务量的稳定程度对资本结构有重要影响：如果产销业务量稳定，企业可较多地负担固定的财务费用；如果产销业务量和盈余有周期性，则要负担固定的财务费用，将承担较大的财务风险。经营发展能力表现为未来产销业务量的增长率，如果产销业务量能够以较高的水平增长，企业可以采用高负债的资本结构，以提升股权资本的报酬。

2. 企业的财务状况和信用等级

企业财务状况良好，信用等级高，债权人愿意向企业提供信用，企业容易获得债务资本。相反，如果企业财务情况欠佳，信用等级不高，债权人投资风险大，这样会降低企业获得信用的能力，加大债务资本筹资的资本成本。

3. 企业资产结构

资产结构是企业筹集资本后进行资源配置和使用后的资金占用结构，包括长短期资产构成和比例，长短期资产内部的构成和比例。资产结构对企业资本结构的影响主要包括：拥有大量固定资产的企业主要通过长期负债和发行股票筹集资金；拥有较多流动资产的企业更多地依赖流动负债筹集资金；资产适用于抵押贷款的企业负债较多；以技术研发为主的企业则负债较少。

4. 企业投资人和管理当局的态度

从企业所有者的角度看，如果企业股权分散，企业可能更多地采用股权资本筹资以分散企业风险。如果企业为少数股东控制，股东通常重视企业控股权问题，为了防止控股权稀释，企业一般尽量避免普通股筹资，而是采用债务资本筹资。从企业管理当局的角度看，高负债资本结构的财务风险较高，一旦经营失败或出现财务危机，管理当局将面临市场接管的威胁或者被董事会解聘。因此，稳健的管理当局偏好于选择低负债比例的资本结构。

5. 行业特征和企业发展周期

不同行业资本结构差异很大。产品市场稳定的成熟产业经营风险低，因此可提高债务资本比重，发挥财务杠杆作用。高新技术企业的产品、技术、市场尚不成熟，经营风险高，因此可降低债务资本比重，控制财务杠杆风险。在同一企业不同发展阶段，资本结构安排不同。企业初创阶段，经营风险高，在资本结构安排上应控制负债比例；企业发展成熟阶段，产品产销业务量稳定和持续增长，经营风险低，可适度增加债务资本比重，发挥财务杠杆效应；企业收缩阶段，产品市场占有率下降，经营风险逐步加大，应逐步降低债务资本比重，保证经营现金流量能够偿付到期债务，保持企业持续经营能力，减少破产风险。

6. 经济环境的税务政策和货币政策

资本结构决策必然要研究理财环境因素，特别是宏观经济状况。政府调控经济的手段包括财政税收政策和货币金融政策，当所得税税率较高时，债务资本的抵税作用大，企业可以充分利用这种作用来提高企业价值。货币金融政策影响资本供给，从而影响利率水平的变动，当国家执行紧缩的货币政策时，市场利率较高，企业债务资本成本增大。

三、资本结构的优化决策

企业利用负债资金具有双重作用：适当利用负债，可以降低企业资本成本；但当企业负债比率太高时，会带来较大的财务风险。为此，企业必须权衡财务风险和资本成本的关系，确定最优的资本结构。所谓最优资本结构是指在一定条件下使企业加权平均资本成本最低、企业价值最大的资本结构。确定最佳资本结构的方法有每股收益无差别点法、比较资本成本法等。

1. 每股收益无差别点法

资本结构是否合理可以通过分析每股收益的变化来衡量。通常，能提高每股收益的资本结构是合理的资本结构。按每股收益的大小判断资本结构的优劣可以运用每股收益无差别点法。每股收益无差别点法即 EBIT – EPS 分析法，是通过分析资本结构与每股收益之间的关系，计算各种资本结构方案的每股收益的无差别点，进而确定合理的资本结构的方法。而每股收益的无差别点，则是指使两种资本结构方案的每股收益相等时的息税前利润。

两种资本结构每股收益相等，即 $\dfrac{(\overline{EBIT} - I_1) \times (1-T)}{N_1} = \dfrac{(\overline{EBIT} - I_2) \times (1-T)}{N_2}$，所以每股收益无差别点时的息税前利润公式如下：

$$\overline{EBIT} = \dfrac{N_2 \times I_1 \times (1-T) - N_1 \times I_2 \times (1-T)}{(N_2 - N_1) \times (1-T)} = \dfrac{N_2 \times I_1 - N_1 \times I_2}{(N_2 - N_1)}$$

运用每股收益无差别点法时，如果企业预期的息税前利润超过无差别点的息税前利润，负债比例较高的资本结构方案的每股收益最大，该方案为最优资本结构方案；相反，如果企业预期的息税前利润低于无差别点的息税前利润，此时，股权资本比例较高的资本结构方案的每股收益最大，该方案为最优资本结构方案。

【工作任务6-16】 鑫达公司现有资本4 000万元，因扩大经营规模需要追加筹资1 000万元，追加筹资可以利用发行股票来筹集，也可以利用发行债券来筹集。债券按面值发行（利率8%），股票发行价为每股20元（每股面值10元），所得税税率为25%。预计追加筹资后,公司的息税前利润将达到 600 万元,表 6-9 列示了现在的资本结构和追加筹资后资本结构的情况。

表 6-9 鑫达公司资本结构变化情况表　　　　　单位:万元

筹资方案	现在资本结构	追加筹资后资本结构	
		增发普通股	增发公司债券
公司债券	1 000	1 000	2 000
普通股	2 000	2 500	2 000
资本公积	500	1 000	500
留存收益	500	500	500
资金总额合计	4 000	5 000	5 000
普通股股数/万股	200	250	200

【工作成果】

根据资本结构的变化情况,采用 EBIT-EPS 分析法分析资本结构对普通股每股收益的影响。

$$\frac{(\overline{EBIT}-1\,000\times8\%)\times(1-25\%)}{250}=\frac{(\overline{EBIT}-2\,000\times8\%)\times(1-25\%)}{200}$$

求得:$\overline{EBIT}=480$(万元);此时:$EPS_1=EPS_2=1.2$(元/股)。

由于该公司追加筹资后预计的息税前利润将达到 600 万元,超过了无差别点的息税前利润 480 万元,因此利用发行公司债券的形式筹集资金能使每股收益最大(此时 EPS 为 1.65),所以增发公司债券的方案为最优资本结构方案。

应当说明的是,这种分析方法只考虑了资本结构对每股收益的影响,并假定每股收益最大,股票价格也就最高,却把资本结构对风险的影响置于视野之外,难免带有片面性。其决策目标实际上是公司每股收益的最大化,而不是公司价值的最大化。通常适用于资本规模不大、资本结构不太复杂的企业。

2. 比较资本成本法

比较资本成本法是通过计算各资本结构方案综合资本成本,并选择综合资本成本最低的方案作为最佳资本结构方案的方法。

【工作任务 6-17】宏达实业公司原来的资本结构是:债券 1 000 万元(年利率为 10%),普通股 400 万股(每股面值 1 元、发行价 6 元、市场价值 9.5 元)。假设该企业适用的所得税税率为 25%,发行的各种证券均无筹资费。该企业现拟增资 5 000 万元扩大生产经营规模,现有甲、乙两个方案可供选择,请用平均资本成本择优(市场价值比重法)。

甲方案:按面值增加发行年利率 10% 的债券 5 000 万元,由于负债筹资财务风险加大,普通股市场价值降至每股 9 元。增资后期望每股股利为 1 元,以后每年增加股利 5%。

乙方案:按面值发行年利率 10% 的债券 2 000 万元,发行普通股 300 万股,每股市场价值与发行价格均为 10 元。增资后期望每股股利为 0.85 元,以后每年增加股利 4%。

【工作成果】

(1)甲方案增资后该公司的市场价值为 9 600 万元,其中债券价值 6 000 万元(1 000 +

5 000），占 62.5%；普通股价值 3 600 万元（400×9），占 37.5%。债券成本：10%×(1-25%)=7.5%；普通股成本：1÷9+5%=16.11%。

综合资本成本：62.5%×7.5%+37.5%×16.11%=10.73%。

（2）乙方案增资后公司市场价值为 10 000 万元，其中债券价值 3 000 万元（1 000+2 000），比重 30%；普通股价值 7 000 万元[(400+300)×10]，比重 70%。债券成本：10%×(1-25%)=7.5%；普通股成本：0.85÷10+4%=12.5%。

综合资本成本：30%×7.5%+70%×12.5%=11%。

（3）甲方案的综合资本成本低，所以应负债筹资，选用甲方案。

学习任务 5 学习效果检验

一、单项选择题

1. 下列各项费用中属于筹资费用的有（   ）。
   A. 借款手续费   B. 现金股利   C. 股票红利   D. 借款利息
2. 下列不属于企业资金需要量预测方法的是（   ）。
   A. 因素分析法   B. 资金习性预测法   C. 连环替代法   D. 销售百分比法
3. 使用每股利润无差别点进行筹资决策，当预计的 EBIT（   ）每股利润无差异点的 EBIT 时，运用负债筹资较为有利。
   A. 大于   B. 小于   C. 小于或等于   D. 无法确定
4. 在计算下列各项资金的筹资成本时，不需要考虑筹资费用的是（   ）。
   A. 普通股   B. 债券   C. 长期借款   D. 留存收益
5. 若企业今年的经营性资产为 500 万元，经营性负债为 200 万元，销售收入为 1 000 万元。经营性资产、经营性负债占销售收入的百分比不变，销售净利率为 10%，股利支付率为 40%，预计明年销售收入增加 50%，则需要从外部筹集的资金是（   ）万元。
   A. 90   B. 60   C. 110   D. 80
6. 下列有关资本成本的说法正确的是（   ）。
   A. 资本成本是指企业在筹集资金时付出的代价，包括筹资费用和占用费用
   B. 不考虑时间价值时，资本成本率=年资金占用费/筹资总额
   C. 资本成本为用资费用与筹资净额的比率
   D. 资本成本表现为取得资本所有权所付出的代价
7. 假定某公司变动成本率为 40%，本年营业收入为 1 000 万元，固定性经营成本保持不变，下年的经营杠杆系数为 1.5，下年的营业收入为 1 200 万元，则该企业的固定性经营成本为（   ）万元。
   A. 200   B. 150   C. 240   D. 100
8. 如果企业的全部资本中股权资本占 80%，则下列关于企业相关风险的叙述正确的是（   ）。
   A. 只存在经营风险   B. 只存在财务风险
   C. 同时存在经营风险和财务风险   D. 财务风险和经营风险相互抵消

9. 某公司普通股目前的股价为 10 元/股，筹资费率为 4%，股利固定增长率 3%，所得税税率为 25%，预计下次支付的每股股利为 2 元，则该公司普通股资本成本为（　　）。
A. 23%　　　　　　B. 18%　　　　　　C. 24.46%　　　　　D. 23.83%

二、多项选择题

1. 下列各项中影响财务杠杆系数的因素有（　　）。
   A. 息税前利润　　B. 资金规模　　C. 资金结构　　D. 财务费
2. 影响债券资本成本的因素包括（　　）。
   A. 债券票面利率　　B. 债券发行价格　　C. 筹资费用　　D. 所得税税率
3. 在下列个别资本成本中，（　　）属于股权资本成本。
   A. 普通股成本　　B. 优先股成本　　C. 留存收益成本　　D. 银行借款成本
4. 平均资本成本的计算，存在权数价值的选择问题，即各项个别资本按什么权数来确定资本比重，通常可供选择的价值形式有（　　）。
   A. 账面价值　　B. 市场价值　　C. 目标价值　　D. 历史价值
5. 某公司经营风险较大，准备采取系列措施降低杠杆程度，下列措施中可行的有（　　）。
   A. 降低销售量　　B. 降低固定成本　　C. 降低变动成本　　D. 提高产品销售单价
6. 下列关于财务风险的说法正确的有（　　）。
   A. 财务风险由财务经理管理不善引起　　B. 财务杠杆系数越高财务风险越大
   C. 存在借款利息就存在财务杠杆效应　　D. 财务费用高财务杠杆系数越大
7. 下列各项中会直接影响企业平均资本成本的有（　　）。
   A. 个别资本成本　　　　　　　　B. 各种资本在资本总额中所占的比重
   C. 筹资规模　　　　　　　　　　D. 企业的经营杠杆
8. 假设总杠杆系数大于零，则下列各项中可以降低总杠杆系数的有（　　）。
   A. 降低固定经营成本　　　　　　B. 减少固定利息
   C. 提高产销量　　　　　　　　　D. 提高单价
9. 下列说法正确的有（　　）。
   A. 资本结构最佳状态的标准是能够提高股权收益或降低资本成本
   B. 评价企业资本结构的最终目的是提高企业价值
   C. 最佳资本结构使企业平均资本成本最低企业价值最大
   D. 资本结构优化的目标是降低财务风险

三、判断题

1. 按照资金与产销量之间的依存关系，可以把资金区分为不变资金、变动资金和半变动资金，其中原材料的保险储备属于不变资金。（　　）
2. 资本成本是指企业筹资付出的代价，一般用相对数表示，即资金占用费加上资金筹集费之和除以筹资总额。（　　）
3. 如果企业的资金来源全部为自有资金，且没有优先股存在，则财务杠杆系数等于1。（　　）
4. 无论是经营杠杆系数还是财务杠杆系数变化，都可能导致复合杠杆系数变化。（　　）

5. 企业在选择追加筹资方案时的依据是个别资金成本的高低。　　　　（　　）
6. 资本成本是评价投资项目可行性的唯一标准。　　　　　　　　　　（　　）
7. 一般来说，在企业初创阶段较低程度上使用财务杠杆。　　　　　　（　　）
8. 经营杠杆能够扩大市场和生产等不确定性因素对利润波动的影响。　（　　）
9. 当息税前利润大于零，单位边际贡献和固定性经营成本不变时，除非固定性经营成本为零或业务量无穷大，否则息税前利润的变动率一定大于产销变动率。（　　）

四、计算分析题

1. 某企业发行5年期债券，面值为1 000万元，票面利率为9.7%，每年付息一次，发行费率为3%，所得税税率为25%，债券按950万元折价发行。计算债券成本率。

2. 某企业共有资金100万元，其中债券30万元，优先股10万元，普通股40万元，留存收益20万元，各种资金的成本分别为5%、10%、12%和15%。计算该企业的综合资本成本。

3. 某公司今年销售收入为3 000万元，销售净利润率为8%，净利润的70%分配给投资者。今年12月31日的资产负债表（简表）如表6-10所示。该公司明年销售净利率和利润留存率保持今年的水平，计划销售收入比上年增长40%。据历年财务数据分析，公司流动资产和流动负债随销售额同比例增减。要求：预测明年需要对外筹集的资金量。

表6-10　资产负债表（简表）　　　　　　　　　　　　　单位：万元

资产	期末余额	负债及所有者权益	期末余额
货币资金	80	应付账款	100
应收账款净额	320	应付票据	200
存货	500	长期借款	800
固定资产净值	650	实收资本	500
无形资产	150	留存收益	100
资产总计	1 700	负债及所有者权益	1 700

4. 某企业只生产一种产品，去年产销量为5 000件，每件售价为240元，成本总额为850 000元，其中，固定成本为235 000元，变动成本为495 000元，混合成本为120 000元，混合成本的习性方程为$y = 40 000 + 16x$。今年固定成本降低5 000元，产销量为5 600件，其余成本和单价不变。

要求：（1）计算今年的息税前利润；（2）计算明年的经营杠杆系数；（3）若明年销量增加10%，则息税前利润增长率为多少？

5. 某公司目前的息税前利润为200万元，发行在外普通股200万股（每股1元），已发行利率为6%的债券600万元，公司适用所得税税率为25%。该公司打算为一个新的投资项目融资500万元，新项目投产后公司每年息税前利润增加50万元。现有两个方案可供选择：按8%的利率发行债券（方案1）；按每股20元的价格发行新股（方案2）。

要求：（1）计算两个方案的每股收益；（2）计算两个方案的每股收益无差别点息税前利润；（3）判断哪个方案更好（不考虑资金结构对风险的影响）。

学习情境七

投资管理实务

目的要求

本学习情境主要介绍投资管理的内容、项目投资现金流量计算实务、项目投资财务可行性分析实务和证券投资管理实务。在工作任务的驱动下完成相应的学习任务后,能够理解投资分类与原则、项目投资特征、债券与股票投资特点;能够理解现金流量构成、股票投资K线与趋附线分析原理;能够掌握现金流量、净现值、现值指数、内含报酬、投资回收期和投资报酬率的计算方法;能够掌握债券购置价与收益、股票投资成本与收益的计算方法;能够掌握固定资产折旧与证券投资的税收筹划。

学习任务1 投资管理的内容

一、投资的含义

投资是指经济主体以本金回收并获利为基本目的,将货币资金、货币等价物或实物等作为资本投放于某一个具体对象,以在未来较长期间内获取预期经济利益的经济行为。企业投资是企业为获取未来收益而向一定对象投放资金的经济行为,如扩建厂房、购买股票与债券等。

投资的特点是:①目的性,即投资是为了获得未来的报酬而采取的一种有目的的经济行为。②时间性,即从现在投资支出到将来获得报酬,在时间上总要经过一定的间隔期间。③收益性,即投资是以牺牲现在的价值为手段,赚取未来报酬为目标。这种报酬可以是利润、利息、股息、资本利得,也可以是各种财富的保值或权利的获得。④风险性,即现在投资的价值是确定的,但未来可能获得的收益是不确定的。

投资是企业重要的财务活动之一。在市场经济条件下,企业能否将筹集到的资金投放到收益高、风险小、回收快的项目上去,对企业的生存和发展是十分重要的。

二、投资的分类

1. 直接投资和间接投资

按照投资与企业生产经营的关系分为直接投资和间接投资。直接投资是指把资金投放于生产经营性资产,以便获取利润的投资。这种投资可以直接将投资者与被投资对象联系在一起,投资者可全部或部分拥有被投资对象的资产或经营权,直接或参与经营管理。间接投资又称证券投资,是指资金投放于证券等金融资产,以便取得股利或利息等收益的投资,如购买国债、公司债券、金融债券或股票等。

2. 项目投资与证券投资

按照投资对象的存在形态和性质分为项目投资与证券投资。项目投资是指企业通过购买具有实质内涵的经营资产,包括有形资产和无形资产,形成具体的生产能力,开展实质性的生产经营活动谋取经营利润的投资。项目投资的目的在于改善生产条件、扩大生产能力,以获取更多的经营利润,所以它属于直接投资。证券投资是指企业通过购买权益性的证券资产,行使证券资产所赋予的权利并获取投资收益的投资。证券投资的目的在于通过持有权益性证券获取投资收益,或控制其他企业的财务与经营政策,不直接从事具体生产经营过程,所以它属于间接投资。

3. 对内投资和对外投资

按照投资的方向不同分为对内投资和对外投资。对内投资是指把资金投资于企业内部,购置各种生产经营用资产的投资,其目的主要是保证企业生产经营的连续和扩大。在企业投资活动中,对内投资不仅数额大、投资面广,而且对企业的稳定和发展、未来的盈利能力、长期偿债能力等都有着很大的影响。对外投资是指企业将所拥有的资产直接投入其他企业或购买证券形成的投资。其目的主要是充分利用闲置资金,增加企业收益;或分散资金投向,降低投资风险;或稳定与客户的关系,保证企业的正常生产经营;也可以是提高企业资产的流动性,增强企业的偿债能力等。

4. 长期投资和短期投资

按照投资回收时间的长短分为长期投资和短期投资。短期投资是指可以在一年内收回的投资,主要指对现金、应收票据、应收账款、存货和短期内到期的有价证券等的投资。短期投资具有时间短、变现能力强、周转快、流动性大等特点。长期投资是指一年以上才能收回的投资,主要指对厂房、机器设备等固定资产的投资,也包括对无形资产和长期有价证券的投资。一般来说,长期投资具有发生次数少、投资所需金额大、回收时间长、变现能力差、风险大、对企业影响时间长等特点。本学习情境主要介绍长期投资管理实务。

三、长期投资管理的原则

为了适应长期投资项目的特点并实现投资目的,做出合理的投资决策,需要遵循投资管理的基本原则,据以保证投资活动的顺利进行。

1. 可行性分析原则

长期投资项目金额大,资金占用时间长,一旦投资后具有不可逆转性,对企业的财务状况和经营前景影响重大,必须建立严密的投资决策程序,进行科学的可行性分析。投资项目可行性分析的主要任务是对投资项目实施的可行性进行科学的论证,主要包括环境可行性、技术可行性、市场可行性、财务可行性等方面。环境可行性要求投资项目对环境的不利影响最小,并能带来有利影响力,包括对自然环境、社会环境和生态环境的影响。技术可行性要求投资项目形成的生产经营能力,具有技术上的适应性和先进性,包括工艺、装备等。市场可行性要求投资项目形成的产品能够被市场所接受,具有市场占有率,进而才能带来财务上的可行性。财务可行性,要求投资项目在经济上具有效益性,这种效益性是明显的和长期的。本学习情境只介绍财务可行性分析。

财务可行性是在相关的环境、技术、市场可行性完成的前提下，着重围绕技术可行性和市场可行性而开展的专门经济性评价，也包含资金筹集的可行性。财务可行性分析的主要方面和内容包括：收入、费用和利润等经营成果指标的分析；资产、负债、所有者权益等财务状况指标的分析；资金筹集和配置的分析；资金流转和回收等资金运行过程的分析；投资现金流量、净现值、内含报酬率等经济性效益指标的分析；投资收益与风险关系的分析等。

2. 结构平衡原则

长期投资资金既要投放于主要生产设备，又要投放于辅助设备；既要满足长期资产的需要，又要满足流动资产的需要。投资在资金投放时，要遵循结构平衡的原则，合理分布资金，具体包括固定资金与流动资金的配套关系、生产能力与经营规模的平衡关系、资金来源与资金运用的匹配关系、投资进度和资金供应的协调关系、流动资产内部的资产结构关系、发展性投资与维持性投资的配合关系、对内投资与对外投资的顺序关系、直接投资与间接投资的分布关系，等等。长期投资项目在实施后，资金就长期地固化在具体项目上，退出和转向都不太容易。只有遵循结构平衡的原则，投资实施后才能正常顺利地运行，才能避免资源的闲置和浪费。

3. 动态监控原则

投资的动态监控是指对长期投资实施过程中的进程控制。对于那些工程量大、工期长的建造项目，应当按工程进度，对分项工程、分步工程、单位工程的完成情况，逐步进行资金拨付和资金结算，控制工程的资金耗费，防止资金浪费。在项目建设完工后，通过工程决算，全面清点所建造的资产数额和种类，分析工程造价的合理性，合理确定工程资产的账面价值。对于间接投资特别是证券投资而言，投资前首先要认真分析投资对象的投资价值，根据风险与收益均衡的原则合理选择投资对象。在持有金融资产的过程中，要广泛收集投资对象和证券市场的相关信息，全面了解被投资单位的财务状况和经营成果，保护自身的投资权益。分析资本市场上资本的供求关系状况，预计市场利率的波动和变化趋势，动态地估算投资价值，寻找转让证券资产和收回投资的最佳时机。

四、投资的程序

企业的长期投资由于对当前以及未来的财务状况都会产生很大的影响，因此，投资必须按特定程序来进行。

（1）明确投资目标：根据企业的长期发展目标和短期经营目标，明确投资的目标，即为什么要进行投资。

（2）提出投资方案：针对投资目标，提出技术上先进可靠、经济上合理有效的若干备选方案。

（3）估计投资方案的相关现金流量：对初步提出的备选方案，收集信息并估计各方案的现金流入量和流出量。

（4）计算投资方案的评价指标：针对各方案的现金流量计算投资方案的评价指标，如净现值、现值指数、内含报酬率等。

（5）比较和选择投资方案：对于计算出的各个备选方案的评价指标进行比较，分析利弊得失，加以综合评价，并选择最优的投资方案。

（6）再次评价投资方案：对已接受的投资方案进行再次评价，以避免投资活动中的偏差，有助于指导未来决策。

学习任务2　项目投资现金流量计算实务

一、项目投资特征

1. 项目投资的内容

项目投资以特定建设项目为内容，属于长期投资行为，主要包括新建项目和更新改造项目两种类型。按其涉及的内容分为单纯固定资产投资项目和完整工业投资项目。单纯固定资产投资项目简称固定资产投资，特点是在投资中只包括为取得固定资产而发生的垫支资本投入而不涉及周转资本的投入。完整工业投资项目不仅包括固定资产投资，还涉及流动资金投资，甚至包括无形资产等其他长期资产的投资。

2. 项目投资的特点

（1）投资的主体是企业。投资主体是企业，而非个人、政府或专业投资机构。企业从金融市场筹集资金，然后投资于固定资产和流动资产等，期望能运用这些资产赚取报酬，增加企业价值。企业是金融市场上取得资金的一方，取得资金后所进行的投资，其报酬必须超过金融市场上资金提供者要求的报酬率，超过部分才可以增加企业价值。如果投资报酬低于资金提供者要求的报酬率，将会减少企业价值。因此，投资项目优劣的评价标准，应以资本成本为基础。

（2）投资的对象是生产性资产。生产性资产是指企业生产经营活动所需要的资产，例如机器设备、存货等。这些资产是企业进行生产经营活动的基础条件。企业利用这些资产可以增加价值，为股东创造财富。生产性资产投资是一种直接投资，这种投资在企业内部进行，投资后企业并没有失去对资产的控制权，投资行为并不改变资金的控制权归属，只是指定了企业资金的特定用途。

生产性资产又进一步分为营运资产和资本资产。营运资产是指企业的流动资产。流动资产投资对企业的影响时间短，又称为短期投资，本教材将在"营运资金管理"中进行介绍。资本资产是指企业的长期资产，资本资产的投资对企业的影响时间长，又称长期投资。

3. 项目计算期

项目投资时需计算项目计算期。项目计算期是指投资项目从投资建设开始到最终清理结束整个过程的全部时间，包括建设期和经营期。其中建设期是指项目资金正式投入开始到项目建成投产为止所需要的时间。在实践中，通常应参照项目建设的合理工期或项目的建设进度计划合理确定建设期。经营期是指从投产日到项目最终报废或清理之间的时间间隔。经营期一般应根据项目主要设备的经济使用寿命期确定。

二、现金流量的构成

1. 现金流量的含义

会计核算的现金流量是指企业在过去一定期间按照现金收付实现制，通过一定经济活动（包括经营活动、投资活动、筹资活动和非经常性项目）而产生的现金流入、现金流出及其总量情况的总称。即企业一定时期的现金和现金等价物的流入和流出的数量。现金流量管理中的现金，不是通常所理解的手持现金，而是指企业的库存现金和银行存款，还包括现金等价物等。

项目投资的现金流量是投资项目在未来整个计算期内的现金流入和现金流出的数量。一个投资项目的现金流入是指该项目引起的现金收入的数量。现金流出是指项目引起的现金支出量。在某一时期内，投资项目的现金流入量与现金流出量的差额则称为现金净流量，现金净流量用 NCF 表示。这里的"一定时期"，有时是指 1 年内，有时是指投资项目持续的整个年限内。流入量大于流出量时，净流量为正值；反之，净流量为负值。

在项目投资中的现金流量可以按其发生的时间来表述，一般可分为初始现金流量、营业现金流量和终结现金流量。

2. 现金流量的优点

现金流量是以收付实现制为基础进行估算的，用它作为评价长期投资项目经济效益的基础指标有以下优点。

（1）有利于考虑资金的时间价值。由于一个投资项目未来的现金流量包含项目各个不同时期的现金流量，这就便于企业选用一定折现率对各个不同时期的现金流量折现，以真实反映投资项目经济效益。

（2）有利于客观评价项目投资的经济效益。由于在计算现金流量时都是未来现金的实际收付数额，它排除了在利润核算中各种人为因素的影响。

（3）现金流量能完整地反映投资项目的全部效益。现金流量包括的内容比较完整，既包括项目投资期的现金收支，还包括项目经营期和项目终结时的全部现金收支。

3. 初始现金流量

初始现金流量是指项目开始投资时发生的现金流量，主要是指项目的建设期至投产前发生的现金流量。

（1）固定资产投资，主要包括厂房、生产设备等的购置价款或建造成本、运输安装费用等。固定资产投资的价款可能是一次性支出，也可能分几次支出。

（2）营运资金投资，主要包括因投资该项目而需要追加的存货、现金、应收账款等流动资产，也包括因项目投资而自动增加的应付账款、未交税费用等流动负债，流动资产扣除流动负债的差额即为项目投资所需的营运资金投资。由于固定资产投资扩大了企业的生产能力，引起对营运资金需求的增加，应列入该方案的现金流出量。营运资金垫支后，只有在营业终结时才能收回这些投资资金。

（3）其他投资，主要是指与项目投资有关的无形资产投资，以及职工培训费、谈判费、或可行性论证费、注册费等。

4. 营业现金流量

营业现金流量是指项目投入使用后在经营期内由于正常的生产经营所带来的现金流入和现金流出的数量。增加的固定资产投资扩大了企业的生产能力，使企业销售收入增加。销售收入扣除付现成本和所得税后的差额等于营业现金流量。付现成本在这里是指需要每年支付现金的成本，它可用成本费用额扣除不需要支付现金的非付现成本确定。非付现成本主要是固定资产折旧费、无形资产摊销费等。营业现金流量可用以下公式计算。

营业现金流量 = 销售收入 − 付现成本 − 所得税

= 销售收入 −（成本 − 非付现成本）− 所得税

= 税后净利 + 非付现成本

=（销售收入 − 成本）×（1 − 所得税率）+ 非付现成本

=（销售收入 − 付现成本 − 非付现成本）×（1 − 所得税率）+ 非付现成本

= 销售收入 ×（1 − 所得税率）− 付现成本 ×（1 − 所得税率）+ 非付现成本 × 所得税率

5. 终结现金流量

终结现金流量是指投资项目终结时发生的现金流量，主要包括：①该固定资产出售或报废时的残值收入；②收回的原垫支的营运资金；③停止使用土地的变价收入等。

在实务中，对某一投资项目在不同时点上现金流量数额的测算，通常通过编制"投资项目现金流量表"进行。通过该表，能测算出投资项目相关现金流量的时间和数额，以便进一步进行投资项目的可行性分析。

【工作任务 7-1】 某固定资产投资项目需 3 年建成，每年年初投入资金 90 万元，共投入 270 万元，假设全部为自有资金（股权资本），没有借款利息计入固定资产原值。建成投产之时，需投入营运资金 140 万元，以满足日常经营活动需要。项目投产后，估计每年可获税后营业利润 60 万元。固定资产使用年限为 7 年，使用后第 5 年预计进行一次改良，改良支出 80 万元，在其后的两年内平均摊销。资产使用期满后，估计有残值净收入 11 万元，采用使用年限法折旧。项目期满时，垫支的营运资金全额收回。

【工作成果】

根据以上资料可知，项目计算期为 3 + 7 = 10 年，年折旧额为 (270 − 11) ÷ 7 = 37（万元）。编制"投资项目现金流量表"，如表 7-1 所示（表中括号内的数值表示现金流出）。

表 7-1 投资项目现金流量表　　　　　　　　　　　　　　　单位：万元

时间	0	1	2	3	4	5	6	7	8	9	10	总计
固定资产原值	(90)	(90)	(90)									(270)
固定资产折旧					37	37	37	37	37	37	37	259
改良支出									(80)			(80)
改良支出摊销										40	40	80
税后营业利润					60	60	60	60	60	60	60	420
残值净收入											11	11
营运资金				(140)							140	0
现金净流量	(90)	(90)	(90)	(140)	97	97	97	97	17	137	288	420

三、估计项目投资现金流量

1. 估计现金流量的要求

计算投资项目的现金流量，需要正确估计该投资方案所需的资本支出，合理预计项目每年能产生的现金净流量。这个过程会涉及很多变量，并且需要企业有关部门的参与和配合。

例如：销售部门负责预测售价和销量；产品开发和技术部门负责估计投资方案的资本支出；生产和成本部门负责估计制造成本等。财务人员的主要任务是为销售、生产等部门的预测建立共同的基本假设条件；协调参与预测工作的各部门人员；防止预测者因个人偏好或部门利益而高估或低估收入和成本。

在确定投资方案相关的现金流量时，应遵循的最基本原则是：只有增量现金流量才是与项目相关的现金流量。所谓增量现金流量，是指接受或拒绝某个投资方案后，企业总现金流量因此发生的变动。只有那些由于采纳某个项目引起的现金支出增加额，才是该项目的现金流出；只有那些由于采纳某个项目引起的现金流入增加额，才是该项目的现金流入。

2. 估计现金流量的注意事项

为了正确计算投资方案的增量现金流量，需要正确判断哪些事项会引起总现金流量的变动，哪些事项不会引起总现金流量的变动。在进行这种判断时，要注意以下四个问题：

（1）区分相关成本和非相关成本。相关成本是指与特定决策有关的、在分析评价时必须加以考虑的成本。例如，差额成本、未来成本、重置成本、机会成本等都属于相关成本。与此相反，与特定决策无关的、在分析评价时不必考虑的成本是非相关成本。例如，沉没成本、过去成本、账面成本等往往是非相关成本。如果将非相关成本纳入投资方案的总成本，则一个有利的投资方案可能因此变得不利，一个较好的投资方案可能变为较差的方案，从而造成决策错误。

（2）不要忽视机会成本。在投资方案的选择中，如果选择了一个投资方案，则必须放弃投资于其他途径的机会。其他投资机会可能取得的收益是实行本方案的一种代价，被称为这项投资方案的机会成本。机会成本不是实际发生的，而是潜在的。机会成本在决策中的意义在于它有助于全面考虑可能采取的各种方案，以便为既定资源寻求最为有利的使用途径。

（3）对净营运资本的影响。在一般情况下，当公司开办一个新业务并使销售额扩大后，对于存货和应收账款等经营性流动资产的需求也会增加，公司必须筹措新的资金以满足这种额外需求；另一方面，公司扩充的结果，应付账款与一些应付费用等经营性流动负债也会同时增加，从而降低公司流动资金的实际需要。所谓净营运资本的需要，是指增加的经营性流动资产与增加的经营性流动负债之间的差额。

当投资方案的寿命周期快要结束时，公司将与项目有关的存货出售，应收账款变为现金，应付账款和应付费用也随之偿付，净营运资本恢复到原有水平。通常，在进行投资分析时，假定开始投资时筹措的净营运资本在项目结束时收回。

（4）考虑投资方案对公司其他项目的影响。当采纳一个新的项目后，该项目可能对公司的其他项目造成有利或不利的影响。例如，若新建车间生产的产品上市后，原有其他产品的销路可能减少，而且整个公司的销售额也许不增加甚至减少。因此，公司在进行投资分析时，不应将投资项目所有的销售收入作为增量收入来处理，而应扣除其他项目因此减少的销售收入。当然，也可能发生相反的情况，新产品上市后将促进其他项目的销售增长。这要看新项目和原有项目是竞争关系还是互补关系。

【工作任务 7-2】ABC 公司的所得税税率为 25%，准备增加一条生产线以扩大现在的生产能力，现有甲、乙两个方案可以选择。

（1）甲方案需投资 100 万元固定资产，使用寿命为 5 年，采用直线法计提折旧，5 年后无残值。设备无须安装可立即投入使用，也不需要垫支营运资金。5 年中每年的销售收入均为50万元,每年的付现成本均为20万元。

(2)乙方案需投资120万元固定资产,于开始建设时全部用自有资金支付,建设期为1年,使用寿命为4年,采用直线法折旧,项目终结时残值为20万元。需在投产时垫支流动资金10万元。投产后第一年的销售收入为75万元,以后各年均为85万元;第一年的付现成本为31万元,随着设备的陈旧逐年增加修理费1万元。

【工作成果】

(1)甲方案现金流量的计算。甲方案项目计算期0+5=5年,每年折旧额为100÷5=20(万元),各年现金流量计算如表7-2所示。

表7-2 甲方案现金流量计算表　　　　　　　　　　　　　单位:万元

年数	0	1	2	3	4	5
初始现金流量(1)	-100					
销售收入(2)		50	50	50	50	50
付现成本(3)		20	20	20	20	20
折旧(4)		20	20	20	20	20
税前利润(5)=(2)-(3)-(4)		10	10	10	10	10
所得税(6)=(5)×25%		2.5	2.5	2.5	2.5	2.5
净利润(7)=(5)-(6)		7.5	7.5	7.5	7.5	7.5
营业现金流量(8)=(4)+(7)=(2)-(3)-(6)		27.5	27.5	27.5	27.5	27.5
终结现金流量(9)						—
现金流量合计(10)=(1)+(8)+(9)	-100	27.5	27.5	27.5	27.5	27.5

上述现金净流量可表述为:$NCF_0 = -100$;$NCF_1 \sim NCF_5 = 27.5$。

(2)乙方案现金流量的计算。项目计算期1+4=5年,每年折旧额为(120-20)÷4=25(万元),现金流量计算如表7-3所示。

表7-3 乙方案现金流量计算表　　　　　　　　　　　　　单位:万元

年数	0	1	2	3	4	5
初始现金流量(1)	-120	-10				
销售收入(2)			75	85	85	85
付现成本(3)			31	32	33	34
折旧(4)			25	25	25	25
税前利润(5)=(2)-(3)-(4)			19	28	27	26
所得税(6)=(5)×25%			4.75	7	6.75	6.5
净利润(7)=(5)-(6)			14.25	21	20.25	19.5

续表

年数	0	1	2	3	4	5
营业现金流量(8) = (4) + (7) = (2) − (3) − (6)			39.25	46	45.25	44.5
终结现金流量 (9)						30
现金流量合计(10) = (1) + (8) + (9)	−120	−10	39.25	46	45.25	74.5

上述现金净流量可表述为：$NCF_0 = -120$；$NCF_1 = -10$；$NCF_2 = 39.25$；$NCF_3 = 46$；$NCF_4 = 45.25$；$NCF_5 = 74.5$。

四、固定资产折旧的税收筹划

企业可以采用直线折旧法或加速折旧法进行固定资产后续计量，不同的折旧方法影响当期费用和产品成本。如果采用直线折旧法，企业各期税负均衡；如果采用加速折旧法，企业生产经营的前期利润较少、从而纳税较少，生产经营的后期利润较多、从而纳税较多，加速折旧法起到了延期纳税的作用。

【工作任务7-3】 某企业拟按12%的资本成本筹资购进一台不需要安装的机器设备，价格为20万元，预计使用5年，残值率为5%，假设每年年末没扣除折旧费用的税前利润为200万元，企业所得税税率为25%，不考虑其他因素。分别采用直线法、双倍余额递减法和年数总和法计算各年的折旧额及其缴纳的所得税。

【工作成果】

（1）采取直线法计提折旧，各年折旧额及应交所得税如表7-4所示。

表7-4 直线折旧法的所得税计算表　　　　单位：元

年数	每年折旧额	应纳税所得额	应纳所得税
1	38 000	1 962 000	490 500
2	38 000	1 962 000	490 500
3	38 000	1 962 000	490 500
4	38 000	1 962 000	490 500
5	38 000	1 962 000	490 500
合计	190 000	9 810 000	2 452 500

（2）采取双倍余额递减法计提折旧，各年折旧额、应交所得税、延交所税及延交所得税的现值，如表7-5所示。

表7-5 双倍余额递减折旧法的所得税计算表　　　　单位：元

年数	每年折旧额	应纳税所得额	应纳所得税	延交所得税	延交现值
1	80 000	1 920 000	480 000	10 500	9 375

续表

年数	每年折旧额	应纳税所得额	应纳所得税	延交所得税	延交现值
2	48 000	1 952 000	488 000	2 500	1 993
3	28 800	1 971 200	492 800	−2 300	−1 637
4	16 600	1 983 400	495 850	−5 350	−3 400
5	16 600	1 983 400	495 850	−5 350	−3 035
合计	190 000	9 810 000	2 452 500	—	3 296

上表中的"延交现值"为企业延交所得税额与相应的复利现值系数的乘积,其计算公式为:延交所得税 $\times (P/F, 12\%, n)$。

(3) 采取年数总和法计提折旧,各年折旧额、应交所得税、延交所得税、延交所得税的现值,计算如表7-6所示。

表7-6 年数总和折旧法的所得税计算表   单位:元

年数	每年折旧额	应纳税所得额	应纳所得税	延交所得税	延交现值
1	63 333.33	1 936 666.67	484 166.67	6 333.33	5 655
2	50 666.67	1 949 333.33	487 333.33	3 166.67	2 524
3	38 000	1 962 000	490500	—	—
4	25 333.33	1 974 666.67	493 666.67	−3 166.67	−2 012
5	12 666.67	1 987 333.33	496 833.33	−6 333.33	−3 594
合计	190 000	9 810 000	2 452 500	—	2 573

根据上面计算可以看出,尽管在机器设备的整个使用期间,企业所得税应纳税额是相同的,但不同的折旧方法在每一年度缴纳的企业所得税不同。延交现值就是税收筹划为企业带来的企业价值的增加。需要注意的是,无论采用哪种方法,企业都必须取得税务机关的批准,不能擅自改变折旧方法。

学习任务3 项目投资财务可行性分析实务

项目投资财务可行性分析的重要前提,是计算出项目投资有关的财务评价指标,以便据以进行投资方案决策的定量化分析。投资项目评价时使用的指标分为两类:一类是非折现指标,也称为静态评价指标,这类指标没有考虑时间价值因素,主要包括静态投资回收期、投资收益率等;另一类是折现指标,也称为动态评价指标,即考虑了时间价值因素的指标,主要包括净现值、净现值率、现值指数、动态回收期、内含报酬率等。

一、净现值(NPV)

1. 净现值与必要投资报酬

净现值是指特定方案未来现金流入的现值与未来现金流出的现值之间的差额,用NPV

表示。按照这种方法，所有未来现金流入和流出都要按预定折现率折算为它们的现值，然后再计算它们的差额。如净现值为正数，即折现后现金流入大于折现后现金流出，该投资项目的报酬率大于预定的折现率。如净现值为零，即折现后现金流入等于折现后现金流出，该投资项目的报酬率相当于预定的折现率。如净现值为负数，即折现后现金流入小于折现后现金流出，该投资项目的报酬率小于预定的折现率。

这里的折现率应为投资必要报酬率，表示投资者对某资产合理要求的最低收益率，可用资本资产定价模型确定必要收益率，也可按筹集投资所需资金的加权平均资本成本确定。

2. 净现值的计算方法

计算净现值的具体方法一般有公式法和列表法两种。计算净现值的公式如下：

$$NPV = \sum_{t=0}^{n}(\text{第 }t\text{ 期的现金净流量} \times \text{折现率})$$

$$= \sum_{t=0}^{n} NCF_t \times (P/F, i, t)$$

式中，n 表示项目计算期；NCF_t 表示第 t 期的现金净流量；i 表示预定的折现率。

【工作任务 7-4】根据工作任务 7-2 的资料（表 7-2 及表 7-3），假定该项目的必要投资报酬率为 8%，计算甲、乙方案的净现值。

【工作成果】

（1）列表法计算如表 7-7 和表 7-8 所示。

表 7-7　甲方案净现值计算表　　　　　　　　　　单位：万元

年数	0	1	2	3	4	5
现金流量	-100	27.5	27.5	27.5	27.5	27.5
必要报酬率（折现率8%）	1.0	0.925 9	0.857 3	0.793 8	0.735 0	0.680 6
现金流量现值	-100	25.46	23.58	21.83	20.21	18.72
甲方案净现值（各年现金流量现值之和）						9.80

表 7-8　乙方案净现值计算表　　　　　　　　　　单位：万元

年数	0	1	2	3	4	5
现金流量	-120	-10	39.25	46	45.25	74.5
折现系数（折现率8%）	1.0	0.925 9	0.857 3	0.793 8	0.735 0	0.680 6
现金流量现值	-120	-9.26	33.65	36.51	33.26	50.70
乙方案净现值（各年现金流量现值之和）						24.87

（2）公式计算法。

甲方案除第 0 年（第 1 年年初）外的现金净流量为普通年金，可用普通年金现值公式计算，其净现值 NPV 为：$27.5 \times (P/A, 8\%, 5) - 100 = 9.80$（万元）

乙方案各年的现金净流量不相等，应使用复利现值公式进行计算，其净现值 NPV 为：$-120 - 10 \times (P/F, 8\%, 1) + 39.25 \times (P/F, 8\%, 2) + 46 \times (P/F, 8\%, 3) + 45.25 \times (P/F, 8\%, 4) + 74.5 \times (P/F, 8\%, 5) = 24.87$（万元）

从上面的计算可以看出，甲方案和乙方案的净现值都大于零，所以，都具有投资的财务可行性；若是独立投资方案，即两方案互不影响且有足够的资金用于投资，两方案都可实施。但若为互斥的投资，即两方案只能选择其一或没有足够的资金同时投资于两方案时，由于乙方案的净现值大于甲方案的净现值，所以公司应选用乙方案进行投资。

3. 净现值评价

如果净现值 $NPV<0$，说明未来现金流入的现值小于未来现金流出的现值，该投资项目的报酬率小于预定的折现率（必要报酬率），不具备投资决策的财务可行性。如果净现值 $NPV>0$ 或 $NPV=0$，说明未来现金流入的现值大于或等于未来现金流出的现值，该投资项目的报酬率大于或等于预定的折现率，方案具有财务可行性。注意：$NPV=0$ 时并不是说该投资项目刚好保本，而是表明该方案刚好能够获得必要报酬（最低收益）率；$NPV>0$ 的部分即为该方案可能获得的超额利润的现值。

净现值指标的优点是使用绝对数指标，反映投资效益，综合考虑了资金时间价值、项目计算期内全部净现金流量信息和投资风险。缺点在于：无法从动态的角度直接反映投资项目的实际收益率水平。

二、现值指数（PVI）

1. 现值指数的计算

现值指数又称为获利指数，是指投资项目未来报酬的现值合计与原始投资的现值合计之比，用 PVI 表示，它说明每元投资额未来可以获得的报酬的现值有多少。其计算公式如下：

$$PVI = \frac{未来报酬的现值合计}{原始投资的现值合计}$$

【工作任务 7-5】根据工作任务 7-4 的资料（表 7-7 及表 7-8），假定该项目的必要投资报酬率为 8%，计算甲、乙方案的现值指数。

【工作成果】

$$甲方案\ PVI = \frac{25.46 + 23.58 + 21.83 + 20.21 + 18.72}{100} = 1.098$$

$$乙方案\ PVI = \frac{33.65 + 36.51 + 33.26 + 50.7}{120 + 9.26} = 1.192$$

从上面的计算可以看出，甲方案和乙方案的现值指数都大于1，两方案都具有财务可行性。乙方案的现值指数大于甲方案的现值指数，若为互斥方案，公司应选用乙方案。

2. 现值指数的评价

如果现值指数 $PVI=1$ 或 $PVI>1$，说明投资项目未来报酬的现值合计大于或等于原始投资的现值合计，即投资方案的预期收益率达到或超过了必要报酬率，方案具有财务可行性。如果现值指数 $PVI<1$，说明投资项目未来报酬的现值合计小于原始投资的现值合计，不具备投资的财务可行性。

现值指数的优点是使用相对数指标，反映投资的效益，可以从动态的角度反映项目投资的资金投入与净产出之间的关系，计算过程比较简单。缺点是无法直接反映投资项目的实际收益率。

三、内含报酬率（IRR）

1. 内含报酬率的含义

内含报酬率也称内部收益率，是指项目投资实际可望达到的收益率，用 IRR 表示。它的实质是对投资项目未来每年的净现金流量进行折现，使未来净现金流量的总现值正好等于投资总额时的折现率，即能使投资项目的净现值等于零时的折现率。

2. 内含报酬率的计算

（1）如果除第 0 年年初始投资外的每年现金净流量相同（普通年金），可以先计算普通年金现值系数 $(P/A,i,n)$：

$$(P/A,i,n) = \frac{\text{初始投资额}}{\text{每年相等的现金净流量}}$$

然后，根据计算结果查阅年金现值系数表，在相同的期数内，找出与上述年金现值系数相邻较大的系数值 $(P/A,i_1,n)$ 和相邻较小的系数值 $(P/A,i_2,n)$，以及这两个系数值在该表中对应的贴现率；采用内插法计算投资方案的内含报酬率。内插法的公式如下：

$$IRR = i_1 - \frac{(P/A,i_1,n) - (P/A,i,n)}{(P/A,i_1,n) - (P/A,i_2,n)} \times (i_1 - i_2)$$

（2）如果每年的现金净流量都不相同，内含报酬率的计算，通常使用"逐步测试法"。首先估计一个折现率，用它来计算方案的净现值；如果净现值为正数，说明方案本身的报酬率超过估计的折现率，应提高折现率后进一步测试；如果净现值为负数，说明方案本身的报酬率低于估计的折现率，应降低折现率后进一步测试。经过多次测试，找出使净现值接近于零的且使净现值分别为正值与负值的两个折现率，再用内插法计算方案本身的内含报酬率。

【工作任务 7-6】根据工作任务 7-2 的资料（表 7-2 及表 7-3），假定该项目的必要投资报酬率为 8%，计算甲、乙方案的内含报酬率。

【工作成果】

（1）甲方案普通年金现值系数：$(P/A,i,5) = 100 \div 27.5 = 3.6364$

查普通年金现值系数表中期数为 5 这一行，得到较大与较小的系数值分别为 3.7908 与 3.6048，其对应利率分别为 10%、12%，所以，插值计算 IRR 如下：

$$10\% - \frac{3.7908 - 3.6364}{3.7908 - 3.6048} \times (10\% - 12\%) = 11.66\%$$

（2）乙方案在折现率为 8% 时的净现值为 24.87 万元，说明它的投资报酬率大于 8%。所以，用大于 8% 的折现率反复进行测试，多次测试后，得到净现值最接近 0 值的折现率分别是 12%、14%，数据如表 7-9 所示。

表 7-9 乙方案内含报酬率测算过程　　　　　　　　　单位：万元

年数	0	1	2	3	4	5	合计
现金净流量（NCF）	-120	-10	39.25	46	45.25	74.5	75
折现系数（12%）	1.0	0.8929	0.7972	0.7118	0.6355	0.5674	
现金净流量现值	-120	-8.929	31.29	32.743	28.756	42.271	6.131

续表

年数	0	1	2	3	4	5	合计
折现系数（14%）	1.0	0.877 2	0.769 5	0.675 0	0.592 1	0.519 4	
现金流量现值	-120	-8.772	30.203	31.05	26.793	38.695	-2.031

所以乙方案内含报酬率：$12\% - \dfrac{6.131 - 0}{6.131 - (-2.031)} \times (12\% - 14\%) = 13.5\%$

（3）由于两方案的内含报酬率均高于投资必要报酬率，所以两方案均具有财务可行性。若为互斥方案，则应选乙方案。

3. 内含报酬率的评价

如果 IRR < 必要报酬率（基准收益率或资本成本率等），说明投资项目未来的报酬率小于要求的报酬率，不具备投资的财务可行性。如果 IRR > 必要报酬率或 IRR = 必要报酬率，说明投资项目未来的报酬率大于或等于要求的报酬率，方案具有财务可行性。

内含报酬率指标的优点是：①考虑了时间价值，将未来的净现金流量进行折现后与投资总额比较来取舍方案，比较准确；②可以说明投资方案高于或低于某一特定的投资报酬率，比较客观。

内含报酬率指标的缺点是：①计算过程复杂，特别是在手工测试时更是如此。②内含报酬率指标是一个相对数指标，内含报酬率大的投资方案并不一定是最优的方案。③内含报酬率包含了一个不现实的假设，即假设投资项目每期收到的报酬都可以用来再投资，并且再投资的收益率和内含报酬率一样，这在实际中是很难实现的。④如果一个投资项目的净现金流量是正负交错的，则可能没有内含报酬率或有多个内含报酬率，这就很难从中选择一个合适的内含报酬率进行判断选择。例如：某一投资项目的初始投资为 500 000 元，使用年限为 5 年。第 1 年的现金流量为 100 000 元，第 2 年为 -150 000 元，第 3 年为 0，第 4~5 年为 250 000 元。

四、静态投资回收期（PP）

1. 静态投资回收期的含义

静态投资回收期是指以投资项目经营净现金流量抵偿原始总投资所需要的全部时间，用 PP 表示。它代表收回投资所需要的年限，它有包括建设期和不包括建设期两种投资回收期的表现形式。

2. 静态回收期的计算

（1）公式法。如果某一项目的投资均集中发生在建设期内，投产后一定期间内每年营业净现金流量相等时，可按以下公式直接求出静态投资回收期：

$$投资回收期 = \dfrac{原始投资额}{每年的营业现金流量}$$

用这种方法计算的是不包括建设期的投资回收期，若加上建设期即为包括建设期的投资回收期。运用此法的前提条件是：投产后各年营业净现金流量为普通年金；或投产后若干年应为普通年金，且用此年金金额与相应年数的乘积值应大于或等于原始总投资额。

（2）列表法。如果营业现金净流量每年不等，则可用列表法计算静态投资回收期。方法是：累计各年现金净流量，累计值为 0 时对应的年度即为投资回收期；若累计值不为零，则用内插法计算回收期。用这种方法计算的是包括建设期的投资回收期，减去建设期即为不包括建设期的投资回收期。

【工作任务 7-7】 根据工作任务 7-2 的资料（表 7-2 及表 7-3），计算静态投资回收期。

【工作成果】

（1）甲方案用公式计算静态投资回收期为：100÷27.5=3.64（年）

（2）乙方案只能用列表法计算，如表 7-10 所示。

表 7-10　乙方案投资回收期计算表　　　　　　　　　　单位：万元

年数	0	1	2	3	4	5
现金净流量	-120	-10	39.25	46	45.25	74.5
累计现金净流量	-120	-130	-90.75	-44.75	0.5	75

从上表可知，乙方案的回收期在第 3 年至第 4 年之间，所以用内插法计算乙方案的投资回收期：4-0.5÷45.25=3.99（年）

（3）甲方案：不包括建设期的静态投资回收期为 3.64 年，包括建设期的静态投资回收期为 3.64 年（3.64+0）。

乙方案：不包括建设期的静态投资回收期为 2.99 年（3.99-1），包括建设期的静态投资回收期为 3.99 年。

3. 静态投资回收期评价

静态投资回收期的优点是计算简便，便于理解，可以直接利用回收期之前的现金净流量信息，但是它没有考虑资金时间价值因素和回收期满后继续发生的现金流量。

静态回收期限越短方案越有利，只有投资回收期指标小于或等于基准投资回收期的方案才具有财务可行性，它一般作为项目投资的辅助性决策指标。

五、投资收益率

投资收益率又称投资报酬率，是指投资项目达产期正常年份的年息税前利润或运营期年均息税前利润占项目原始总投资的百分比，用 ROI 表示。投资收益率的计算公式如下：

$$ROI = \frac{年息税前利润或年均息税前利润}{项目总投资} \times 100\%$$

投资收益率的优点是计算公式简单，缺点是没有考虑资金时间价值因素；不能正确反映建设期长短与经营期不同的投资方案的收益率；分子、分母的计算口径的可比性差；无法直接利用现金净流量信息。

只有投资收益率大于或等于基准投资收益（最低要求报酬）率的投资项目，才具有财务可行性。该指标只能作为投资决策的辅助性及参考指标。

【工作任务 7-8】 根据工作任务 7-2 的资料（表 7-2 及表 7-3），计算投资收益率。

【工作成果】

由于这两个方案均没有负债筹资，没有利息费用支出，所以其税前利润就是息税前利润。各方案投资收益率计算如下。

甲方案：10÷100=10%

乙方案：[（19+28+27+26）÷4]÷（120+10）=19.23%

学习任务 4　证券投资管理实务

一、证券投资的对象

证券投资即有价证券投资，是指企业用货币购买股票、债券等有价证券，借以获得收益的行为。目前，在金融市场中可供企业进行投资的证券种类比较多，按其对象具体可分为以下几种。

1. 债券投资

债券投资是指投资者通过购买债券的方式以取得收益的一种投资活动。与股票投资相比，债券投资能够获得稳定的利息收益，投资风险较低，相应的收益也较低。

2. 股票投资

股票投资是指投资者通过购买上市公司股票，获得股票的买卖差价和收取股利的一种投资活动。企业投资于股票，要承担较大风险，但在通常情况下，也会取得较高收益。

3. 基金投资

基金投资是指投资者通过购买基金来获得收益的一种投资方式。这种投资方式可以使投资者享受专家服务，有利于分散风险，获得较大投资收益。

4. 期货投资

期货投资是指投资者通过买卖期货合约来获得收益的一种投资方式。所谓期货合约是指为在将来一定时期以确定价格买卖一定数量和质量的商品而由商品交易所制定的统一的标准合约，它是确定期货交易关系的一种契约，是期货市场的交易对象。期货投资的风险高于股票投资（是一种杠杆投资活动），所以，必要投资报酬率也高于股票投资。

5. 组合投资

组合投资是指投资者将资金同时投资于多种证券，从而达到规避风险、提高收益目的的投资方式。例如，既投资于企业债券，也投资于企业股票，还投资于基金。组合投资可以有效地分散证券投资风险，是企业等法人单位进行证券投资时常用的方式。

二、债券投资

1. 债券投资的特点

债券是债务人向债权人出具的一种债务凭证，是一种有价证券，包括国家债券、金融债券和企业债券等。企业进行短期债券投资的目的主要有以下三个方面，即合理利用暂时闲置的资金，调节现金余额和获得收益。当企业现金余额太多时，便投资于债券，使现金余额降低；反之，当现金余额太少时，则出售原来投资的债券，收回现金，使现金余额提高。企业进行长期债券投资的目的主要是获得稳定的收益。

债券作为投资工具主要有以下几个特点：

（1）安全性高。由于债券发行时就约定了到期后偿还本金和利息，故其收益稳定、安全性高。特别是对于国债及有担保的公司债券、企业债券来说，几乎没有什么风险，是具有较高安全性的一种投资方式。

（2）收益稳定。投资于债券，投资者一方面可以获得稳定的利息收入，另一方面可以利用债券价格的变动，买卖债券，赚取价差。

（3）流动性强。上市债券具有较好的流动性。当债券持有人急需资金时，可以在交易市场随时卖出。

2. 债券的购置价

公司债券若按年付息到期还本，可用年金现值公式计算利息现值，用复利现值公式计算债券面值现值，再将两者相加作为债券购置的参考价格。

我国有很多债券是一次还本付息且不计复利，可用单利终值公式计算到期还本付息额，再用复利现值公式计算债券价格，作为债券购置的参考价格。

部分债券是一次还本付息且计复利，可按票面利率计算复利终值，然后按市场利率将该终值折算为现值，作为债券购置的参考价格。

有些债券以折现方式发行，没有票面利率，到期按面值偿还，可直接将面值按市场利率用复利现值公式计算其价格，作为债券购置的参考价格。

【工作任务7-8】 某公司拟购另一公司债券，面值为1 000元，票面利率为10%，期限为5年；当前市场利率为8%。（1）该债券一次还本付息，不计复利的购买价是多少？（2）该债券每年付息一次到期还本的购买价是多少？（3）该债券复利计息，一次还本付息的购买价是多少？

【工作成果】

不计复利到期还本付息购价：$1\,000 \times (1 + 10\% \times 5) \times (P/F, 8\%, 5) = 1\,020.9$（元）

复利计息到期还本付息购价：$1\,000 \times (F/P, 10\%, 5) \times (P/F, 8\%, 5) = 1\,096.11$（元）

每年付息到期还本购价：$1\,000 \times 10\% \times (P/A, 8\%, 5) + 1\,000 \times (P/F, 8\%, 5) = 1\,079.87$（元）

3. 债券的收益

投资债券的目的是到期收回本金的同时得到固定的利息。债券的投资收益包括两个方面：一是债券的利息收入，这是债券发行时就决定的；二是资本损益，指债券买入价与卖出价或偿还额之间的差额，当债券卖出价大于买入价时为资本利得，当卖出价小于买入价时为资本损失。衡量债券收益水平的尺度为债券收益率，即在一定时期内所得收益与投入本金的比率。为了便于比较，债券收益一般以年率为计算单位。

【工作任务7-9】 A公司债券的票面价值为1 000万元，票面利率为5%，期限为4年，每年付息一次。B公司以950万元的价格购入，已收到第1年的利息，在持券24个月时还没收到第2年的利息之前按1 040万元的价格售出。请计算投资收益率。

【工作成果】

B公司投资该债券的现金净流量：$NCF_0 = -950$；$NCF_1 = 50$；$NCF_2 = 1\,040$。

由于 $950 = \dfrac{1\,000 \times 5\%}{1+i} + \dfrac{1\,040}{(1+i)^2}$，用内插法计算的内部收益（$IRR$）为7.3%。所以，B公司投资于该债券的年复利收益率为7.3%。

三、股票投资

(一) 股票投资的特点

企业进行股票投资的目的主要存在两种情况：一是获利，即通过在证券市场上对股票进行交易，从而获得股利收入或股票的买卖差价；二是控制，即通过购买相关企业一定量的股票，从而获得该企业的控制权。股票投资具有以下特点：

(1) 股票投资是股权性投资。股票是代表所有权的凭证，购买了某一单位的股票，就意味着成为该单位的所有者（股东），有权参与该单位的经营决策。

(2) 股票投资的收益与风险并存。股票投资不像购买债券、储蓄等方式收益稳定，股东收益多少完全取决于公司的经营状况，只要股票尚存在于自己名下，就既可能盈利，也可能亏损。

(3) 股票可随时变现。投资者购买股票以后是不能退股的，但是可以进行转让，转让时无论自己的购买价格如何，只能以转让当时的市场交易价为准。

(4) 股票的价格波动大。股票的市场价格不仅受发行公司经营状况影响，还受到国家政策调整、市场投机等众多因素的影响，其价格不稳定，波动性大。

(二) 股票投资的分析

1. 股票投资分析方法

企业在进行股票投资决策时，要考虑选择何种股票作为投资对象，而选定特定股票作为投资对象的这一过程即是股票投资的分析过程。目前，股票投资分析方法主要有两大类：一是基本分析法；二是技术分析法。

基本分析法主要是通过对影响证券市场供求关系的基本要素，决定股票内在价值和影响股票价格的宏观经济形势、行业状况、公司经营状况等进行分析，评估股票的投资价值和合理价值，与股票市场价进行比较，为投资者提供投资参考依据。

技术分析法从股票的成交量和价格，达到这些价格和成交量所用的时间，价格波动的空间几个方面分析走势并预测未来。目前常用的有 K 线理论、波浪理论、形态理论、趋势线理论和技术指标分析等。以下仅对 K 线理论与趋势线理论作简单介绍。

2. 股价 K 线

市场交易价格瞬息万变，各种交易信息纷繁复杂，客观上需要某种工具进行价格的分析，K 线分析法应运而生。它原来是日本的米市商人用来记录米市价格行情波动的工具，因其标画方法具有独到之处，被证券市场广泛应用。

(1) K 线图根据证券每个交易日或交易周期的开盘价、最高价、最低价和收盘价绘制而成，其结构由上影线、下影线及中间实体三部分构成，如图 7-1 所示。

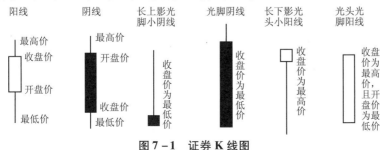

图 7-1 证券 K 线图

(2) K线图有多种分类方法，如按交易周期分为日K线、周K线、月K线、年K线等；按证券不同价格之间的关系分为阳线（收盘价高于开盘价）、阴线（收盘价低于开盘价）、"十"字星（收盘价等于开盘价）、光头阳线（收盘价是当日的最高价且大于开盘价）、光脚阴线（收盘价是当日的最低价且低于开盘价）、光头光脚阳线（开盘价为最低价而收盘价为最高价）、长下影光头小阳线（收盘价为最高价）等。

(3) 单一的K线图，将买卖双方力量的增减与转换过程及实战结果用图形表现出来，反映了证券交易价格的波动烈度和活跃程度等。最高价与最低价的距离越大，则证券价格波动越烈；巨阳线反映当日的买方（多头）占据主动地位；十字星代表当天买卖力量达到平衡；巨阴线说明卖方（空头）不惜代价出逃等。

(4) 多期的K线组合图，揭示证券价格变化趋势。如连续的阳线组合反映上涨趋势确立；连续的阴线组合表明证券价格尚处于下跌途中；低位收出小阴小阳线可能在震荡筑底；当天的开盘价超过昨天的最高价为跳空高开；连续大幅杀跌后的上涨视为反弹行情，等等。

3. 移动平均线

移动平均线是以证券当日及以前一段时间价格的算术平均值绘制的趋势线。可以按时间的长短，分别绘制短期（如5日）、中期（如30日）、长期（如120日）的移动平均线。不同的移动平均线组合反映不同的证券市场行情，现择要点分析如下。

(1) 移动平均线具有趋势性的特征。只有价格涨势明朗时，移动平均线才会上扬，而待价格显著跌落时，移动平均线才会下行，所以移动平均线总是在涨势或跌势明朗后才会上扬或下行。一般来说，长期移动平均线稳定性较强，在趋势未明之前不轻易地向上或向下运行。

(2) 移动平均线有助涨助跌作用。证券价格上涨阶段，移动平均线在价格下方上升，成为多头的支撑线，而当价格回落到移动平均线附近时，移动平均线的支撑作用常常推动价格再度上涨，即其具有"助涨作用"。证券价格处于下跌中时，移动平均线常成为价格反弹的阻力线，即其具有"助跌作用"。一般来说，中期移动平均线的助涨助跌作用最为明显。

(3) 金叉与死叉。如果短期移动平均线自下而上穿过长期移动平均线上行，则形成"金叉"，预示着证券价格上涨行情的开始，此时投资将获利丰厚。如果短期移动平均线自上而下穿过长期移动平均线下行，则形成"死叉"，预示着证券价格即将大跌，应及时售出证券。

(4) 组合排列。当短期、中期、长期移动平均线在其价格下方呈现自下而上的上行排列时，称为"多头排列"，后市看涨。当三条平均线在其价格的上方呈现自上而下的下行排列时，称为"空头排列"，后市看跌。当三条平均线呈现平行状运行时，为主涨阶段或主跌阶段；当三条平均线呈收敛状态运行时，则涨势或跌势即将反转。

【工作任务7-10】根据证券交易所的行情信息，假设ABC公司股票最近20天的开盘价、最高价、最低价和收盘价如表7-11所示。

表7-11 ABC公司股票交易价格　　　　　　　　　　　　　　单位：元

日　期	7-01	7-02	7-03	7-04	7-05	7-06	7-07	7-08	7-09	7-10
开盘价	15	15.78	16.34	16.57	18.23	19.73	18.35	17.26	16.67	14.18
最高价	16.2	16.9	16.9	17.83	19.95	19.75	18.72	17.98	16.67	14.65
最低价	14.3	15.32	15.95	16.56	18.2	18.03	17.06	16.33	14.98	14.16

续表

日期	7-01	7-02	7-03	7-04	7-05	7-06	7-07	7-08	7-09	7-10
收盘价	15.68	16.2	16.41	17.83	19.81	18.32	17.23	16.5	15.03	14.45
日期	7-11	7-12	7-13	7-14	7-15	7-16	7-17	7-18	7-19	7-20
开盘价	14.34	14.31	14.28	14.51	14.06	14.08	14.16	14.88	15.01	15.4
最高价	15.86	14.54	14.47	14.36	15.48	14.42	14.78	14.98	15.28	16.3
最低价	14.19	14.32	14.12	14.1	14.04	14.03	14.09	14.41	14.08	15.01
收盘价	15.43	14.31	14.16	14.74	14.41	14.03	14.38	14.90	15.05	16.3

【工作成果】

上表的价格信息很难一目了然地提示股价的变动情况,估计很少有人能掌握其股价的变动规律。在我国,股票 K 线、趋势线等股市行情分析图,在各证券公司的股票软件中或相关财经网站上,都能免费获取,直接查看利用。若用图 7-2 所示的股票 K 线与趋势线分析,就能快速、直观地提示该股票的价格波动信息。

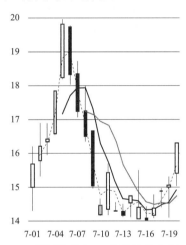

图 7-2 股票价格与 K 线趋势线分析

(1) 强劲上涨。该股票前 5 日均强劲上涨,前两天均低开高走,有较长的上影线及下影线,但实体阳线不大,第 3 日出现"+"字阳星,第 4 日的光头大阳线提示出短期内该股票上涨欲望强烈;加之移动平均线斜率上升形成助涨线,第 5 日跳空高开并一路上涨,以当日的次高价收盘,收出一个带上影线的光脚大阳线。

(2) 急速下跌。在其后的 5 天内该股票价格"终点又回到起点",这 5 天的前 4 天均是高开低走,收出杀伤力极强的巨阴线;加之移动平均线相交形成助跌的"死叉",以及第 9 天的光头光脚的大阴线,使得第 10 天股价跳空低开,当日略有上涨,收出一个带上影线的小阳线。

(3) 超跌反弹。第 11 天在急跌后出现反弹行情,低开高走回补了跳空缺口。

(4) 震荡筑底。在其后的 8 天内股价在底部震荡、阴阳交错,第 14 天报收带下影线的光头阳线、第 15 天报收带上影线的光脚阳线,第 16 天报收带上影线的"+"字阴星,加之移动平均线的压制、纠缠,说明股价上涨乏力、下跌无空间。

(5) 或许上涨。股价在底部的震荡为其上涨续势，第 19 天的"金针探底"（带长下影线"＋"字星），可能已将股价底部探明，加之移动平均线相交形成助涨的"金叉"，使得第 20 天跳空高开，当日回补跳空缺口后一路走高，并以全日最高价收盘；或许第 21 天将有较大的上涨空间。

（三）股票投资成本与收益

1. 股票投资直接成本

股票投资直接成本是指股票投资者花费在股票投资方面的资金支出，它由股票的价格、交易费用、税金和为了进行有效的投资、取得市场信息所花费的开支四部分构成。

（1）股票价款。股票价款为委托买入成交单价与成交股数的乘积。

（2）交易费用。交易费用指投资者在股票交易中需缴纳的费用，它包括委托买卖佣金、委托手续费、记名证券过户费、实物交割手续费。

（3）税金。根据我国现行税法规定：在股票交易中对买卖双方按股票交易额征收印花税；对投资时间较短的股东领取的现金股息红利征收资本利得的所得税等。

（4）信息情报费。信息情报费开支包括为分析股票市场行情，股票上市公司经营及财务状况，广泛搜集有关信息、情况资料所发生的费用开支和为搜集、储存、分析股票行情信息所添置的通信设备、个人计算机等所花费的资金。

2. 股票投资机会成本

当投资者打算进行投资时面临着多种选择，如选择了股票投资，就必然放弃其他的投资（如将现金存入银行获取定期存款利息等），即放弃了从另外的投资中获取收益的机会。这种因选择股票投资只好放弃别的投资获利机会所丧失的收益，就是股票投资的机会成本。这是进行股票投资的最低要求报酬率。

3. 股票投资的收益

股票投资的收益由股利收益、资本利得或损失两部分构成。股利收益是指股票投资者以股东身份，按照持股的份额，在公司盈利分配中得到的股息和红利的收益。资本利得是指投资者在股票价格的变化中所得到的收益，即将股票低价买进、高价卖出所得到的差价收益。可通过计算股票投资的收益率来反映股票的投资效益。

【工作任务 7-11】甲公司在三年前购进洪达公司股票 100 万股，成交均价为每股 5 元，交易税费为 0.5%。在其后的两年中每 10 股分得现金股利 0.6 元与 0.8 元，第 3 年年初洪达公司用资本公积金按 10 股送 5 股的比例分配了股票股利。甲公司于持股时间满 36 个月时，以平均每股 4.89 元的价格将股票全部出售，交易税费为 0.4%。

【工作成果】

投资该股票的现金净流量：$NCF_0 = -502.5$ 万元；$NCF_1 = 6$ 万元；$NCF_2 = 8$ 万元；$NCF_3 = 730.57$ 万元。

用内插法计算的内部收益率（IRR）为 14.2%，即甲公司投资该股票的年复利收益率为 14.2%。

四、证券投资的税务筹划

企业用资金购买股票、债券等金融资产而不直接参与其他企业生产经营管理，可进行税收筹划。如企业所得税法规定，国债利息收益免交企业所得税，而购买企业债券取得的收益需要缴纳企业所得税，连续持有居民企业公开发行并上市流通的股票不足12个月取得的投资收益也应缴纳企业所得税等。

【工作任务7-12】某企业目前有1 000万元的闲置资金，打算近期进行投资。其面临两种选择：一种选择是投资国债，已知国债年利率4%；另一种选择是投资金融债券，已知金融债券年利率为5%。企业所得税税率25%，从企业税收筹划角度看哪种方式更合适？

【工作成果】

（1）投资国债的投资收益：1 000×4% = 40（万元）。根据税法规定国债的利息收入免交所得税，所以税后收益为40万元。

（2）投资金融债券的投资收益：1 000×5% = 50（万元）。税后收益：50×(1 - 25%) = 37.5（万元）。

所以，站在企业税收筹划角度，选择国债投资比选择金融债券、公司债券投资更有利。

学习任务5　学习效果检验

一、单项选择题

1. 关于项目投资，下列说法不正确的是（　　）。
   A. 投资内容独特，投资数额大，变现能力差
   B. 是以特定建设项目为投资对象的长期投资行为
   C. 影响时间可以短于一年或者一个营业周期
   D. 每个项目都至少涉及一项形成固定资产的投资

2. 一个投资方案年营业收入300万元，年营业成本210万元，其中折旧85万元，所得税税率为40%，则该方案年现金净流量为（　　）万元。
   A. 90　　　　　B. 139　　　　　C. 175　　　　　D. 54

3. 公司拟投资一个项目10万元，投产后年营业收入48 000元，付现成本13 000元，预计有效期5年，按直线法折旧，无残值，所得税税率为33%，则该项目回收期为（　　）年。
   A. 2.86　　　　B. 3.33　　　　C. 3.2　　　　　D. 4.56

4. 某投资方案，当折现率为16%时，其净现值为338元，当折现率为18%，其净现值为 -22元，则利用内插法计算该方案的内含报酬率为（　　）。
   A. 18.88%　　　B. 16.12%　　　C. 17.88%　　　D. 18.14%

5. 长期债券投资的目的是（　　）。
   A. 合理利用暂时闲置的资金　　　B. 调节现金余额
   C. 获得稳定收益　　　　　　　　D. 获得企业的控制权

6. 某公司发行5年期债券，债券的面值为1 000元，票面利率为5%，每年付息一次，到期还本，投资者要求的必要报酬率为6%，则该债券的价值为（　　）元。
   A. 784.67　　　B. 769　　　　　C. 1 000　　　　D. 957.92

7. 某种股票为固定成长股票，股利年增长率6%，预计第一年的股利为8元/股，无风险收益率为10%，市场上所有股票的平均收益率为16%，而该股票的β系数为1.3，则该股票的内在价值为（　　）元。
   A. 65.53　　　　B. 67.8　　　　C. 55.63　　　　D. 71.86

8. 净现值、净现值率共同的特点是（　　）。
A. 都是相对数指标
B. 无法直接反映投资项目的实际收益率水平
C. 从动态的角度反映项目投资的资金投入与净产出之间的关系
D. 从动态的角度反映项目投资的资金投入与总产出之间的关系
9. 下列关于投资收益率指标的表述，错误的是（　　）。
A. 考虑了资金时间价值　　　　　B. 分子和分母的计算口径不一致
C. 无法直接利用净现金流量信息　　D. 收益是净利润

二、多项选择题

1. 如果项目完全不具备财务可行性，则下列说法中正确的有（　　）。
A. 净现值小于0　　　　　　　　B. 现值指数小于1
C. 内部收益率小于设定的折现率　　D. 投资收益率小于0
2. 可以起到延期纳税作用的固定资产折旧方法有（　　）。
A. 直线折旧法　　B. 双倍余额递减法　　C. 年数总和法　　D. 缩短折旧年限法
3. 在考察投资项目的相关现金流量时，下列属于无关现金流量的有（　　）。
A. 两年前该项目的市场调研费用　　B. 公司决策者的工资费用
C. 占用现有厂房的可变现价值　　　D. 为该项目缴纳的土地出让金
4. 下列长期投资决策评价指标中，其数值越大越好的指标是（　　）。
A. 净现值　　　B. 投资回收期　　C. 内含报酬率　　D. 平均报酬率
5. 其他因素不变，折现率提高则下列指标中其数值将会变小的是（　　）。
A. 净现值　　　B. 投资回收期　　C. 内含报酬率　　D. 现值指数
6. 投资决策评价动态相对指标主要包括（　　）。
A. 净现值　　　B. 总投资收益率　　C. 净现值率　　D. 内部收益率
7. 相对于实物投资而言，证券投资（　　）。
A. 流动性强　　B. 价值不稳定　　C. 投资风险较大　　D. 交易成本低
8. 下列各项中，对投资项目内部收益率指标产生影响的因素有（　　）。
A. 原始投资　　B. 现金流量　　C. 项目计算期　　D. 设定折现率
9. 短期债券投资的目的包括（　　）。
A. 利用闲置资金　　B. 调节现金余额　　C. 获得收益　　D. 获得稳定的收益

三、判断题

1. 如果某一项目的净现值大于0，则其现值指数必然大于1。（　　）
2. 在资金总量受到限制的情况下，应当选择的最佳投资方案是净现值合计最高的投资组合。（　　）
3. 计算出的内含报酬率是方案本身的投资报酬率，因此不需要再估计投资项目的资本成本或最低报酬率。（　　）
4. 投资回收期指标虽然没有考虑资金的时间价值，但考虑了回收期满后的现金流量状况。（　　）

5. 考虑所得税的影响时，项目采用加速折旧法计算折旧，计算出来的方案净现值比采用直线法计提折旧大。   （ ）

6. 按照证券所体现的权益关系，可以把证券分为所有权证券和债权证券，所有权证券比债权证券承担的风险要小。   （ ）

7. 净现值指标可从动态的角度反映投资项目的实际投资收益率水平。   （ ）

8. 净现金流量又称现金净流量，是指在项目运营期内由建设项目每年现金流入量与每年现金流出量之间的差额所形成的序列指标。   （ ）

9. 某项目全部投资于建设起点一次投入，建设期为 0 年，计算期为 8 年，投产后每年净现金流量相等，该项目的静态投资回收期为 5.335 年。   （ ）

四、计算题

1. 企业拟购建一项固定资产，需在建设起点一次投入全部资金（均为自有资金）1 100 万元，建设期为一年。固定资产的预计使用寿命为 10 年，期末有 100 万元净残值，按直线法折旧。预计投产后每年可使企业新增 100 万元息税前利润，适用的企业所得税税率为 25%。要求：确定项目计算期，项目现金净流量。

2. 某企业有 A、B 两个投资项目，各自的现金净流量如表 7-12 所示。

表 7-12　项目投资现金流量　　　　　　　　　　　　　　　　　单位：万元

项目	0	1	2	3
A	-5 000	2 000	2 500	3 000
B	-8 000	5 000	4 000	2 000

该企业的资金成本率是 8%。要求：分别计算 A 项目、B 项目的投资回收期、净现值、现值指数以及内含报酬率，并说明这些项目是否具有投资的财务可行性。

3. 某公司计划增添一条生产流水线，以扩充生产能力。现有甲、乙两个方案可供选择：甲方案需要投资 500 000 元，乙方案需要投资 750 000 元。两个方案预计使用寿命均为 5 年，折旧均采用直线法，甲方案预计残值为 20 000 元，乙方案预计残值为 30 000 元。甲方案预计年销售收入为 1000 000 元，第一年付现成本为 660 000 元，以后在此基础上每年增加维修费 10 000 元。乙方案预计年销售收入为 1400 000 元，年付现成本为 1050 000 元，项目投入运营时，甲方案需垫支营运资金 200 000 元，乙方案需垫支营运资金 250 000 元。公司所得税税率为 20%。

要求：计算判断甲、乙两个方案哪个更好。

学习情境八

成本管理实务

目的要求

本学习情境主要介绍成本管理的内容、量本利分析实务、标准成本管理实务和责任成本管理实务。在工作任务的驱动下完成相应的学习任务后，能够理解成本管理内容与目标；能够理解量本利分析的原理、标准成本含义、责任成本的内容、内部转移价格的类型；能够掌握保本点、保本作业、安全边际、目标利润分析；能够掌握标准成本的制定、成本差异计算分析与责任中心的考核等方法。

学习任务 1 成本管理的内容

一、成本管理的意义

成本是企业为生产商品和提供劳务等所耗费的必要劳动价值的货币表现，是企业再生产过程中的价值补偿。成本管理是指企业生产经营过程中对成本进行规划、核算、分析、控制与考核等一系列科学管理行为的总称。它的目的是充分组织企业全体人员，对生产经营过程的各个环节进行科学合理的管理，力求以最少的耗费取得最多的生产经营成果。

成本管理是企业日常经营管理的一项中心工作，对企业生产经营有着十分重要的意义。销售收入首先必须能够补偿成本耗费，这样才不至于影响再生产的进行。换言之，在一定的产品数量和销售价格条件下，产品成本水平的高低，不但影响简单再生产，威胁企业的生存，还可能影响企业扩大再生产，制约企业的发展。企业在努力提高收入的同时，降低成本同样有助于实现目标利润。成本管理的意义主要体现在：通过成本管理降低成本，为企业扩大再生产创造条件；通过成本管理增加企业利润，提高企业经济效益；通过成本管理能帮助企业取得竞争优势，增强企业的竞争能力和抗压能力。

二、成本管理的目标

1. 成本计算目标

成本计算的目标是为所有内部、外部信息使用者提供成本信息。外部信息使用者关注的信息主要是资产价值和盈亏情况。因此，成本计算的目标之一是确定存货等资产价值和企业盈亏状况，即按照成本会计制度的规定计算成本，满足编制会计报表的需要。内部信息使用者使用成本信息，除了了解资产价值及盈亏情况外，重点用于经营管理。因此，成本计算的目标包括：通过向管理人员提供成本信息，借以提高人们的成本意识；通过成本差异分析，评价管理人员的业绩，促进管理人员采取改善措施；通过盈亏平衡分析等方法，提供成本管理信息，有效地满足现代经营决策对成本信息的需求。

2. 成本控制目标

成本控制的目标是降低成本水平。在成本管理的发展过程中，成本控制目标经历了通过提高工作效率和减少浪费来降低成本、通过提高成本效益比来降低成本和通过保持竞争优势来降低成本等几个阶段。在竞争性经济环境中，成本控制目标因竞争战略的不同而有所差异。实施成本领先战略的企业中，成本控制的目标是在保证一定产品质量和服务的前提下，最大程度地降低企业内部成本，表现为对生产成本和经营费用的控制。实施差异化战略的企业中，成本控制的目标则是在保证企业实现差异化战略的前提下，降低产品全生命周期成本，实现持续性地成本节省，表现为对产品所处生命周期不同阶段发生成本的控制，如对研发成本和消费成本的重视和控制。

三、成本管理的主要内容

1. 成本规划

成本规划是进行成本管理的第一步，主要是指成本管理的战略制定。它从总体上规划成本管理工作，并为具体的成本管理提供战略思路和总体要求。成本规划根据企业的竞争战略和所处的内外部环境制定，主要包括确定成本管理的重点、规划控制成本的战略途径、提出成本计算的精度以及确定业绩评价的目的和标准。进行成本规划时，不仅要洞悉质量和成本的关系，深入探讨各种质量特性发生变化时，成本应该如何进行相应变化，还要立足于生产者和消费者双方，对其经济性做出恰当评价，并在充分分析老产品的基础上，制定出更适合新形势、新产品的成本管理战略。

2. 成本核算

成本核算是成本管理的基础环节，是指对生产费用发生和产品成本形成所进行的核算，它是成本分析和成本控制的信息基础。进行成本核算时，首先，要审核生产经营管理费用，看其是否已发生、是否应发生，已发生的是否应计入产品成本，从而实现对生产经营管理费用和产品成本的直接管理和控制；其次，要对已发生的费用按照用途进行分配和归集，计算各种产品的总成本和单位成本，为成本管理提供真实的成本资料。

成本核算分为财务成本核算和会计成本核算。会计成本核算采用历史成本计量，而财务成本核算既可以用历史成本，又可以用现在成本或未来成本。会计成本核算只能采用完全成本法核算，即产品成本包括直接材料、直接人工、变动制造费用、固定制造费用。财务成本核算可以直接利用会计成本核算的结果，或者选择变动成本法（产品成本不包括固定制造费用）、作业成本法等方法来单独核算。目前，两种核算模式所提供的相关信息与企业管理的需求差距都比较大。

3. 成本控制

成本控制是成本管理的核心，是指企业采取经济、技术、组织等手段降低成本或改善成本的一系列活动。成本控制的关键是选取适用于本企业的成本控制方法，它决定着成本控制的效果。传统的成本控制基本上采用经济手段，通过实际成本与标准成本间的差异分析来进行,如标准成本法等;现代成本控制则突破了经济手段的限制,还使用了包括技术和组织手段在内的所有可能的控制手段,如作业成本法、责任成本法等。

成本控制的原则主要包括以下三个方面:一是全面控制原则,即成本控制要全部、全员、全程控制。全部控制是指要对产品生产的全部费用加以控制;全员控制是指要发动全体员工树立成本意识,参与成本控制;全程控制是指要对产品设计、制造、销售的全流程进行控制。二是经济效益原则,提高经济效益不只依靠降低成本的绝对数,更重要的是实现相对节约,以较少的消耗取得更多的成果,取得最佳的经济效益。三是例外管理原则,即成本控制要将注意力集中在不同寻常的情况上。因为实际发生的费用往往与预算有出入,也就没有必要一一查明原因,而只需将注意力集中在非正常的例外事项上,并及时进行信息反馈。

4. 成本分析

成本分析是成本管理的重要组成部分,是指利用成本核算资料,结合有关计划、预算和技术资料,应用一定的方法对影响成本升降的各种因素进行科学的分析和比较,了解成本变动情况,系统地研究成本变动的因素和原因。通过成本分析,可以深入了解成本变动的规律,寻求成本降低的途径,为有关人员进行成本规划和经营决策提供参考依据。

5. 成本考核

成本考核是指定期对成本计划及有关指标实际完成情况进行总结和评价,对成本控制的效果进行评估。其目的在于改进原有的成本控制活动并激励约束员工和团体的成本行为,更好地履行经济责任,提高企业成本管理水平。成本考核的关键是评价指标体系的选择和评价结果与约束激励机制的衔接。考核指标可以是财务指标,也可以是非财务指标,例如,实施成本领先战略的企业应主要选用财务指标,而实施差异化战略的企业则大多选用非财务指标。

在上述五项活动中,成本分析贯穿于成本管理的全过程;成本规划在战略上对成本核算、成本控制、成本分析和成本考核进行指导;成本规划的变动是企业外部经济环境和企业内部竞争战略变动的结果,而成本核算、成本控制、成本分析和成本考核则通过成本信息的流动互相联系。

学习任务 2　量本利分析实务

一、量本利分析的基本原理

1. 量本利分析的含义

量本利分析也叫本量利分析,简称 CVP 分析(Cost-Volume-Profit Analysis),它是在成本性态分析和变动成本计算模式的基础上,通过研究企业在一定期间内的成本、业务量和利润三者之间的内在联系,揭示变量之间的内在规律性,为企业预测、决策、规划和业绩考评提供必要的财务信息的一种定量分析方法。量本利分析主要包括保本分析、安全边际分析、目标利润分析、利润的敏感性分析等内容。

2. 量本利分析的基本假设

在量本利分析中,成本、业务量和利润之间的数量关系是建立在一系列假设基础上的,主要基于以下四个假设前提。

（1）总成本由固定成本和变动成本两部分组成。该假设要求企业所发生的全部成本可以按其性态区分为变动成本和固定成本，并且变动成本总额与业务量成正比例变动，固定成本总额保持不变。在进行量本利分析时，通常依据业务量来规划目标利润，因为影响利润的诸因素中，除业务量外，销售单价通常受市场供求关系的影响，而成本则是企业内部可以控制的因素。在相关范围内，固定成本总额和单位变动成本通常与业务量大小无关。因此，按成本习性区分成本是量本利分析的基本前提条件，否则，便无法判断成本的升降是由于业务量规模变动引起的还是成本水平本身升降引起的。

（2）销售收入与业务量呈完全线性关系。该假设要求销售收入必须随着业务量的变化而变化，两者之间应保持完全线性关系。因此，当销售量在相关范围内变化时，产品的单价不会发生变化。而在现实中，销售收入是随着销售量增长的，但是随着销售量的进一步增长，销售收入的增长速度会放慢。这主要是因为扩大销售量，通常需要降价才能实现。

（3）产销平衡。假设当期生产量与业务量相一致，不考虑存货水平变动对利润的影响。即假定每期生产的产品量总是能在当期全部销售出去，产销平衡。假设产销平衡，主要是在保本分析时不考虑存货的影响。因为保本分析是一种短期决策，仅仅考虑特定时期全部成本的收回，而存货中包含了以前时期的成本，所以不在考虑范围之内。

（4）产品产销结构稳定。假设同时生产销售多种产品的企业，其销售产品的品种结构不变。即在一个生产与销售多种产品的企业，以价值形式表现的产品的产销总量发生变化时，原来各产品的产销额在全部产品的产销额中所占的比重不会发生变化。这是因为在产销多种产品的情况下，保本点会受到多种产品贡献和产销结构的影响，只有在产销结构不变的基础上进行的保本分析才是有效的。

3. 量本利分析的基本公式

量本利分析所考虑的相关因素主要包括销售量、单价、销售收入、单位变动成本、固定成本和营业利润等。这些因素之间的关系可以用下列基本公式来反映：

$$\begin{aligned}利润 &= 销售收入 - 总成本 \\ &= 销售收入 - (变动成本 + 固定成本) \\ &= 销售量 \times 单价 - 销售量 \times 单位变动成本 - 固定成本 \\ &= 销售量 \times (单价 - 单位变动成本) - 固定成本\end{aligned}$$

这个方程式是明确表达量本利之间数量关系的基本关系式，它含有五个相互联系的变量，给定其中四个变量，便可求出另外一个变量的值。量本利分析的基本原理就是在假设单价、单位变动成本和固定成本为常量以及产销一致的基础上，将利润、产销量分别作为自变量与因变量，给定产销量，便可以求出其利润，或者给定目标利润，计算出目标产量。

二、单一产品保本分析

保本分析又称盈亏临界分析，是研究当企业恰好处于保本状态时量本利关系的一种定量分析方法，是量本利分析的核心内容。保本分析的关键是保本点的确定。

保本点又称盈亏临界点，是指企业达到保本状态的业务量或金额，即企业一定时期的总收入等于总成本、利润为零时的业务量或金额。单一产品的保本点有两种表现形式：一种是以实物量来表现，称为保本销售量；另一种是以货币单位表示，称为保本销售额。其基本公式为：

保本销售量 = 固定成本 ÷（单价 – 单位变动成本）
　　　　　= 固定成本 ÷ 单位边际贡献
保本销售额 = 保本销售量 × 单价
　　　　　= 固定成本 ÷（1 – 单位变动成本 ÷ 单价）
　　　　　= 固定成本 ÷ 边际贡献率

上式中相关指标的计算公式如下：

单位边际贡献 = 单价 – 单位变动成本
变动成本率 = 单位变动成本 ÷ 单价
边际贡献率 =（单价 – 单位变动成本）÷ 单价
　　　　　= 单位边际贡献 ÷ 单价
　　　　　= 1 – 单位变动成本 ÷ 单价 = 1 – 变动成本率

保本分析的主要作用在于使企业管理者在经营活动发生之前，对该项经营活动的盈亏临界情况做到心中有数。企业经营管理者总是希望企业的保本点越低越好，保本点越低，企业的经营风险就越小。

【工作任务 8-1】某企业预计销售甲产品 6 000 件，单价为 100 元/件，单位变动成本 40 元，固定成本为 120 000 元。要求计算甲产品的边际贡献、保本销售及保本销售额。

【工作成果】

变动成本率：40 ÷ 100 = 40%
边际贡献率：(100 – 40) ÷ 100 = 1 – 40 ÷ 100 = 1 – 40% = 60%
单位边际贡献：100 – 40 = 100 × 60% = 60（元）
边际贡献总额：6 000 × (100 – 40) = 6 000 × 100 × 60% = 360 000（元）
保本销售量：120 000 ÷ (100 – 40) = 2 000（件）
保本销售额：2 000 × 100 = 120 000 ÷ 60% = 200 000（元）

三、多种产品保本分析

在市场经济环境下，企业不可能只有一种产品，大多数企业同时进行多种产品的生产和经营。由于各种产品的销售单价、单位变动成本、固定成本不一样，从而造成各种产品的边际贡献或边际贡献率不一致。进行多种产品保本分析的方法包括加权平均法、联合单位法、分算法、顺序法、主要产品法等。本学习情境主要介绍加权平均法。

加权平均法是指在各种产品边际贡献基础上，以各种产品的预计销售收入占总收入的比重为权数，确定企业加权平均的边际贡献率，进而分析多品种条件下保本点销售额的一种方法。采用加权平均法计算多种产品保本点销售额的关键，是根据各种产品的销售单价、单位变动成本和销售数量计算出加权平均的边际贡献率，然后根据固定成本总额和加权平均的边际贡献率计算出保本点销售额。其计算公式如下：

$$加权平均边际贡献率 = \frac{\Sigma（某产品销售额 - 某产品变动成本额）}{全部产品销售总额}$$

综合保本点销售额 = 固定成本总额 ÷ 加权平均边际贡献率

【工作任务 8-2】某公司生产销售 A、B、C 三种产品，销售单价分别为 20 元、30 元、40 元；预计销售量分别为 30 000 件、20 000 件、10 000 件；预计各产品的单位变动成本分别为 12 元、24 元、28 元；预计固定成本总额为 180 000 元。

【工作成果】
(1) 计算产品边际贡献率，如表8-1所示。

表8-1 产品边际贡献率计算表

项目	销售量/件	单价/元	单位变动成本/元	销售收入/元	销售比重/%	边际贡献/元	边际贡献率/%
A产品	30 000	20	12	600 000	37.5	240 000	40
B产品	20 000	30	24	600 000	37.5	120 000	20
C产品	10 000	40	28	400 000	25	120 000	30
合计				1 600 000	100	480 000	30

(2) 综合边际贡献率：40%×37.5%+20%×37.5%+30%×25%=30%
综合保本销售额：180 000÷30%=600 000（元）
(3) A产品保本销售额：600 000×37.5%=225 000（元）
B产品保本销售额：600 000×37.5%=225 000（元）
C产品保本销售额：600 000×25%=150 000（元）
(4) A产品保本销售量：225 000÷20=11 250（件）
B产品保本销售量：225 000÷30=7 500（件）
C产品保本销售量：150 000÷40=3 750（件）

四、保本作业与安全边际

1. 保本作业分析

以保本点为基础还可以得到另一个辅助性指标，即保本作业率或称为盈亏临界点作业率。保本作业率是指保本点销售量（额）占正常经营情况下的销售量（额）的百分比，其计算公式如下：

保本作业率 = 保本点销售量÷正常经营销售量
= 保本点销售额÷正常经营销售额

保本作业率表明企业保本的销售量在正常经营销售量中所占的比重。由于企业通常应该按照正常的销售量来安排产品的生产，在合理库存的条件下，产品生产量与正常的销售量应该大体相同。所以，该指标也说明企业在保本状态下对生产能力的利用程度。

【工作任务8-3】沿用工作任务8-1的资料及有关计算结果，并假定该企业正常经营条件下的销售量为5 500件。要求：计算该企业的保本作业率。

【工作成果】
保本作业率：2 000÷5 500=200 000÷(5 500×100)=36.36%

2. 安全边际分析

安全边际是指企业实际（或预计、正常）销售量与保本销售量之间的差额，或实际（或预计、正常）销售额与保本销售额之间的差额。它表明销售量、销售额下降多少，企业仍不至于亏损。安全边际有两种表现形式：一种是绝对数，即安全边际量（额）；另一种是相对数，即安全边际率。其计算公式如下：

安全边际量 = 实际或预计销售量 - 保本点销售量

$$安全边际额 = 实际或预计销售额 - 保本点销售额$$
$$安全边际率 = \frac{安全边际量}{实际或预计销售量} = \frac{安全边际额}{实际或预计销售额}$$

一般来讲，安全边际体现了企业在生产经营中的风险程度大小。由于保本点是下限，所以，目标销售量（或销售金额）、实际销售量（或销售金额）两者与保本点销售量（或销售金额）差距越大，安全边际或安全边际率越大，反映出该企业经营风险越小。通常采用安全边际率这一指标来评价企业经营是否安全。表8-2所示为安全边际率与评价企业经营安全程度的一般性标准，该标准可以作为企业评价经营安全与否的参考。

表8-2　西方国家企业经营安全程度评价标准

安全边际率	40%以上	30%~40%	20%~30%	10%~20%	10%以下
经营安全程度	很安全	安全	较安全	值得注意	危险

【工作任务8-4】 沿用工作任务8-3的资料，计算甲产品的安全边际。

【工作成果】

安全边际量：5 500 - 2 000 = 3 500（件）

安全边际额：5 500 × 100 - 200 000 = 3 500 × 100 = 350 000（元）

安全边际率：350 000 ÷ （5 500 × 100） = 63.64%

3. 保本作业与安全边际的关系

正常销售量分为两部分：一部分是保本销售量；另一部分是安全边际量。即正常销售量 = 保本销售量 + 安全边际量，这个公式两端同时除以正常销售量，即可得到：

$$1 = 保本作业率 + 安全边际率$$

五、目标利润分析

1. 目标利润分析

目标利润分析将目标利润引进量本利分析的基本模型，在单价和成本水平既定、确保目标利润实现的前提下，揭示成本、业务量和利润三者之间的关系。目标利润分析是保本分析的延伸和拓展。如果企业在经营活动开始之前，根据有关收支状况确定了目标利润，那么，就可以计算为了实现目标利润而必须达到的销售数量和销售金额。计算公式如下：

$$目标利润 = （单价 - 单位变动成本） \times 销售量 - 固定成本$$
$$目标利润销售量 = （固定成本 + 目标利润） \div 单位边际贡献$$
$$目标利润销售额 = （固定成本 + 目标利润） \div 边际贡献率$$

或：
$$目标利润销售额 = 目标利润销售量 \times 单价$$

应该注意的是，多种产品的目标利润控制时，应该根据综合边际贡献率计算目标利润销售额，然后按销售比重计算每种产品的目标利润销售额与目标利润销售量。

【工作任务8-5】 某企业生产和销售单一产品，产品的单价为50元/件，单位变动成本为30元，固定成本为50 000元。如果将目标利润定为40 000元，销售应达到多少？

【工作成果】

实现目标利润销售量：（50 000 + 40 000） ÷ （50 - 30） = 4 500（件）

实现目标利润销售额：（50 000 + 40 000） ÷ 40% = 225 000（元）

2. 实现目标利润的措施

目标利润是量本利分析研究的核心要素，它既是企业经营的动力和目标，也是量本利分析的中心。如果企业在经营中根据实际情况规划了目标利润，为了保证目标利润的实现，就需要对其他因素做出相应的调整。通常情况下，企业要实现目标利润，在其他因素不变时，销售数量或销售价格应当提高，而固定成本或单位变动成本则应下降。

【工作任务8-6】沿用工作任务8-5的资料，现在假定该公司将目标利润定为48 000元，问：从单个因素来看，影响目标利润的四个基本要素该如何调整？

【工作成果】

对目标利润公式"目标利润=（单价-单位变动成本）×销售量-固定成本"进行等式变换可计算各要素的数值。所以，调整措施可选择如下方案中的任意一种。

（1）实现目标利润销售量=（固定成本+目标利润）÷单位边际贡献
$$=(50\,000+48\,000)÷(50-30)=4\,900（件）$$

（2）实现目标利润单位变动成本=单价-（固定成本+目标利润）÷销售量
$$=50-(50\,000+48\,000)÷4\,500=28.22（元）$$

（3）实现目标利润固定成本=边际贡献-目标利润
$$=4\,500×(50-30)-48\,000=42\,000（元）$$

（4）实现目标利润单价=单位变动成本+（固定成本+目标利润）÷销售量
$$=30+(50\,000+48\,000)÷4\,500=51.78（元）$$

（5）该公司目标利润定为48 000元，比原来的目标利润增加了8 000元。为了确保现行目标利润的实现，从单个因素来看，销售数量应上升到4 900件，比原来的销售数量增加400件；或单位变动成本下降到28.22元，比原来的单位变动成本降低1.78元；或固定成本应下降到42 000元，比原来的固定成本降低8 000元；或销售单价上升为51.78元，比原来的售价增加1.78元。

学习任务3　标准成本管理实务

一、标准成本管理及相关概念

标准成本是指通过调查分析、运用技术测定等方法制定的，在有效经营条件下所能达到的目标成本。标准成本主要用来控制成本开支，衡量实际工作效率。企业在确定标准成本时，可以根据自身的技术条件和经营水平，在以下类型中进行选择。

一是理想标准成本。它是一种理论标准，是指在现有条件下所能达到的最优成本水平，即在生产过程无浪费、机器无故障、人员无闲置、产品无废品的假设条件下制定的成本标准。

二是正常标准成本。它是指在正常情况下企业经过努力可以达到的成本标准。这一标准考虑了生产过程中不可避免的损失、故障和偏差等。

通常来说，正常标准成本大于理想标准成本。由于理想标准成本要求异常严格，一般很难达到，而正常标准成本具有客观性、现实性和激励性等特点，所以，正常标准成本在实践中得到广泛应用。

标准成本管理又称标准成本控制与分析，是以标准成本为基础，将实际成本与标准成本进行对比，揭示成本差异形成的原因和责任，进而采取措施，对成本进行有效控制的管理方法。标准成本管理以标准成本的确定作为起点，通过差异的计算和分析等得出结论性报告，然后采取有效措施，巩固成绩或克服不足。标准成本管理流程如图 8-1 所示。

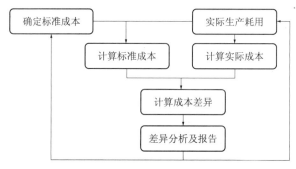

图 8-1　标准成本管理流程

二、标准成本的制定

一般来说，产品成本由直接材料、直接人工和制造费用三个项目组成。无论是确定哪一个项目的标准成本，都需要分别确定其用量标准和价格标准，两者的乘积就是每一成本项目的标准成本，将各项目标准成本进行汇总，即得到单位产品的标准成本。其计算公式为：

单位产品标准成本 = 直接材料标准成本 + 直接人工标准成本 + 制造费用标准成本

1. 直接材料标准成本的制定

材料的价格标准通常采用企业编制的计划价格，它通常是以订货合同的价格为基础，并考虑到未来物价、市场供求状况等各种变动因素后按材料种类分别计算的，一般由财务部门和采购部门等共同制定。材料的用量标准是指在现有生产技术条件下，生产单位产品所需的材料数量。它包括构成产品实体的材料和有助于产品形成的材料，以及生产过程中必要的损耗和难以避免的损失所耗用的材料。材料的用量标准一般应根据科学的统计调查，以技术分析为基础计算确定。其计算公式如下：

直接材料标准成本 = $\sum$（材料价格标准 × 单位产品材料用量标准）

【工作任务 8-7】 ABC 公司生产 A 产品要耗用甲、乙、丙三种直接材料，其价格标准分别为 45 元、15 元、30 元，用量标准分别为 3 千克、6 千克、9 千克。

【工作成果】

经计算，A 产品直接材料标准成本为 495 元，如表 8-3 所示。

表 8-3　A 产品直接材料标准成本

项目	标准		
	甲材料	乙材料	丙材料
价格标准	45 元/千克	15 元/千克	30 元/千克
用量标准	3 千克/件	6 千克/件	9 千克/件

续表

项 目	标 准		
	甲材料	乙材料	丙材料
成本标准	135 元/件	90 元/件	270 元/件
单位产品直接材料标准成本	495 元		

2. 直接人工标准成本的制定

人工用量标准即工时用量标准，它是指在现有的生产技术条件下，生产单位产品所耗用的必要的工作时间，包括对产品直接加工工时、必要的间歇或停工工时，以及不可避免的废次品所耗用的工时等，一般由生产技术部门、劳动工资部门等运用特定的技术测定方法和分析统计资料后确定。直接人工的价格标准就是标准工资率，它通常由劳动工资部门根据用工情况来制定。当采用计时工资时，标准工资率就是小时工资率，是由标准工资总额与标准总工时相除来确定的。其计算公式如下：

标准工资率 = 标准工资总额 ÷ 标准总工时

直接人工标准成本 = 标准工资率 × 工时用量标准

【工作任务 8-8】 ABC 公司每月生产 A 产品的标准总工时为 15 600 小时，总工资为 168 480 元，生产每件 A 产品需用 1.5 小时。

【工作成果】

经计算，A 产品直接人工标准成本为 16.2 元，如表 8-4 所示。

表 8-4 A 产品直接人工标准成本

项 目	标 准
月标准总工时	15 600 小时
月标准总工资	168 480 元
标准工资率	10.8 元/小时
单位产品工时用量标准	1.5 小时/件
直接人工标准成本	16.2 元/件

3. 制造费用标准成本

制造费用的用量标准即工时用量标准，其含义与直接人工用量标准相同。制造费用价格标准，即制造费用的分配率标准。其计算公式如下：

制造费用分配率标准 = 标准制造费用总额 ÷ 标准总工时

制造费用标准成本 = 制造费用分配率标准 × 工时用量标准

成本按照其性态可分为变动成本和固定成本。前者随着产量的变动而变动；后者相对固定，不随产量波动。所以，制定费用标准时，也应分别制定变动制造费用和固定制造费用的成本标准。

【工作任务 8-9】 ABC 公司每月生产 A 产品需支出变动制造费用总额 56 160 元、固定制造费用总额 187 200 元。

【工作成果】

经计算，A 产品制造费用标准成本为 23.4 元，如表 8-5 所示。

表 8-5 A 产品制造费用标准成本

项 目		标 准
工 时	月标准总工时	15 600 小时
	单位产品工时标准	1.5 小时/件
变动制造费用	标准变动制造费用总额	56 160 元
	标准变动制造费用分配率	3.6 小时/件
	变动制造费用标准成本	5.4 元/件
固定制造费用	标准固定制造费用总额	187 200 元
	标准固定制造费用分配率	12 元/小时
	固定制造费用标准成本	18 元/件
单位产品制造费用标准成本		23.4 元

三、成本差异的计算及分析

1. 总差异的构成与分析公式

在标准成本管理模式下，成本差异是指一定时期生产一定数量的产品所发生的实际成本与相关的标准成本之间的差额。实际成本大于标准成本的称为超支差异；实际成本小于标准成本的则称为节约差异。从标准成本的制定过程可以看出，任何一项费用的标准成本都是由用量标准和价格标准两个因素决定的，因此，差异分析应该从这两个方面进行。实际产量下的总差异的计算公式如下：

总差异 = 实际用量×实际价格 - 标准用量×标准价格
　　　 =（实际用量×标准价格 - 标准用量×标准价格）+（实际用量×实际价格 - 实际用量×标准价格）
　　　 =（实际用量 - 标准用量）×标准价格 + 实际用量×（实际价格 - 标准价格）
　　　 = 用量差异 + 价格差异

以上公式实际上是"财务分析"中因素分析法的具体应用，包括连环替代法与差额分析法。在计算分析时应特别注意各因素的替代顺序。

2. 直接材料成本差异的计算分析

直接材料成本差异，是指直接材料的实际总成本与实际产量下标准总成本之间的差异。它可以进一步分解为直接材料价格差异和直接材料用量差异两部分。有关计算公式如下：

直接材料用量差异 =（实际用量 - 实际产量下标准用量）×标准价格
直接材料价格差异 = 实际用量×（实际价格 - 标准价格）

材料价格差异的形成受各种主客观因素的影响，形成原因较为复杂，如市场价格、供货厂商、运输方式、采购批量等的变动，都可以导致材料的价格差异。但由于它与采购部门的关系更为密切，所以其差异应主要由采购部门承担责任。

直接材料的用量差异形成的原因是多方面的，有生产部门的原因，也有非生产部门的原因。如产品设计结构、原料质量、工人的技术熟练程度、废品率的高低等,都会导致材料用量的差异。材料用量差异的责任需要通过具体分析才能确定,但一般由生产部门承担。

【工作任务 8-10】ABC 公司本月生产 A 产品 8 000 件,领用甲材料 32 000 千克,其实际价格为 40 元/千克(乙材料、丙材料的分析方法类似,本例从略)。

【工作成果】

直接材料成本差异:$40 \times 32\,000 - 45 \times 3 \times 8\,000 = 200\,000$(元)(超支)

其中,材料价格差异:$(40 - 45) \times 32\,000 = -160\,000$(元)(节约)

材料用量差异:$45 \times (32\,000 - 8\,000 \times 3) = 360\,000$(元)(超支)

所以,A 产品本月耗用甲材料发生 200 000 元超支差异。由于生产部门耗用材料超过标准,导致超支 360 000 元,应该查明材料用量超标的具体原因,以便改进工作、节约材料。由于材料价格降低节约了 160 000 元,从而抵消了一部分由于材料超标耗用而形成的成本超支。这是材料采购部门的工作成绩,也应查明原因,巩固和发扬成绩。

3. 直接人工成本差异的计算分析

直接人工成本差异,是指直接人工的实际总成本与实际产量下标准总成本之间的差异。它可分为直接人工效率差异和直接人工工资率差异两部分。有关计算公式如下:

直接人工效率差异 =(实际人工工时 - 实际产量下标准人工工时)× 标准工资率

直接人工工资率差异 = 实际人工工时 ×(实际工资率 - 标准工资率)

工资率差异是价格差异,其形成原因比较复杂,工资制度的变动、工人的升降级、加班或临时工的增减等都将导致工资率差异。一般来说,这种差异的责任不在生产部门,劳动人事部门更应对其承担责任。直接人工效率差异的形成原因也是多方面的,工人技术状况、工作环境和设备条件的好坏等,都会影响效率的高低,但其主要责任在生产部门。

【工作任务 8-11】ABC 公司本月生产 A 产品实际用工 10 000 小时,实际支付直接人工工资 110 000 元。

【工作成果】

直接人工成本差异:$110\,000 - 16.2 \times 8\,000 = -19\,600$(元)(节约)

其中,直接人工工资率差异:$(110\,000 \div 10\,000 - 10.8) \times 10\,000 = 2\,000$(元)(超支)

直接人工效率差异:$10.8 \times (10\,000 - 1.5 \times 8\,000) = -21\,600$(元)(节约)

通过以上计算可以看出,该产品的直接人工成本总体上节约 19 600 元。其中,人工效率差异节约 21 600 元,但工资率差异超支 2 000 元。工资率超过标准,可能是为了提高产品质量,调用了一部分技术等级和工资级别较高的工人,使小时工资率增加了 $0.2 \times (110\,000 \div 10\,000 - 10.8)$ 元。但也因此在提高产品质量的同时提高了销路,使工时的耗用由标准的 $12\,000 \times (8\,000 \times 1.5)$ 小时降低为 10 000 小时,节约工时 2 000 小时,从而导致了最终的成本节约。可见生产部门在生产组织上的成绩是值得肯定的。

4. 变动制造费用成本差异的计算和分析

变动制造费用成本差异,是指实际发生的变动制造费用总额与实际产量下标准变动费用总额之间的差异。它可以分解为效率差异和耗费差异两部分。其计算公式如下:

变动制造费用效率差异 =(实际工时 - 实际产量下标准工时)× 变动制造费用标准分配率

变动制造费用耗费差异 = 实际工时 ×(变动制造费用实际分配率 - 变动制造费用标准

分配率)

其中,耗费差异属于价格差异,效率差异是用量差异。变动制造费用效率差异的形成原因与直接人工效率差异的形成原因基本相同。

【工作任务 8－12】 ABC 公司本月生产 A 产品实际发生变动制造费用 40 000 元。
【工作成果】

变动制造费用成本差异:40 000 － 3.6 × 1.5 × 8 000 ＝ － 3 200(元)(节约)

其中,变动制造费用耗费差异:(40 000 ÷ 10 000 － 3.6)× 10 000 ＝ 4 000(元)(超支)

变动制造费用效率差异:3.6 ×(10 000 － 1.5 × 8 000)＝ － 7 200(元)(节约)

通过以上计算可以看出,A 产品变动制造费用节约 3 200 元,这是由于提高效率,工时由 12 000 ×(1.5 × 8 000)小时降为 10 000 小时的结果。由于费用分配率由 3.6 元提高到 4 ×(40 000 ÷ 10 000)元,使变动制造费用发生超支,从而抵消了一部分变动制造费用的节约额。应该查明费用分配率提高的具体原因。

5. 固定制造费用成本差异的计算分析

固定制造费用成本差异,是指实际发生的固定制造费用与实际产量下标准固定制造费用的差异。其计算公式如下:

固定制造费用成本差异 ＝ 实际产量下实际固定制造费用 － 实际产量下标准固定制造费用
　　　　　　　　　　＝ 实际工时 × 实际分配率 － 实际产量下标准工时 × 标准分配率

其中,标准分配率 ＝ 固定制造费用预算总额 ÷ 预算产量下标准总工时

由于固定制造费用相对固定,实际产量与预算产量的差异会对单位产品所应承担的固定制造费用产生影响,所以,固定制造费用成本差异的分析有其特殊性,分为两差异分析法和三差异分析法。

(1) 两差异分析法。它是指将总差异分为耗费差异和能量差异两部分,计算公式如下:

能量差异 ＝(预算产量下标准工时 － 实际产量下标准工时)× 标准分配率

耗费差异 ＝ 实际固定制造费用 － 预算产量下标准工时 × 标准分配率
　　　　 ＝ 实际固定制造费用 － 预算产量 × 工时标准 × 标准分配率

【工作任务 8－13】 ABC 公司本月生产 A 产品实际发生固定制造费用 190 000 元,假定企业 A 产品预算产量为 10 400 件。
【工作成果】

固定制造费用成本差异:190 000 － 12 × 105 × 8 000 ＝ 46 000(元)(超支)

其中,耗费差异:190 000 － 12 × 1.5 × 10 400 ＝ 2 800(元)(超支)

能量差异:12 ×(1.5 × 10 400 － 1.5 × 8 000)＝ 43 200(元)(超支)

通过以上计算可以看出,该企业 A 产品固定制造费用超支 46 000 元,主要是由于生产能力不足,实际产量小于预算产量所致。

(2) 三差异分析法。它是将两差异分析法下的能量差异进一步分解为产量差异和效率差异,即将固定制造费用成本差异分为效率差异、产量差异和耗费差异三部分。其中耗费差异的概念和计算与两差异法一致。相关计算公式如下:

效率差异 ＝(实际产量下实际工时 － 实际产量下标准工时)× 标准分配率

产量差异 ＝(预算产量下标准工时 － 实际产量下实际工时)× 标准分配率

耗费差异 ＝ 实际固定制造费用 － 预算产量下标准工时 × 标准分配率

= 实际固定制造费用 - 预算产量×工时标准×标准分配率

【工作任务 8-14】要求分析 ABC 公司本月固定制造费用三差异。

【工作成果】

固定制造费用成本差异：190 000 - 12×1.5×8 000 = 46 000（元）（超支）

其中，耗费差异：19 000 - 12×1.5×10 400 = 2 800（元）（超支）

产量差异：12×(1.5×10 400 - 10 000) = 67 200（元）（超支）

效率差异：12×(10 000 - 1.5×8 000) = -24 000（元）（节约）

通过上述计算可以看出，采用三差异法，能够更好地说明生产能力利用程度和生产效率高低所导致的成本差异情况，便于分清责任。

6. 分析结果的反馈

标准成本差异分析是企业规划与控制的重要手段。通过差异分析，企业管理人员可以进一步揭示实际执行结果与标准不同的深层次原因。差异分析的结果，可以更好地凸显实际生产经营活动中存在的不足或在必要时修改成本标准，这对企业成本的持续降低、责任的明确划分以及经营效率的提高具有十分重要的意义。

学习任务 4 责任成本管理实务

一、责任成本管理的内容

责任成本管理，是指将企业内部划分成不同的责任中心，明确责任成本，并根据各责任中心的权、责、利关系，考核其工作业绩的一种成本管理模式。其中，责任中心也叫责任单位，是指企业内部具有一定权力并承担相应工作责任的部门或管理层次。责任成本管理的流程如图 8-2 所示。

图 8-2 责任成本管理流程

二、责任中心及其考核

按照企业内部责任中心的权责范围以及业务活动的不同特点，责任中心一般可以划分为成本中心、利润中心和投资中心三类。每一类责任中心均对应着不同的决策权力和不同的业绩评价指标。

1. 成本中心

成本中心是指有权发生并控制成本的单位。成本中心一般不会产生收入，通常只计量考核发生的成本。成本中心是责任中心中应用最为广泛的一种形式，只要是对成本的发生负有责任的单位或个人都可以成为成本中心。例如，负责生产产品的车间、工段、班组等生产部门或确定费用标准的管理部门等。成本中心具有以下特点。

（1）成本中心不考核收益，只考核成本。一般情况下，成本中心不能形成真正意义上的收入，故只需衡量投入，而不衡量产出，这是成本中心的首要特点。

（2）成本中心只对可控成本负责，不负责不可控成本。可控成本是指成本中心可以控制的各种耗费，它应具备三个条件：第一，成本的发生是该成本中心可以预见的；第二，成本是该成本中心可以计量的；第三，成本是该成本中心可以调节和控制的。

凡不符合上述三个条件的成本都是不可控成本。可控成本和不可控成本的划分是相对的。它们与成本中心所处的管理层级别、管理权限与控制范围大小有关。对于一个独立企业而言，几乎所有的成本都是可控的。

（3）责任成本是成本中心考核和控制的主要内容。成本中心当期发生的所有可控成本之和就是其责任成本。

成本中心考核和控制主要使用的指标包括预算成本节约额和预算成本节约率。计算公式如下：

$$预算成本节约额 = 预算责任成本 - 实际责任成本$$

$$预算成本节约率 = 预算成本节约额 \div 预算成本$$

【工作任务 8 – 15】某企业内部某车间为成本中心，生产甲产品，预算产量 3 500 件，单位成本 150 元，实际产量 4 000 件，单位成本 145.5 元。

【工作成果】

预算成本节约额：$150 \times 4\,000 - 145.5 \times 4\,000 = 18\,000$（元）

预算成本节约率：$18\,000 \div (150 \times 4\,000) = 3\%$

结果表明，该成本中心的成本节约额为 18 000 元，节约率为 3%。

2. 利润中心

利润中心是指既能控制成本，又能控制收入和利润的责任单位。它不但有成本发生，还有收入发生。因此，它要同时对成本、收入以及收入与成本的差额即利润负责。利润中心有两种形式：一是自然利润中心，它是自然形成的，直接对外提供劳务或销售产品以取得收入的责任中心；二是人为利润中心，它是人为设定的，通过企业内部各责任中心之间使用内部结算价格结算半成品形成内部销售收入的责任中心。利润中心往往处于企业内部的较高层次，如分店或分厂等。利润中心与成本中心相比，其权利和责任相对较大，它不仅要降低绝对成本，还要寻求收入的增长使之超过成本，即更要强调相对成本的降低。

通常情况下，利润中心采用利润作为业绩考核指标，分为边际贡献、可控边际贡献和部门边际贡献。相关公式如下：

$$边际贡献 = 销售收入总额 - 变动成本总额$$

$$可控边际贡献 = 边际贡献 - 该中心负责人可控固定成本$$

$$部门边际贡献 = 可控边际贡献 - 该中心负责人不可控固定成本$$

边际贡献就是将收入减去变动成本总额，能够反映该利润中心的盈利能力。可控边际贡献也称部门经理边际贡献，它能够衡量部门经理有效运用其控制下资源的能力，是评价利润中心管理者业绩的理想指标。但是，该指标一个很大的局限就是难以区分可控和不可控的与生产能力相关的成本。如果该中心有权处置固定资产，那么相关的折旧费是可控成本；反之，相关的折旧费就是不可控成本。可控边际贡献忽略了应追溯但又不可控的生产能力成本，不能全面反映该利润中心对整个公司所做的经济贡献。部门边际贡献又称部门毛利，它扣除了利润中心管理者不可控的间接成本，因为，对于公司最高层来说，所有成本都是可控的。部门边际贡献反映了部门为企业利润和弥补与生产能力有关的成本所做的贡献，它更多地用于评价部门业绩而不是利润中心管理者的业绩。

【工作任务 8-16】某企业的乙车间是人为利润中心，本期实现内部销售收入 200 万元，销售变动成本为 120 万元，该中心负责人可控固定成本为 20 万元，不可控但应由该中心负担的固定成本为 10 万元。

【工作成果】

边际贡献：200 - 120 = 80（万元）

可控边际贡献：80 - 20 = 60（万元）

部门边际贡献：60 - 10 = 50（万元）

3. 投资中心

投资中心是指既对成本、收入和利润负责，又对投资及其投资收益负责的责任单位。它本质上也是一种利润中心，但它拥有最大程度的决策权，同时承担最大程度的经济责任，属于企业中最高层次的责任中心，如事业部、子公司等。从组织形式上看，投资中心一般具有独立法人资格，而成本中心和利润中心往往是内部组织，不具有独立法人地位。

对投资中心的业绩进行评价时，不仅要使用利润指标，还需要计算、分析利润与投资的关系，主要包括投资报酬率和剩余收益等指标。

（1）投资报酬率。投资报酬率是投资中心获得的利润与投资额的比率，计算公式如下：

$$投资报酬率 = 营业利润 \div 平均营业资产$$

$$平均营业资产 = (期初营业资产 + 期末营业资产) \div 2$$

其中，营业利润是指扣减利息和所得税之前的利润，即息税前利润。由于利润是在整个期间内实现并累积形成的，属于期间指标，而营业资产属于时点指标，故取其平均数。

投资报酬率主要说明了投资中心运用公司的每单位资产对公司整体利润贡献的大小。它能够反映投资中心的综合获利能力，并具有横向可比性，因此，可以促使经理人员关注营业资产运用效率，并有利于资产存量的调整，优化资源配置。然而，过于关注投资利润率也会引起短期行为的产生，追求局部利益最大化而损害整体利益最大化目标，导致经理人员为眼前利益而牺牲长远利益。

（2）剩余收益。剩余收益是指投资中心的营业收益扣减营业资产按要求的最低投资报酬率计算的收益额之后的余额。其计算公式如下：

$$剩余收益 = 经营利润 - (经营资产 \times 最低投资报酬率)$$

公式中的最低投资报酬率是根据资本成本或资本资产定价模型等来确定的。它一般等于或大于资本成本，通常可以采用企业整体的最低期望投资报酬率，也可以是企业为该投资中心单独规定的最低投资报酬率。

剩余收益指标弥补了投资报酬率指标会使局部利益与整体利益相冲突的不足，但由于它是一个绝对指标，故而难以在不同规模的投资中心之间进行业绩比较。另外，剩余收益同样仅反映当期业绩，单纯使用这一指标也会导致投资中心管理者的短期行为。

【工作任务 8-17】某公司 A 投资中心利润为 280 万元、投资额为 2 000 万元，B 投资中心利润为 80 万元、投资额为 1 000 万元，公司要求的最低投资报酬率为 10%。假定 A 中心面临投资额为 1 000 万元的新投资机会，可获利润 131 万元。A 中心是否愿意投资？

【工作成果】

（1）A 中心不接受投资机会的投资报酬计算如表 8-6 所示。

表 8-6　A 中心不接受投资机会的计算表

投资中心	利润/万元	投资额/万元	投资报酬率	剩余收益/万元
A 中心	280	2 000	280÷2 000 = 14%	280 - 2 000×10% = 80
B 中心	80	1 000	80÷1 000 = 8%	80 - 1 000×10% = -20
全公司	360	3 000	360÷3 000 = 12%	

（2）若 A 投资中心接受该投资机会，计算该公司各中心投资报酬，如表 8-7 所示。

表 8-7　A 中心接受投资机会的计算表

投资中心	利润/万元	投资额/万元	投资报酬率	剩余收益/万元
A 中心	280+131 = 411	2 000+1 000 = 3 000	13.7%	411 - 3 000×10% = 111
B 中心	80	1 000	8%	80 - 1 000×10% = -20
全公司	491	4 000	12.275%	

（3）若用投资报酬率指标衡量业绩，就全公司而言，接受投资后投资报酬率增加了 0.275%，应该接受这项投资。然而，由于 A 中心的投资报酬率下降了 0.3%，该投资中心可能不会接受这一投资机会。若用剩余收益指标来衡量业绩，A 中心接受投资后的剩余收益将增加 31 万元，A 中心应当接受该投资机会。

三、内部转移价格

1. 内部转移价格的作用

内部转移价格是指企业内部有关责任单位之间提供产品或劳务的结算价格。内部转移价格直接关系到不同责任中心的获利水平，其制定可以有效地防止成本转移引起的责任中心之间的责任转嫁，使每个责任中心都能够作为单独的组织单位进行业绩评价，并且可以作为一种价格信号引导下级采取正确决策，保证局部利益和整体利益的一致。

2. 内部转移价格的确定

（1）市场价格，即根据产品或劳务的市场现行价格作为计价基础。市场价格具有客观真实的特点，能够同时满足分部和公司的整体利益，但是它要求产品或劳务有完全竞争的外部市场，以取得市价依据。

（2）协商价格，即内部责任中心之间以正常的市场价格为基础，并建立定期协商机制，共同确定双方都能接受的价格作为计价标准。采用该价格的前提是中间有非竞争性的市场可以交易，在该市场内双方有权决定是否买卖这种产品。协商价格的上限是市场价格，下限则是单位变动成本。当双方协商僵持时，会导致公司高层的行政干预。

（3）双重价格，即由内部责任中心的交易双方采用不同的内部转移价格作为计价基础。采用双重价格，买卖双方可以选择不同的市场价格或协商价格，能够较好地满足企业内部交易双方在不同方面的管理需要。

（4）以成本为基础的转移定价，是指所有的内部交易均以某种形式的成本价格进行结算，它适用于内部转移的产品或劳务没有市价的情况，包括完全成本、完全成本加成、变动成本、变动成本加固定制造费用四种形式。以成本为基础的转移定价方法具有简便、客观的特点，但存在信息和激励方面的问题。比如，采用完全成本作为计价基础，对于中间产品的"买方"有利，而"卖方"得不到任何利润，虽然采用完全成本加成可以解决这个问题，但加成比例的确定又容易产生代理问题。同样，变动成本、变动成本加固定制造费用的计价方法也存在类似的问题。

学习任务 5　学习效果检验

一、单项选择题

1. 进行本量利分析把企业全部成本区分为固定成本和（　　）。
   A. 税金成本　　　B. 材料成本　　　C. 人工成本　　　D. 变动成本
2. 已知企业只生产一种产品，单位变动成本为每件 3 元，固定成本总额为 600 元，产品单价为 5 元，则保本销售量为（　　）。
   A. 400 件　　　B. 300 件　　　C. 200 件　　　D. 120 件
3. 已知某企业本年目标利润为 4 000 000 元，产品单价为 500 元，变动成本率为 40%，固定成本总额为 8 000 000 元，则企业的保利量为（　　）。
   A. 60 000 件　　　B. 50 000 件　　　C. 40 000 件　　　D. 24 000 件
4. 下列因素单独变动时不会对保利点产生影响的是（　　）。
   A. 成本　　　B. 单价　　　C. 销售量　　　D. 目标利润
5. 某企业内部某车间为成本中心，生产甲产品，预算产量为 2 500 件，单位成本 400 元，实际产量 2 750 件，单位成本 360 元，则该成本中心的预算成本节约率为（　　）。
   A. 20%　　　B. 10%　　　C. 9.8%　　　D. 10.1%
6. 成本中心的特点不包括（　　）。
   A. 既考核收益、又考核成本　　　B. 只对可控成本负责
   C. 不负责不可控成本　　　D. 主要考核和控制责任成本
7. 会计对生产费用发生和产品成本形成进行的核算采用（　　）计量。
   A. 现在成本　　　B. 未来成本　　　C. 责任成本　　　D. 历史成本
8. 多种产品保本分析的方法不包括（　　）。
   A. 加权平均法　　　B. 联合单位法　　　C. 作业成本法　　　D. 主要产品法
9. 成本管理是企业日常经营管理的一项中心工作，成本管理的核心是（　　）。
   A. 成本规划　　　B. 成本核算　　　C. 成本考核　　　D. 成本控制

二、多项选择题

1. 在按照本量利分析的原理，如果 a 表示固定成本，b 表示单位变动成本，x 表示销售量，p 表示单价，E 表示营业利润，则必有以下公式成立：（　　）。
   A. $E = px - (a + bx)$　　　B. $E = (p - b)x - a$
   C. $E = px - bx - a$　　　D. $E = px - a - bx$
2. 下列因素中，其水平提高会导致保利点升高的有（　　）。
   A. 单位变动成本　　　B. 固定成本总额　　　C. 目标利润　　　D. 单价

3. 企业为实现目标利润可采取的措施包括：（   ）。
   A. 在其他因素不变的情况下提高单价
   B. 在其他因素不变的情况下增加销售量
   C. 在其他因素不变的情况下降低固定成本
   D. 在其他因素不变的情况下降低单位变动成本

4. 以下有关利润中心考核指标的描述中，错误的有（   ）。
   A. 利润中心的考核指标包括边际贡献、可控边际贡献、部门边际贡献
   B. 边际贡献＝销售收入总额－变动成本总额
   C. 可控边际贡献＝边际贡献－该中心负责人不可控固定成本
   D. 部门边际贡献＝可控边际贡献－该中心负责人可控固定成本

5. 下列成本差异中，通常属于生产部门责任的有（   ）。
   A. 直接材料价格差异　　　　　　　B. 直接人工工资率差异
   C. 直接人工效率差异　　　　　　　D. 变动制造费用效率差异

6. 某企业本月生产产品 1 200 件，使用材料 7 500 千克，材料单价为 0.55 元/千克；直接材料的单位产品标准成本为 3 元，每千克材料的标准价格为 0.5 元。实际使用工时 2 670 小时，支付工资 13 617 元；直接人工的标准成本是 10 元/件，每件产品标准工时为 2 小时。则下列结论正确的有（   ）。
   A. 直接材料成本差异节约 525 元　　B. 直接材料价格差异超支 375 元
   C. 直接人工效率差异超支 1 350 元　D. 直接人工工资率差异节约 267 元

7. 以下关于内部转移价格制定的说法中正确的有（   ）。
   A. 市场价格要求有完全竞争的外部市场
   B. 协商价格适用于中间产品存在非完全竞争的外部市场
   C. 采用双重价格时买卖双方可以选择不同的市场价格或协商价值
   D. 以成本为基础的转移定价方法具有简便客观的特点

8. 成本中心只对可控成本负责，不负责不可控成本，以下属于可控成本应具备的条件是（   ）。
   A. 成本的发生是该成本中心可以预见的　B. 成本是该成本中心可以计量的
   C. 成本是由该成本中心所导致的　　　　D. 成本是该成本中心可以调节和控制的

9. 成本控制是指企业采取经济、技术、组织等手段低成本或改善成本的一系列活动，其控制原则包括（   ）。
   A. 全面控制原则　　B. 全员控制原则　　C. 经济效益原则　　D. 例外管理原则

三、判断题

1. 部门边际贡献也称部门经理边际贡献，它衡量了部门经理有效运用其控制下的资源的能力，是评价利润中心管理者业绩的理想指标。　　　　　　　　　　　　　（   ）
2. 正常标准成本是指在正常情况下企业经过努力可以达到的成本标准，理想标准成本通常大于正常标准成本。　　　　　　　　　　　　　　　　　　　　　　（   ）
3. 固定制造费用成本差异计算三差异法下的产量差异与效率差异之和，等于两差异法下的能量差异。　　　　　　　　　　　　　　　　　　　　　　　　　　（   ）

4. 变动制造费用成本差异是指实际发生的变动制造费用总额与预计产量下标准变动费用总额之间的差异。（ ）

5. 成本控制的目标是为所有内部、外部信息使用者提供成本信息。（ ）

6. 会计成本核算可选择完全成本法、变动成本法等计算产品成本。（ ）

7. 安全边际率与变动成本率互补，即安全边际率 = 1 - 变动成本率。（ ）

8. 直接人工效率差异形成原因也是多方面的，劳动人事部门更应对其承担责任。（ ）

9. 对投资中心的业绩进行评价时，不仅要使用利润指标，还需考虑投资报酬率和剩余收益等指标。（ ）

四、计算分析题

1. 某公司只产销一种产品，全年固定成本总额为 10 500 元，变动成本率为 70%，每件销售单价为 50 元。

计算：（1）边际贡献率、单位变动成本；（2）保本销售；（3）当销售量为 1 100 件时可实现的利润、保本作业率、安全边际；（4）目标利润为 6 600 元时的销售。

2. 某公司在计划期内生产并销售甲、乙、丙、丁四种产品，其固定成本总额为 24 000 元。四种产品的销售量、单价及单位变动成本有关资料如表 8-8 所示。

表 8-8　某公司产品销售与成本资料

品　名	甲产品	乙产品	丙产品	丁产品
单价/元	900	2 000	1 000	3 000
单位变动成本/元	720	1 800	600	2 100
销售量/件	40	80	20	60

要求：预测该公司计划期内的综合保本销售额及四种产品的各个保本销售额。

3. 某企业对各项产品均建立标准成本制度，本年共生产男式衬衫 4 800 件，男式衬衫每件的标准成本及实际成本资料如表 8-9 所示。

表 8-9　男式衬衫标准成本与实际成本

成本项目	价格标准	用量标准	标准成本
直接材料	2.1 元/米	4 米	8.4 元
直接人工	4.5 元/工时	1.6 工时	7.2 元
变动制造费用	1.8 元/工时	1.6 工时	2.88 元
合计			18.48 元
成本项目	实际单价	实际用量	实际成本
直接材料	2 元/米	4.4 米	8.8 元
直接人工	4.85 元/工时	1.4 工时	6.79 元
变动制造费用	2.15 元/工时	1.4 工时	3.01 元
合计			18.6 元

要求：计算分析直接材料、直接人工与制造费用的成本差异。

4. 某利润中心生产并销售甲产品，产品产销量 5 200 件，销售收入 250 000 元，总成本 158 000 元，其中固定成本 66 000 元，责任中心负责人可控固定成本为 35 000 元。

要求：分别计算该利润中心边际贡献、可控边际贡献、部门边际贡献。

学习情境九

收入与分配管理实务

目的要求

本学习情境主要介绍销售收入管理实务、利润分配管理实务。在工作任务的驱动下完成相应的学习任务后,能够理解销售收入管理内容、影响产品价格的因素与定价策略;能够理解利润分配的内容、原则与制约因素;能够理解股利理论、股利形式与发放程序;能够掌握销售收入定性与定量预测方法、产品定价方法、股利政策的制定方法。

学习任务1 销售收入管理实务

一、销售收入管理的内容

销售收入是企业销售商品产品、自制半成品或提供劳务等而收到的货款,劳务价款或取得索取价款凭证时所确认的收入。销售收入按比重和业务主次及经常性情况,一般可分为主营业务收入和其他业务收入。主营业务收入指企业从事某种主要生产、经营活动所取得的营业收入,简单地说,就是企业工商营业执照中注册的主营和兼营项目的内容。其他业务收入是指企业除商品销售以外的其他销售及其他业务所取得的收入,它包括材料销售、技术转让、代购代销、固定资产出租、包装物出租、运输等非工业性劳务收入。

销售收入是企业经营成果的货币表现,也是一项重要的财务指标。销售收入是企业补偿耗费、持续经营的基本前提;销售收入是衡量企业一定时期生产经营成果的重要指标;销售收入的取得是企业现金流入、加速资金周转的重要环节;销售收入是企业实现利润、分配利润的主要源泉。所以,有计划地组织企业的生产经营活动,及时取得商品销售收入和劳务收入等,加强企业的收入管理,对于整个企业和国民经济都具有非常重要的意义。

销售收入的制约因素主要是销量与价格。由于企业一般是按照"以销定产"的原则组织生产,那么对于销售量的预测便显得尤为重要。科学的销售预测可以加速企业的资金周转,提高企业的经济效益。产品价格是企业获得市场占有率、提升产品竞争能力的重要因素。产品价格的制定直接或间接地影响着销售收入。一般来说,价格与销售量呈反向变动关系:价格上升,销量减少;反之,销量增加。企业可以通过不同的价格制定方法与运用策略来调节产品的销售量,进而作用于销售收入。所以,销售预测分析与销售定价管理构成了销售收入管理的主要内容。

二、销售预测分析

销售预测分析是指通过市场调查,以有关的历史资料和各种信息为基础,根据管理人员的实际经验或运用科学的预测方法,对企业产品在计划期间的销售量或销售额做出预计或估量的过程。企业在进行销售预测时,应充分研究和分析企业产品销售的相关资料,如产品价格、产品质量、售后服务、推销方法等。此外,对企业所处的市场环境、物价指数、市场占用率及经济发展趋势等情况也应进行研究分析。销售预测的方法有很多种,主要包括定性分析法和定量分析法。

(一)销售预测的定性分析法

定性分析法即非数量分析法,是指由专业人员根据实际经验,对预测对象的未来情况及发展趋势做出预测的一种分析方法。它一般适用于预测对象的历史资料不完备或无法进行定量分析时,主要包括推销员判断法、专家判断法和产品寿命周期分析法。

1. 推销员判断法

推销员判断法又称意见汇集法,是由企业熟悉市场情况及相关变化信息的内部经营管理人员对由推销员调查得来的结果进行综合分析,从而做出较为正确的预测的方法。这种方法用时短、耗费小,比较实用。在市场发生变化的情况下,能很快地对预测结果进行修正。

2. 专家判断法

专家判断法是由专家根据其经验和判断能力对特定产品的未来销售量进行判断和预测的方法。专家判断法主要有三种不同形式:①个别专家意见汇集法,即分别向每位专家征求对本企业产品未来销售情况的个人意见,然后将这些意见再加以综合分析,确定预测值。②专家小组法,即将专家分成小组,运用专家们的集体智慧进行判断预测的方法。③德尔菲法,又称函询调查法,它采用函询的方式,征求各方面专家的意见,各专家在互不通气的情况下,根据自己的观点和方法进行预测,然后由企业把各个专家的意见汇集在一起,通过不记名方式反馈给各位专家,请他们参考其他人的意见修正本人原来的判断,如此反复数次,最终确定预测结果。

3. 产品寿命周期分析法

产品寿命周期分析法就是利用产品销售量在不同寿命周期阶段的变化趋势,进行销售预测的一种定性分析方法,它是对其他预测分析方法的补充。产品寿命周期是指产品从投入市场到退出市场所经历的时间,一般要经过萌芽期、成长期、成熟期和衰退期四个阶段。判断产品所处的寿命周期阶段,可根据销售增长率指标进行。一般来说,萌芽期增长率不稳定,成长期增长率最大,成熟期增长率稳定,衰退期增长率为负数。

(二)销售预测的定量分析法

定量分析法也称数量分析法,是指在预测对象有关资料完备的基础上,运用一定的数学方法,建立预测模型做出预测。它一般包括趋势预测分析法和因果预测分析法两大类。其中,趋势预测分析法主要包括简单算术平均法、加权算术平均法、移动平均法、加权移动平均法和指数平滑法等;因果预测分析法最常用的是回归直线法。

1. 简单算术平均法

简单算术平均法是指根据过去若干期的销售量(额),计算简单算术平均数作为计划期的销售预测数的方法。其计算公式如下:

$$Y = \frac{\sum X_i}{n} = \frac{X_1 + X_2 + X_3 + \cdots + X_n}{n}$$

式中：Y 表示计划期业务量（额）预测平均数；X_i 表示第 i 期的业务量；n 表示期数。

【工作任务9-1】某公司今年1—6月销售产品的实际情况如表9-1所示，要求预测7月份的销售量。

表9-1　A产品销售资料　　　　　　　　　　　　　　　　单位：台

月　　份	1	2	3	4	5	6
销售量	500	550	530	580	560	550

【工作成果】

预测数：$\frac{500+550+530+580+560+550}{6} = 545$（台）

简单算术平均法的优点是简便易懂，但它把各个时期的销售差异平均化，没有考虑不同时期销售数据对于预测值的不同影响，当各历史时期的销售量呈增减趋势、周期性变动时，误差较大。这种方法适用于各期销售比较平稳、没有季节性变化的产品。

2. 加权算术平均法

加权算术平均法假设未来时期的销售与较近期的销售相关程度大，与较远期的销售相关程度小。因此按照各历史时期与预测期的不同相关程度分别规定适当的权数，将各期销售值与各自的权数相乘，并将所有乘积相加，然后除以权数之和，求得加权平均数，以此加权平均数作为销售的预测值。其计算公式如下：

$$Y = \frac{\sum X_i W_i}{\sum W_i} = \frac{X_1 W_1 + X_2 W_2 + \cdots + X_n W_n}{W_1 + W_2 + \cdots + W_n}$$

式中：Y 表示加权平均预测数；X_i 表示第 i 期的业务量；n 表示时期总数；W_i 表示与 X_i 对应的权数。

【工作任务9-2】以工作任务9-1的资料为例，规定1—6月份的权数分别为：1、1、1、2、2、3，用加权算术平均法计算7月份的销售预测数。

【工作成果】

预测数：$\frac{500 \times 1 + 550 \times 1 + 530 \times 1 + 580 \times 2 + 560 \times 2 + 550 \times 3}{1+1+1+2+2+3} = 551$（台）

加权算术平均法既可以考虑全部 n 期时间系列的观测资料，又可以将距离预测期不同的观测数据按照其对未来影响的不同程度用不同的权数进行修正，因此比较科学。但也可能出现由于个人对权数制定的差异而影响预测结果。

3. 移动平均法

移动平均法是从 n 期的销售量（额）中选取一组 m 期（假设 $m < n \div 2$）的数据作为观察期数据，求其算术平均数，并不断向后移动，连续计算观测值平均数，以最后一组平均数作为未来销售预测值的一种方法。其计算公式如下：

$$Y = \frac{最后 m 期销售量之和}{m 期}$$

【工作任务9-3】仍以上述资料为例，假设观察期为3，用移动平均法预测6月、7月的销售量。

【工作成果】

$$Y_6 = \frac{530 + 580 + 560}{3} = 557（台）\quad Y_7 = \frac{580 + 560 + 550}{3} = 563（台）$$

移动平均法计算简便，但也存在以平均化的历史资料代替预测结果的问题，因此这一方法只适用于预测对象波动不大的情况。

4. 加权移动平均法

加权移动平均法是在移动平均法的基础上，根据销售变化趋势给各期规定不同的权数，然后求出加权后的各期平均数，以此作为销售预测数的方法。其计算公式如下：

$$Y_{t+1} = \frac{X_t W_t + X_{t-1} W_{t-1} + \cdots + X_{t-n+1} W_{t-n+1}}{W_t + W_{t-1} + \cdots + W_{t-n+1}}$$

式中：Y_{t+1} 表示加权移动预测值；W_t 表示第 t 期观测值的权数；X_t 表示第 t 期的观测值；t 表示预测期的前一期；n 表示最近几个观察期的个数。

【工作任务 9-4】仍以上述资料为例，假设观察期为 3，前三期的权数分别为 $W_3 = 3$、$W_2 = 2$、$W_1 = 1$，用加权移动平均法预测 6 月和 7 月的销售量。

【工作成果】

$$Y_6 = \frac{560 \times 3 + 580 \times 2 + 530 \times 1}{3 + 2 + 1} = \frac{1\,680 + 1\,160 + 530}{6} = 562（台）$$

$$Y_7 = \frac{550 \times 3 + 560 \times 2 + 580 \times 1}{3 + 2 + 1} = \frac{1\,650 + 1\,120 + 580}{6} = 558（台）$$

加权移动平均法适用于销售量有明显变化的产品。一般来说，近期的数据比较重要，确定的权数较大；远期数据对预测影响程度较小，确定的权数也较小。

5. 指数平滑法

指数平滑法是在前期销售量（额）的实际数和预测数的基础上，利用事先确定的平滑指数 α 预测未来销售量（额）的一种方法。它是在加权移动平均法基础上发展而来的，能消除采用加权移动平均法所带来的某些预测偏差。其计算公式如下：

$$Y_t = \alpha \cdot D_{t-1} + (1 - \alpha) S_{t-1}$$

式中：Y_t 表示第 t 期的预测销售量（额）；D_{t-1} 表示第 $t-1$ 期的实际销售量（额）；S_{t-1} 表示第 $t-1$ 期的预测销售量（额）；α 表示指数平滑系数，满足 $0 < \alpha < 1$ 的常数。

【工作任务 9-5】仍以上述资料为例，假设原来 6 月份的预测数为 540 台，指数平滑系数为 0.7，预测 7 月份的销售量。

【工作成果】

$$Y_7 = 0.7 \times 550 + (1 - 0.7) \times 540 = 385 + 162 = 547（台）$$

这种方法根据平滑系数调节预测数，消除了实际业务量中包含着的偶然性的影响，使其预测更为精确。但平滑系数是人为确定的，在其他条件相同的情况下，不同的平滑系数计算出的结果完全不同，因此，在确定平滑系数时应尽可能考虑实际情况，使预测结果更为合理。在数据波动不大时，α 宜取较小值（0.1~0.3），以加重原预测数的权数，使其平均数能反映观察值变动的长期趋势；在数据波动较大时，α 宜取较大值（0.6~0.8），以加重实际数的权数，使其平均数能反映观察值最近的变动趋势，以便对近期的业务进行预测。

6. 回归直线法

回归直线法也称一元回归分析法，它假定影响预测对象销售量（额）的因素只有时间因素，根据直线方程 $y = a + bx$，按照最小二乘法原理，来确定一条误差最小的、能正确反映自变量 x 和因变量 y 之间关系的直线。其常数项 a 和系数 b 的计算公式如下：

$$a = \frac{\sum y - b \sum x}{n} \qquad b = \frac{n \sum xy - \sum x \cdot \sum y}{n \sum x^2 - (\sum x)^2}$$

式中：x 表示观察期；y 表示销售量或销售额等的预测值；a、b 为一特定常数，代表待定参数或回归系数；n 表示实际观测次数。

实际工作中，因观察期是一个时间系列且间隔相等，因此，可以采用简单方法处理，即令 $\sum x = 0$，将上式简化为：

$$a = \frac{\sum y}{n} \qquad b = \frac{\sum xy}{\sum x^2}$$

令 $\sum x = 0$ 的方法是，当实际观测次数 n 为奇数时，将 0 置于所有观测期的中央，其余上下各期的 x 值均以 ± 1 的级差增减，各观察期的时间变量 x 值应分别为：…，-3，-2，-1，0，1，2，3，…当实际观测次数 n 为偶数时，将 -1 与 $+1$ 置于所有观测期的当中上下两期，其余上下各期的 x 值均以 $+2$ 的级差增减，各观测期的时间变量 x 值应分别为：…，-5，-3，-1，1，3，5…

【工作任务9-6】仍以上述资料为例，用回归直线法预测 7 月份的销售量。

【工作成果】

因为观测期 $n = 6$ 为偶数，令第 3 月为 -1，第 4 月为 $+1$，计算如表 9-2 所示。

表 9-2 回归直线法数据计算表

月份	y	x	x^2	xy
1	500	-5	25	$-2\,500$
2	550	-3	9	$-1\,650$
3	530	-1	1	-530
4	580	$+1$	1	580
5	560	$+3$	9	1 680
6	550	$+5$	25	2 750
$n = 6$	$\sum y = 3\,270$	$\sum x = 0$	$\sum x^2 = 70$	$\sum xy = 330$

将表中数据代入回归系数的计算公式，可求得：

$$a = \frac{\sum y}{n} = \frac{3\,270}{6} = 545 \qquad b = \frac{\sum xy}{\sum x^2} = \frac{330}{70} = 4.714$$

则：$y = 545 + 4.714x$

因为 7 月份的 x 值为 $+7$，代入上式，$y = 545 + 4.714 \times 7 = 578$（件）。

三、销售的定价管理

(一) 影响产品价格的因素

销售定价管理是指在调查分析的基础上，选用合适的产品定价方法，为销售的产品制定最为恰当的售价，并根据具体情况运用不同价格策略，以实现经济效益最大化的过程。影响产品价格的因素非常复杂，主要包括以下几个方面。

（1）价值因素。价格是价值的货币体现，价值的大小决定着价格的高低，而价值量的大小又是由生产产品的社会必要劳动时间决定的。因此，提高社会劳动生产率，缩短生产产品的社会必要劳动时间，可以相对降低产品价格。

（2）成本因素。成本是影响定价的基本因素，企业必须获得可以弥补已发生成本费用的足够多的收入，才能长期生存发展下去。虽然短期内的产品价格有可能低于其成本，但从长期来看，产品价格应等于总成本加上合理的利润，否则企业无利可图，难以长久生存。

（3）市场供求因素。市场供求变动对价格的变动具有重大影响。当一种产品的市场供应大于需求时，就会对其价格产生向下的压力；而当其供应小于需求时，则会推动价格的提升。市场供求关系是永远矛盾的两个方面，因此，产品价格也会不断地波动。

（4）竞争因素。产品竞争程度不同，对定价的影响也不同。竞争越激烈，对价格的影响也越大。在完全竞争的市场，企业几乎没有定价的主动权；在不完全竞争的市场，竞争的强度主要取决于产品生产的难易和供求形势。为了做好定价决策，企业必须充分了解竞争者的情况，最重要的是竞争对手的定价策略。

（5）政策法规因素。各个国家对市场物价的高低和变动都有限制和法律规定，同时国家会通过市场、货币金融等手段间接调节价格。企业在制定价格策略时一定要很好地了解本国及所在国有关方面的政策和法规。

（二）产品定价方法

产品定价方法主要包括以成本为基础的定价方法和以市场需求为基础的定价方法两大类。前者主要有完全成本加成定价法、变动成本定价法、保本点定价法、目标利润定价法等；后者主要有需求价格弹性系数定价法和边际分析定价法等。

1. 完全成本加成定价法

它是在完全成本的基础上，加合理利润来定价。合理利润的确定，在工业企业一般是成本利润率，而在商业企业一般是销售利润率。其计算公式如下：

$$单位产品价格 = \frac{单位成本 \times (1 + 成本利润率)}{1 - 适用税率} = \frac{单位成本}{1 - 销售利润率 - 适用税率}$$

【工作任务 9-7】某企业生产甲产品，预计单位产品的制造成本为 100 元，计划销售 10 000 件，计划期的期间费用总额为 900 000 元，该产品适用的消费税税率为 5%，成本利润率必须达到 20%。请确定其价格。

【工作成果】

甲产品单价：$(100 + 900\,000 \div 10\,000) \times (1 + 20\%) \div (1 - 5\%) = 240$（元）

2. 保本点定价法

保本点定价法的基本原理是按照刚好能够保本的要求来制定产品销售价格，即能够保持不盈利也不亏损的销售价格水平，采用这一方法确定的是最低销售价格。其计算公式如下：

$$单位产品价格 = \frac{单位固定成本 + 单位变动成本}{1 - 适用税率} = \frac{单位完全成本}{1 - 适用税率}$$

【工作任务 9-8】某企业生产乙产品，本期计划销售量为 10 000 件，应负担的固定成本总额为 250 000 元，单位产品变动成本为 70 元，适用的消费税税率为 5%。请确定其价格。

【工作成果】

乙产品单价：$(250\,000 \div 10\,000 + 70) \div (1 - 5\%) = 100$（元）

3. 目标利润定价法

目标利润定价法是根据预期目标利润和产品销售量、产品成本、适用税率等因素来确定产品销售价格的方法。其计算公式如下：

$$\text{单位产品价格} = \frac{\text{目标利润总额} + \text{完全成本总额}}{\text{产品销量} \times (1 - \text{适用税率})} = \frac{\text{单位目标利润} + \text{单位完全成本}}{1 - \text{适用税率}}$$

【工作任务 9-9】某企业生产丙产品，本期计划销售量为 10 000 件，目标利润总额为 240 000 元，完全成本总额为 520 000 元，适用的消费税税率为 5%。请确定其价格。

【工作成果】

丙产品单价：$(240\,000 + 520\,000) \div [10\,000 \times (1 - 5\%)] = 80$（元）

4. 变动成本定价法

变动成本定价法是指企业在生产能力有剩余的情况下增加生产一定数量的产品所应分担的成本，这些增加的产品可以不负担企业的固定成本，只负担变动成本，在确定价格时产品成本仅以变动成本计算。其计算公式如下：

$$\text{单位产品价格} = \frac{\text{单位变动成本} \times (1 + \text{成本利润率})}{1 - \text{适用税率}}$$

【工作任务 9-10】某企业生产丁产品，设计生产能力为 12 000 件，计划期已安排生产 10 000 件，预计单位产品的变动成本为 190 元，计划期的固定成本费用总额为 950 000 元，该产品适用的消费税税率为 5%，成本利润率必须达到 20%。假定本年度接到一额外订单，订购 1 000 件丁产品，单价 300 元。请问：该企业计划内产品单位价格是多少？是否应接受这一额外订单？

【工作成果】

计划内丁产品单价：$(950\,000 \div 10\,000 + 190) \times (1 + 20\%) \div (1 - 5\%) = 360$（元）

计划外丁产品最低单价：$190 \times (1 + 20\%) \div (1 - 5\%) = 240$（元）

追加生产 1 000 件的变动成本为 190 元，而额外订单 300 元的单价高于其按变动成本计算的 240 元的最低价格，故应接受这一额外订单。

（三）价格策略

企业之间的竞争在很大程度上表现为企业产品在市场上的竞争。市场占有率的大小是衡量产品市场竞争能力的主要指标。除了提高产品质量之外，根据具体情况合理运用不同的价格策略，可以有效地提高产品的市场占有率和企业的竞争能力。

1. 折让定价策略

折让定价策略是指在一定条件下，以降低产品的销售价格来刺激购买者，从而达到扩大产品销售量的目的。价格的折让主要表现是折扣，一般表现为单价折扣、数量折扣、现金折扣、推广折扣和季节性折扣等形式。单价折扣是指给予所有购买者以价格折扣，而不管其购买数量的多少。数量折扣即购买者购买数量越多，则价格折扣越大；反之则越小。现金折扣即按照购买者付款期限长短所给予的价格折扣，其目的是鼓励购买者尽早偿还货款，以加速资金周转。推广折扣是指企业为了鼓励中间商帮助推销本企业产品而给予的价格优惠。季节折扣即企业为鼓励购买者购买季节性商品所给予的价格优惠。

2. 心理定价策略

心理定价策略是指针对购买者的心理特点而采取的一种定价策略，主要有声望定价、尾数定价、双位定价和高位定价等。声望定价是指企业按照其产品在市场上的知名度和消费者中的信任程度来制定产品价格的一种方法。一般来说，声望越高价格越高，这就是产品的"名牌效应"。尾数定价即在制定产品价格时，价格的尾数取接近整数的小数（如199.9元）或带有一定谐音的数（如898元、666元）等。双位定价是指在向市场以挂牌价格销售时，采用两种不同的标价来促销的一种定价方法。这种策略适用于市场接受程度较低或销路不太好的产品，比如，某产品标明"原价158元，现促销价99元"。高位定价即根据消费者"价高质优"的心理特点实行高标价促销的方法，但高位定价必须是优质产品，不能弄虚作假。

3. 组合定价策略

组合定价策略是针对相关产品组合所采取的一种方法。它根据相关产品在市场竞争中的不同情况，让互补产品价格有高有低，或使组合售价优惠。对于具有互补关系的相关产品，可以降低部分产品价格而提高互补产品价格，以促进销售，提高整体利润，如便宜的整车与高价的配件等。对于具有配套关系的相关产品，可以对组合购买进行优惠，比如西服套装中的上衣和裤子等。组合定价策略可以扩大销售量、节约流通费用，有利于企业整体效益的提高。

4. 寿命周期定价策略

寿命周期定价策略是根据产品从进入市场到退出市场的生命周期，分阶段确定不同价格的定价策略。产品在市场中的寿命周期一般分为推广期、成长期、成熟期和衰退期。推广期产品需要获得消费者的认同并进一步占有市场，应采取低价促销策略；成长期的产品具有一定的知名度，销售量稳步上升，可以采用中等价格；成熟期的产品市场知名度处于最佳状态，可以高价促销，但由于市场需求接近饱和，竞争激烈，定价时必须考虑竞争者的情况，以保持现有市场销售量；衰退期的产品市场竞争力下降，销售量下滑，应该降价促销或维持现价并辅之以折扣等其他手段，同时，积极开发新产品，保持企业的市场竞争优势。

学习任务2　利润分配管理实务

一、利润分配管理的原则与内容

1. 利润分配管理的原则

一个企业的利润分配不仅会影响企业的筹资和投资决策，而且涉及国家、企业、投资者、职工等多方面的利益关系，还涉及企业长远利益与近期利益、整体利益与局部利益关系的处理与协调。为了合理组织企业财务活动和正确处理财务关系，企业在进行利润分配时应遵循以下原则。

（1）依法分配原则。为规范企业的利润分配行为，国家制定和颁布了若干法规，这些法规规定了企业利润分配的基本要求、一般程序和重大比例，企业应认真执行，不得违反，这是正确处理各方面利益关系的关键。

（2）分配与积累并重原则。利润分配时应考虑未来发展需要，企业除按规定提取法定盈余公积金外，可适当留存一部分利润作为积累，以供未来分配之需，达到以丰补欠、平抑利润分配数额的波动。这不仅为企业扩大再生产筹措了资金，同时也增强了企业抵抗风险的能力，提高了企业经营的安全系数和稳定性，有利于增加所有者的回报。

（3）投资与收益对等原则。企业分配收益应当体现"谁投资谁受益"、受益大小与投资比例相适应，即投资与受益对等原则，不允许任何一方随意多分多占，从根本上实现分配中的公开、公平和公正，保护投资者的利益，这是正确处理投资者利益关系的关键。

2. 利润分配管理的内容

根据我国公司法及相关法律制度的规定，公司税后利润（净利润）的分配应按照下列顺序分配，并构成了利润分配管理的主要内容。

（1）弥补企业以前年度亏损。企业年度亏损可以用下一年度的税前利润弥补，下一年度不足弥补的，可以在5年之内用税前利润连续弥补，连续5年未弥补的亏损用税后利润弥补。其中，税后利润弥补亏损可以用当年实现的净利润，也可以用盈余公积转入。

（2）提取法定盈余公积金。法定公积金按照净利润扣除弥补以前年度亏损后的10%提取，法定公积金达到注册资本的50%时，可不再提取。法定公积金提取后，根据企业的需要，可用于弥补亏损或转增资本，但企业用法定公积金转增资本后，法定公积金的余额不得低于转增前公司注册资本的25%。

（3）提取任意盈余公积金。根据公司法的规定，公司从税后利润中提取法定公积金后，经股东会或股东代表大会决议，还可以从税后利润中提取任意公积金。这是为了满足企业经营管理的需要、控制向投资者分配利润的水平，以及调整各年度利润分配的波动。

（4）向股东（投资者）分配股利（利润）。根据公司法规定，公司弥补亏损和提取公积金后所余税后利润，可以向投资者分配股利。股东会、股东大会或者董事会违反相关规定，在公司弥补亏损和提取法定公积金之前向股东分配利润的，股东必须将违反规定分配的利润退还公司。另外，公司持有的本公司股份不得分配利润。

二、利润分配的制约因素

企业的利润分配涉及企业相关各方的切身利益，受众多不确定因素的影响。在确定分配政策时，应当考虑各种相关因素的影响，主要包括法律因素、公司因素、股东因素及其他因素。

1. 法律因素

为了保护债权人和股东的利益，法律规定就公司的利润分配做出如下规定。

（1）资本保全约束。规定公司不能用资本（包括实收资本或股本、资本公积）发放现金股利，目的在于维持企业资本的完整性，保护企业完整的产权基础，保障债权人的利益。

（2）资本积累约束。规定公司必须按照一定的比例和基数提取各种公积金，股利只能从企业的可供分配利润中支付。此处可供分配利润包含公司当期的净利润按照规定提取各种公积金后的余额和以前累积的未分配利润。另外，在进行利润分配时，一般应当贯彻"无利不分"的原则，即当企业出现年度亏损时，一般不进行利润分配。

（3）超额累积利润约束。由于资本利得与股利收入的税率不一致，如果公司为了避税而使得盈余的保留大大超过了公司目前及未来的投资需要时，将被加征额外的税款。

（4）偿债能力约束。要求公司考虑现金股利分配对偿债能力的影响，确定在分配后仍能保持较强的偿债能力，以维持公司的信誉和借贷能力，从而保证公司的正常资金周转。

2. 公司因素

公司基于短期经营和长期发展的考虑，在确定利润分配政策时，需要关注以下因素。

（1）现金流量。由于会计规范的要求和核算方法的选择，公司盈余与现金流量并非完全同步，净收益的增加不一定意味着可供分配的现金流量的增加。公司在进行利润分配时，要保证正常的经营活动对现金的需求，以维持资金的正常周转，使生产经营得以有序进行。

（2）资产的流动性。企业现金股利的支付会减少其现金持有量，降低资产的流动性，而保持一定的资产流动性是企业正常运转的必备条件。

（3）盈余的稳定性。一般来说，公司的盈余越稳定，其股利支付水平也就越高。

（4）投资机会。如果公司的投资机会多，对资金的需求量大，那么它就很可能考虑采用低股利支付水平的分配政策；相反，如果公司的投资机会少，对资金的需求量小，那么它就很可能倾向于采用较高的股利支付水平。此外，如果公司将留存收益用于再投资所得报酬低于股东个人单独将股利收入投资于其他投资机会所得的报酬时，公司就不应多留存收益，而应多发股利，这样有利于股东价值的最大化。

（5）筹资因素。如果公司具有较强的筹资能力，随时能筹集到所需资金，那么它会具有较强的股利支付能力。另外，留存收益是企业内部筹资的一种重要方式，它与发行新股或举债相比，不需花费筹资费用，同时增加了公司股权资本的比重，降低了财务风险，便于低成本取得债务资本。

3. 股东因素

股东在控制权、收入和税赋方面的考虑也会对公司的利润分配政策产生影响。

（1）控制权。现有股东往往将股利政策作为维持其控制地位的工具。企业支付较高的股利导致留存收益的减少，当企业为有利可图的投资机会筹集所需资金时，发行新股的可能性增大，新股东的加入必然稀释公司的控制权。所以，股东会倾向于较低的股利支付水平，以便从内部的留存收益中取得所需资金。

（2）稳定的收入。如果股东以现金股利来维持生活，他们往往要求企业能够支付稳定的股利，而反对过多的留存。

（3）避税。由于股利收入的税率要高于资本利得的税率，自然人还需缴纳个人所得税（由股份公司代征代缴），一些高股利收入的股东出于避税的考虑而往往倾向于较低的股利支付水平。

4. 其他因素

（1）债务契约。一般来说，股利支付水平越高，留存收益越少，企业的破产风险加大，就越有可能损害到债权人的利益。因此，为了保证自己的利益不受侵害，债权人通常都会在债务契约、租赁合同中加入关于借款企业股利政策的限制条款。

（2）通货膨胀。通货膨胀会带来货币购买力水平下降，导致固定资产重置资金不足，此时，企业不得不考虑留用一定的利润，以便弥补由于购买力下降而造成的固定资产重置资金缺口。因此，在通货膨胀时期，企业一般会采取偏紧的利润分配政策。

（3）市场因素。由于股利的信号传递作用，公司不宜经常改变其利润分配政策，应保持一定的连续性和稳定性。此外，利润分配政策还会受到其他公司的影响，比如不同发展阶段、不同行业的公司股利支付比例会有差异，这就要求公司在进行分配政策选择时考虑到发展阶段以及所处行业状况。

三、股利分配理论

企业的股利分配方案既取决于企业的股利政策，又取决于决策者对股利分配的理解与认识，即股利分配理论。股利分配理论是指人们对股利分配的客观规律的科学认识与总结，其核心问题是股利政策与公司价值的关系问题。在市场经济条件下，股利分配要符合财务管理目标。人们对股利分配与财务目标之间关系的认识存在不同的流派与观念，还没有一种被大多数人所接受的权威观点和结论，目前主要有股利无关论、股利相关论这两种观点。

1. 股利无关论

股利无关论认为，在一定的假设条件限制下，股利政策不会对公司的价值或股票的价格产生任何影响，投资者不关心公司股利的分配。公司市场价值的高低，是由公司所选择的投资决策的获利能力和风险组合所决定的，而与公司的利润分配政策无关。

公司对股东的分红是盈利减去未来投资所需资金的差额部分，且分红只能采取派现或股票回购等方式，因此，一旦投资政策已定，那么，在完全的资本市场上，股利政策的改变就仅仅意味着收益在现金股利与资本利得之间的分配变化。如果投资者按理性行事，这种改变不会影响公司的市场价值以及股东的财富。该理论是建立在完全资本市场理论之上的，假定条件包括：第一，市场具有强式效率；第二，不存在任何公司或个人所得税；第三，不存在任何筹资费用；第四，公司的投资决策与股利决策彼此独立。

2. 股利相关论

与股利无关论相反，股利相关论认为，企业的股利政策会影响股票价格和公司价值。主要观点有以下几种。

（1）"手中鸟"理论。该理论认为，用留存收益再投资给投资者带来的收益具有较大的不确定性，并且投资的风险随着时间的推移会进一步加大，因此，厌恶风险的投资者会偏好确定的股利收益，而不愿将收益留存在公司内部，去承担未来的投资风险。该理论还认为，公司的股利政策与公司的股票价格是密切相关的，即当公司支付较高的股利时，公司的股票价格会随之上升，公司价值将得到提高。

（2）信号传递理论。该理论认为，在信息不对称的情况下，公司可以通过股利政策向市场传递有关公司未来获利能力的信息，从而影响公司的股价。一般来说，预期未来获利能力强的公司，往往愿意通过相对较高的股利支付水平吸引更多的投资者。对于市场上的投资者来讲，股利政策的差异或许是反映公司预期获利能力的有价值的信号。如果公司连续保持较为稳定的股利支付水平，那么投资者会对公司未来的盈利能力与现金流量抱有乐观的预期。如果公司的股利支付水平突然发生变动，那么股票市价也会对这种变动做出反应。

（3）所得税差异理论。该理论认为，由于普遍存在的税率和纳税时间的差异，资本利得收入比股利收入更有助于实现收益最大化目标，公司应当采用低股利政策。一般来说，对资本利得收入征收的税率低于对股利收入征收的税率；再者，即使两者没有税率上的差异，由于投资者对资本利得收入的纳税时间选择更具有弹性，投资者仍可以享受延迟纳税带来的收益差异。

（4）代理理论。该理论认为，股利政策有助于减缓管理者与股东之间的代理冲突，即股利政策是协调股东与管理者之间代理关系的一种约束机制。该理论认为，股利的支付能够有效地降低代理成本。首先，股利的支付减少了管理者对自由现金流量的支配权，这在一定程度上可以控制公司管理者的过度投资或在职消费行为，从而保护外部投资者的利益；其次，较多的现金股利发放，减少了内部融资，导致公司进入资本市场寻求外部融资，公司将接受资本市场上更多的、更严格的监督，这样便通过资本市场的监督减少了代理成本。因此，高水平的股利政策降低了企业的代理成本，但同时增加了外部融资成本。理想的股利政策应当使两种成本之和最小。

四、股利政策

股利政策是指在法律允许的范围内，企业是否发放股利、发放多少股利以及何时发放股利的方针及政策。企业的净收益可以支付给股东，也可以留存在企业内部，股利政策的关键问题是确定分配和留存的比例。股利政策的最终目标是使公司价值最大化。股利往往可以向市场传递一些信息，股利发放的多寡、是否稳定、是否增长等，这些往往是大多数投资者推测公司经营状况、发展前景优劣的依据。因此，股利政策关系到公司在市场上、在投资者中间的形象，成功的股利政策有利于提高公司的市场价值。通常可供选择的股利政策包括：剩余股利政策、固定或稳定增长股利政策、固定股利支付率政策及低正常股利加额外股利政策。

1. 剩余股利政策

剩余股利政策是指公司较多地考虑将净利润用于股权资金需求，即增加资本或公积金，如果还有剩余，则派发股利；如果没有剩余，则不派发股利。

剩余股利政策的决策步骤如下：①根据公司的投资计划确定公司的最佳资本预算；②根据公司的目标资本结构及最佳资本预算预计公司资金需求中所需要的股权资本数额；③尽可能用留存收益来满足资金需求中所需增加的股东权益数额；④留存收益在满足公司股东权益增加需求后，如果有剩余再用来发放股利。

剩余股利政策的优点是：留存收益优先保证再投资的需要，从而有助于降低再投资的资金成本，保持最佳资本结构，实现企业价值的长期最大化。

缺点是：如果完全遵照执行剩余股利政策，股利发放额就会每年随投资机会和盈利水平的波动而波动。即使在盈利水平不变的情况下，股利也将与投资机会的多寡呈反方向变动，投资机会越多，股利越少；反之，投资机会越少，股利发放越多。而在投资机会维持不变的情况下，则股利发放额将因公司每年盈利的波动而同方向波动。剩余股利政策不利于投资者安排收入与支出，也不利于公司树立良好的形象，一般适用于公司初创阶段。

2. 固定或稳定增长股利政策

固定或稳定增长股利政策，是指公司将每年派发的股利额固定在某一特定水平或在此基础上维持某一固定比率逐年增长。只有确信公司未来的盈利增长不会发生逆转时，才会宣布实施固定或稳定增长的股利政策。

固定或稳定增长的股利政策的优点：首先，它能将公司未来的盈利能力、财务状况以及管理层对公司经营的信心等信息传递出去。固定或稳定增长的股利政策可以传递给股票市场和投资者一个公司经营状况稳定、管理层对未来充满信心的信号，这有利于公司在资本市场上树立良好的形象、增强投资者信心，进而有利于稳定公司股价。其次，它有利于吸引那些打算做长期投资的股东，这部分股东希望其投资的获利能力能够成为其稳定的收入来源，以便安排各种基础性的消费和其他支出。

固定或稳定增长的股利政策的缺点：首先，这种股利政策下的股利只升不降，股利支付与公司盈利相脱离；其次，在公司盈利状况不佳时，仍然执行这种股利政策，派发的股利将大于公司的盈利，必然侵蚀公司留存收益甚至资本，影响公司的发展和正常的生产经营活动。

因此，在采用固定或稳定增长的股利政策时，要求对公司未来的盈利能力和支付能力做出较为准确的判断。一般来说，公司确定的固定股利额不应太高，以免陷入无力支付的被动局面。这种股利政策适用于经营比较稳定或正处于成长期的企业，但很难被长期采用。

3. 固定股利支付率政策

固定股利支付率政策是指公司将每年净收益的某一固定百分比作为股利分配给股东。股利支付率一经确定，一般不得随意变更。固定股利支付率越高，公司的留存收益就越少。

固定股利支付率政策的优点：首先，该政策与公司盈余紧密配合，体现了多盈多分、少盈少分、不盈不分的分配原则。其次，公司每年按固定的比例从税后利润中支付现金股利，从企业支付能力的角度看，这是一种稳定的股利政策。

固定股利支付率政策的缺点：首先，传递的信息容易成为公司的不利因素。由于大多数公司很难保持稳定的收益，每年的收益不同将导致每年股利分配额的频繁变化，容易给投资者留下公司经营状况不稳定、投资风险大的不良影响。其次，容易使公司面临较大的财务压力。由于公司实现的盈利将按固定比率支付，但当公司现金流量不佳时，固定的股利支付率很容易给公司造成较大的财务压力。最后，合适的股利支付率的确定难度较大。

由于公司每年面临的经济环境、投资机会等都不同，因此按固定比率发放股利的政策比较适用于处于稳定发展且财务状况也较稳定的公司。

4. 低正常股利加额外股利政策

低正常股利加额外股利政策是指企业事先设定一个较低的正常股利额，每年除了按正常股利额向股东发放现金股利外，还在企业盈利情况较好、资金较为充裕的年度向股东发放高于每年度正常股利的额外股利。

低正常股利加额外股利政策的优点：首先，该政策赋予公司一定的灵活性，使公司在股利发放上留有余地和具有较大的灵活性；同时，每年可以根据公司的具体情况，选择不同的股利发放水平，以完善公司的资本结构，进而实现公司的财务目标。其次，使那些依靠股利度日的股东每年至少可以得到虽然较低但比较稳定的股利收入，从而吸引这部分股东。

低正常股利加额外股利政策的缺点：首先，各年之间公司的盈利波动使得额外股利不断变化，或时有时无，造成分派的股利不同，容易给投资者以公司收益不稳定的感觉。其次，当公司在较长时间持续发放额外股利后，可能被误认为是"正常股利"，而一旦取消了这部分额外股利，传递出去的信息可能是公司财务恶化，进而可能引起公司股价下跌的不良后果。

因此，低正常股利加额外股利政策在一些盈利水平随着经济周期而波动较大的公司或行业，是一种较受欢迎的股利政策。

上面所阐述的是企业在实际经济生活中常用的几种分配策略。其中，固定股利政策、低正常股利加额外股利政策是企业普遍采用并为广大投资者所认可的两种基本政策。企业在确定分配政策时，可以参照上述股利政策的思想，充分考虑实际情况，选择适宜的股利分配政策。

【工作任务9-11】某股份公司去年实现税后利润1 500万元，今年年初向股东分配现金股利900万元，今年实现税后利润1 800万元。明年初将扩大生产规模，新建生产流水线需资金2 000万元，准备于明年年初分配股利，请分别回答以下问题：

（1）执行固定股利支付率政策，生产流水线65%的资金由股权资本解决，需要向外部筹集多少股权资本？

（2）执行固定股利政策，生产流水线70%的资金由股权资本解决，需要向外部筹集多少股权资本？

（3）执行剩余股利政策，生产流水线50%的资金由股权资本解决，是否需要向外部筹集股权资本，明年年初可以发放多少现金股利？

【工作成果】

（1）生产流水线需要股权资本为1 300万元（2 000×65%），固定股利支付率为60%（900÷1 500），明年年初支付股利为1 080万元（1 800×60%），需要向外部筹集股权资本为580万元[1 300-(1 800-1 080)]。

（2）生产流水线需要股权资本为1 400万元（2 000×70%），明年年初支付固定股利900万元，需要向外部筹集股权资本为500万元[1 400-(1 800-900)]。

（3）生产流水线需要股权资本为1 000万元（2 000×50%），不需要向外部筹集股权资本，明年年初可以发放现金股利800万元（1 800-1 000）。

五、股利形式和发放程序

1. 股利支付形式

（1）现金股利。现金股利是以现金支付的股利，它是股利支付的最常见的方式。公司选择发放现金股利除了要有足够的留存收益外，还要有足够的现金，而现金充足与否往往会成为公司发放现金股利的主要制约因素。

（2）财产股利。财产股利是以现金以外的其他资产支付的股利，主要是以公司所拥有的其他公司的有价证券，如债券、股票等，作为股利支付给股东。

（3）负债股利。负债股利是以负债方式支付的股利，通常以公司的应付票据支付给股东，有时也以发放公司债券的方式支付股利。

财产股利和负债股利实际上是现金股利的替代，但这两种股利支付形式在我国公司实务中很少使用。

（4）股票股利。股票股利是公司以增发股票的方式所支付的股利，我国实务中通常也称其为"红股"。股票股利对公司来说，并没有现金流出企业，也不会导致公司的财产减少，而只是将公司的留存收益转化为股本。但股票权利会增加流通在外的股票数量，同时降低股票的每股价值。它不改变公司股东权益总额，但会改变股东权益的构成。

【工作任务9-12】ABC上市公司在发放股票股利前，发行在外的普通股为2 000万股（每股面值1元），资本公积3 000万元，盈余公积2 000万元，未分配利润3 000万元。该公司宣布用当年实现利润发放股票股利，股东每持有10股即可获得1股普通股。若某一投资者在发放股票股利前持有该公司股票10万股，分配股利后他的持股比例是多少？

【工作成果】
(1) 分配股利前后 ABC 公司股东权益变动情况如表 9-3 所示。

表 9-3 ABC 公司股东权益变动情况表　　　　　单位：万元

股东权益项目	分配股利前	分配股利后
股本（面值 1 元）	2 000	2 200
资本公积	3 000	3 000
盈余公积	2 000	2 000
未分配利润	3 000	2 800
股东权益合计	10 000	10 000

(2) 某投资者在分配股利前持有 10 万股，股权比例为：$10 \div 2\,000 = 0.5\%$

分配股利后持有 11 万股，股权比例为：$11 \div 2\,200 = 0.5\%$

需要说明的是，很多西方国家股票股利以股票市价冲减未分配利润，按股票面值列作股本，市价超过面值部分列作资本公积。但在我国，股票股利是按照股票面值来增加股本、减少未分配利润的。

2. 股利的发放程序

公司在选择股利政策、确定股利支付水平和方式后，应当进行股利的发放。公司股利的发放必须遵循相关要求，按照日程安排来进行。股利发放有几个非常重要的日期，一般而言，股利的支付需要按照下列日程来进行。

(1) 预案公告日。上市公司分派股利时由公司董事会制定分红预案，包括本次分红的数量、分红的方式，股东大会召开的时间、地点及表决方式等，以上内容由公司董事会向社会公开发布。

(2) 宣告日。上述股利分配预案，由公司股东大会讨论通过后，股份公司董事会正式宣布股利发放方案，宣布股利发放方案的那一天即为宣告日。在宣告日，股份公司应登记有关股利负债（应付股利）。

(3) 股权登记日。股权登记日即有权领取股利的股东资格登记截止日期。由于工作和实施方面的原因，自公司宣布发放股利至公司实际将股利发出有一定的时间间隔，而上市公司的股票在此时间间隔内处在不停的交易之中，公司股东会随股票交易而不断易人。为了明确股利的归属，公司确定股权登记日，凡在股权登记日之前（含登记日当天）列于公司股东名单上的股东，都将获得此次发放的股利，而在这一天之后才列于公司股东名单上的股东，将得不到此次发放的股利，股利仍归原股东所有。

(4) 除息日。除息日即领取股利的权利与股票分离的日期。在除息日之前购买的股票可以得到将要发放的股利，在除息日及其之后购买的股票则无权得到股利。除息日是股权登记的下一个交易日。除息日对股票的价格有明显影响：在除息日之前购进的股票，股票价格中含有将要发放的股利的价值；在除息日当天及之后购进的股票，股票价格中不再包含股利收入，因此其价格应低于除息日之前的交易价格。

(5) 股利发放日。在这一天，公司按公布的分红方案向股权登记日在册的股东实际支付股利，并冲销股利负债。

学习任务3　学习效果检验

一、单项选择题

1. 下列销售预测方法中，属于定量分析法的有（　　）。
   A. 德尔菲法　　　B. 推销员判断法　　　C. 因果预测分析法　　　D. 产品寿命周期法

2. ABC公司生产甲产品，本期计划销售量20 000件，应负担固定成本总额600 000元、单位产品变动成本60元，适用的消费税税率10%、城建税税率7%、教育费附加3%。根据上述资料，运用保本点定价法预测的单位甲产品的价格应为（　　）元。
   A. 90.88　　　　B. 81.12　　　　C. 101.12　　　　D. 100

3. 在采用平滑指数法进行近期销售预测时，应选择（　　）。
   A. 固定的平滑指数　　　　　　　B. 较大的平滑指数
   C. 较小的平滑指数　　　　　　　D. 任意数值的平滑指数

4. 下列项目中，（　　）不能用于分派现金股利。
   A. 盈余公积金　　　B. 资本公积　　　C. 税后利润　　　D. 未分配利润

5. 对企业和股东都有利的是（　　）政策。
   A. 剩余股利　　　　　　　　　　B. 固定股利
   C. 低正常股利加额外股利　　　　D. 固定股利率

6. （　　）是法律对利润分配进行超额累积利润限制的主要原因。
   A. 避免损害少数股东权益　　　　B. 避免资本结构失调
   C. 避免股东避税　　　　　　　　D. 避免经营者从中牟利

7. 当公司以股票形式发放股利时，其结果是（　　）。
   A. 引起公司资产减少　　　　　　B. 引起公司负债减少
   C. 引起股东权益和负债同时变化　D. 引起股东权益内部结构变化

8. 在确定企业的收益分配政策时，"偿债能力约束"属于（　　）。
   A. 股东因素　　　B. 公司因素　　　C. 法律因素　　　D. 债务契约因素

9. 以下股利分配政策中，最有利于股价稳定的是（　　）。
   A. 剩余股利政策　　　　　　　　B. 固定或稳定增长的股利政策
   C. 固定股利支付率政策　　　　　D. 低正常股利加额外股利政策

二、多项选择题

1. 关于销售预测的定量分析法的说法正确的有（　　）。
   A. 算术平均法适用于每月销售量波动不大的产品的销售预测
   B. 加权平均法权数的选取应遵循"近小远大"的原则
   C. 加权平均法比算术平均法更适合在实践中应用
   D. 指数平滑法实质上是一种加权平均法

2. 除了提升产品质量之外，根据具体情况合理运用不同的价格策略，可以有效地提高产品的市场占有率和企业的竞争能力。以下属于价格运用策略的是（　　）。

A. 折让定价策略　　B. 组合定价策略　　C. 寿命周期定价策略　D. 保本定价策略
3. 下列方法中属于定性预测法的有（　　）。
A. 专家判断法　　　B. 算术平均法　　　C. 指数平滑法　　　D. 德尔菲法
4. （　　）约束是影响股利政策的法律约束因素。
A. 资本确定　　　　B. 资本保全　　　　C. 资本积累　　　　D. 超额累积利润
5. 若上市公司采用了合理的利润分配政策，则可获得的效果有（　　）。
A. 能为企业筹资创造良好条件　　　B. 能处理好与投资者的关系
C. 改善企业经营管理　　　　　　　D. 能增强投资者的信心
6. 当向股东支付股利时，股份有限公司需经过（　　）。
A. 股利支付日　　　B. 股权登记日　　　C. 除息日　　　　　D. 股利宣告日
7. 下列各项中，属于税后利润分配项目的有（　　）。
A. 法定公积金　　　B. 未弥补亏损　　　C. 股利　　　　　　D. 资本公积金
8. 以下属于股利无关论中完全市场理论的假设条件的有（　　）。
A. 市场具有半强式效率　　　　　　B. 不存在任何公司和个人所得税
C. 不存在任何筹资费用　　　　　　D. 公司投资决策与股利决策有一定联系
9. 股利无关论认为（　　）。
A. 投资人并不关心股利的分配　　　B. 股利支付率不影响公司价值
C. 股利支付率影响公司价值　　　　D. 投资人对股利和资本利得无偏好

三、判断题

1. 销售预测中的算术平均法适用于销售量有波动的产品预测。（　　）
2. 当一些企业在考虑投资分红时，往往将借款作为筹资的第一选择渠道。（　　）
3. 盈余不稳定的公司较多采用低股利政策。（　　）
4. 在除息日之前，股利权从属于股票；从除息日开始，新购入股票的人不能分享本次已宣告发放的股利。（　　）
5. 当负债资金较多、资金结构不健全的企业在选择筹资渠道时，常将留用利润作为首选，目的是降低筹资的外在成本。（　　）
6. 能使股利与公司盈利紧密配合，以体现多盈多分、少盈少分原则的是低正常股利加额外股利政策。（　　）
7. 税法关于亏损弥补的规定为纳税人进行税收筹划提供了空间，纳税人可以充分利用亏损结转的规定，尽可能晚地弥补亏损，以获得税收利益。（　　）
8. 企业发放股票股利会引起每股利润下降，从而导致每股市价有可能下跌，因而每位股东所持股票的市场价值总额也将随之下降。（　　）
9. 采用剩余股利分配政策的优点是，有利于保持理想的资金结构，降低企业的综合资金成本。（　　）

四、计算分析题

1. 甲公司某产品近 6 年实际销售量如表 9-4 所示。

表9-4 甲公司某产品近6年实际销售量

年　数	前5年	前4年	前3年	前2年	前1年	今年
销量/万件	500	490	510	495	515	520

要求：（1）用算术平均法预测明年的销售量。

（2）若各年权重分别为0.09、0.1、0.14、0.19、0.23、0.25，用加权平均法预测明年的销售量。

（3）今年的销售量预测为515万件，平滑系数为0.8，用指数平滑法预测明年的销售量。

2. 某公司今年的税后净利为600万元，目前的负债比率（负债÷资产）为52%，该公司希望继续保持这一比率。明年准备投资新项目需资金700万元，如果采用剩余股利政策，明年应该怎样筹集资金？可发放多少现金股利？

3. 某公司近8年乙产品销售量与广告费如表9-5所示，预计明年广告费支出为155万元。

表9-5 乙产品销售量与广告费

年　数	前7年	前6年	前5年	前4年	前3年	前2年	去年	今年
销售量/吨	3 250	3 300	3 150	3 350	3 450	3 500	3 400	3 600
广告费/万元	100	105	0.08	90	125	140	140	150

要求：用回归直线法预测明年产品的销售量。

营运资金管理实务

目的要求

本学习情境主要介绍营运资金管理内容、现金管理实务、应收账款管理实务与存货管理实务。在工作任务的驱动下完成相应的学习任务后,能够理解营运资金的含义、管理特点与管理原则;能够理解现金、应收账款和存货的功能、管理成本与管理目标;能够掌握最佳现金持有量、信用政策的决策;能够掌握存货经济批量、存货储存期等管理方法。

学习任务1 营运资金管理内容

一、营运资金的含义

营运资金又称循环资本或营运资本,是指一个企业维持日常经营所需的资金,通常指流动资产减去流动负债后的差额。用公式表示为:

营运资金总额 = 流动资产总额 - 动负债总额

流动资产是指可以在1年以内或超过1年的一个营业周期以内变现或运用的资产。流动资产具有占用时间短、周转快、易变现等特点。企业拥有较多的流动资产,可在一定程度上降低财务风险。流动负债是指需要在1年以内或者超过1年的一个营业周期内偿还的债务。流动负债又称短期负债,具有成本低、偿还期短的特点。在企业的流动资产中,来源于流动负债的部分由于面临债权人的短期索求权,而无法供企业在较长期限内自由运用,只有扣除短期负债的剩余流动资产(营运资金),才能为企业提供一个宽裕的自由使用期间。

营运资金管理既包括流动资产的管理,也包括流动负债的管理。营运资金是流动资产的一个有机组成部分,因具有较强的流动性而成为企业日常生产经营活动的润滑剂和衡量企业短期偿债能力的重要指标。由于在客观上存在现金流入量与流出量不同步和不确定的现实情况,企业持有一定量的营运资金十分重要。企业应控制营运资金的持有数量,既要防止营运资金不足,也要避免营运资金过多。这是因为企业营运资金越大,风险越小,但收益率也越低;相反,营运资金越小,风险越大,但收益率也越高。企业需要在风险和收益率之间进行权衡,从而将营运资金的数量控制在一定范围之内。

二、营运资金的特点

1. 营运资金的来源具有灵活多样性

与长期资金的筹资方式相比,企业营运资金的筹资方式较为灵活多样,通常采用的筹资方式有:①短期银行借款;②商业信用,包括应付账款、预收货款与商业汇票等;③发行短期债券;④票据贴现、应收账款转让、集团公司财务中心的资金融通;⑤自然融资,如企业生产经营过程中自然形成的未付职工薪酬、未交税费、未付费用等流动负债。

2. 营运资金的数量具有波动性

流动资产的数量会随着企业内外条件的变化而变化,时高时低,波动很大。季节性企业如此,非季节性企业也如此。随着流动资产数量的变动,流动负债的数量也会相应发生变动。

3. 营运资金的周转具有短期性

企业占用在流动资产上的资金,通常会在1年以内或超过1年的一个营业周期以内收回。根据这一特点,营运资金可以在企业内部、外部融入短期资金的方式解决。与长期筹资相比,筹集营运资金的用资费用较低,如短期借款、票据贴现、带息商业汇票、发行短期债券、集团公司内部资金融通等所获得的资金;有的资金不需要支付显性的筹资费用、用资费用,如预收账款、没有现金折扣的应付账款、不带息商业汇票、自然融资等所获得的资金。

市场经济"没有免费的午餐",短期融资的时间短、偿债压力大而使企业面临的财务风险较大。若不能偿还到期债务,可能造成企业信誉丧失而形成再融资的"隐性成本",或难以再融资给企业带来财务危机,甚至导致企业的破产。

4. 营运资金的实物形态具有变动性和易变现性

企业营运资金的实物形态是经常变化的,一般按照现金、材料、在产品、产成品、应收账款、现金的顺序转化。为此,在进行流动资产管理时,必须在各项流动资产上合理配置资金数额,做到结构合理,以促进资金周转顺利进行。此外,短期投资、应收账款、存货等流动资产一般具有较强的变现能力,如果遇到意外情况,企业出现资金周转不灵、现金短缺时,可迅速变卖这些资产,以获取现金。

三、营运资金的管理原则

企业的营运资金在全部资金中占有相当大的比重,而且周转期短,形态易变,是企业财务管理工作的一项重要内容。实证研究也表明,财务经理的大量时间都用于营运资金的管理。

1. 保证合理的资金需求

企业应认真分析生产经营状况,合理确定营运资金的需要数量。企业营运资金的需求数量与企业生产经营活动有直接关系。一般情况下,当企业产销两旺时,流动资产会不断增加,流动负债也会相应增加;而当企业产销量不断减少时,流动资产和流动负债也会相应减少。营运资金的管理必须把满足正常合理的资金需求作为首要任务。

2. 提高资金使用效率

加速资金周转是提高资金使用效率的主要手段之一。提高营运资金使用效率的关键就是采取得力措施,缩短营业周期,加速变现过程,加快营运资金周转。因此,企业要千方百计地加速存货、应收账款等流动资产的周转，以便用有限的资金服务于更大的产业规模，为企业取得更好的经济效益提供条件。

3. 节约资金使用成本

在营运资金管理中，必须正确处理保证生产经营需要和节约资金使用成本二者之间的关系。要在保证生产经营需要的前提下，尽力降低资金使用成本。一方面，要挖掘资金潜力，盘活全部资金，精打细算地使用资金；另一方面，积极拓展融资渠道，合理配置资源，筹措低成本资金，服务于生产经营。

4. 保持足够的短期偿债能力

偿债能力的高低是企业财务风险高低的标志之一。合理安排流动资产与流动负债的比例关系，保持流动资产结构与流动负债结构的适配性，保证企业有足够的短期偿债能力是营运资金管理的重要原则之一。流动资产、流动负债以及二者之间的关系能较好地反映企业的短期偿债能力。流动负债是在短期内需要偿还的债务，而流动资产则是在短期内可以转化为现金的资产。如果一个企业的流动资产比较多，流动负债比较少，说明企业的短期偿债能力较强；反之，则说明短期偿债能力较弱。但如果企业的流动资产太多，流动负债太少，也不是正常现象，这可能是因流动资产闲置或流动负债利用不足所致。

流动负债的管理参见"筹资方式管理实务"，本学习情境重点介绍流动资产的管理。

学习任务2 现金管理实务

一、现金的管理目标

现金分为狭义的现金和广义的现金。狭义的现金指的是企业财会部门库存现金或现钞。广义的现金指的是指在生产过程中暂时停留在货币形态的资金，包括库存现金、银行存款、银行本票和银行汇票等。这里所讲的是广义的现金，它是变现能力最强的非盈利性资产。

现金可以用来满足生产经营开支的各种需要，也是还本付息和履行纳税义务的保证，是变现能力最强的资产。拥有足够的现金对于降低企业的风险，增强企业资产的流动性和债务的可清偿性有着重要的意义。但库存现金是唯一的不创造价值的资产，对其持有量不是越多越好。即使是银行存款，其利率也非常低。因此，现金存量过多，它所提供的流动性边际效益便会随之下降，从而使企业的收益水平下降。现金管理的过程就是在现金的流动性与收益性之间进行权衡选择的过程。现金管理的目标是合理确定现金持有量，使现金收支不但在数量上，而且在时间上相互衔接，在保证企业经营活动现金需要的同时，降低企业闲置的现金数量，提高资金收益率。

二、现金的持有动机

1. 交易动机

交易动机即企业在正常生产经营秩序下应当保持一定的现金支付能力。企业为了组织日常生产经营活动，必须保持一定数额的现金余额，如购买原材料、支付工资、缴纳税款等。企业每天的现金收入和现金支出很少同时等额发生，保留一定的现金余额可使企业在现金支出大于现金收入时，不中断交易。一般来说，企业为满足交易动机所持有的现金余额主要取决于企业的销售水平，企业销售扩大与增加，所需现金余额也随之增加。

2. 预防动机

预防动机即企业为应付紧急情况而需要保持的现金支付能力。由于市场行情的瞬息万变和其他各种不测因素的存在，企业通常难以对未来现金流入量和流出量做出准确的估计和预期，因此，在正常业务活动现金需要量的基础上，追加一定数量的现金余额以应付未来现金流入和流出的随机波动，是企业在确定必要现金持有量时应当考虑的因素。企业为应付紧急情况所持有的现金余额主要取决于以下三个方面：一是企业愿意承担风险的程度；二是企业临时举债能力的强弱；三是企业对现金流量预测的可靠程度。在实际工作中，企业还可以通过持有一定数量的有价证券来满足预防动机。

3. 投机动机

投机动机即企业为了抓住各种瞬息即逝的市场机会，获取较大的利益而准备的现金余额。一般来说，这种投资机会具有时间短、收益高的特点，例如，估计原材料价格将大幅上扬时，大量购进原材料，从而获得价差收益。投机动机只是企业确定现金余额时所需考虑的次要因素之一，其持有量的大小往往与企业在金融市场的投资机会及企业对风险的态度有关。

企业确定现金余额时，一般应综合考虑各方面的持有动机。但要注意的是，由于各种动机所需的现金可以调节使用，企业持有的现金总额并不等于各种动机所需现金余额的简单相加，前者通常小于后者。另外，上述各种动机所需保持的现金，并不要求必须是货币形态，也可以是能够随时变现的有价证券以及能够随时转换成现金的其他形态，如可随时借入的银行信贷协定、信贷额度等。

三、现金的管理成本

1. 持有成本

现金持有成本，是指企业因保留一定现金余额而增加的管理费用及丧失的再投资收益。企业保留现金，对现金进行管理，会发生一定的管理费用，如管理人员工资及必要的安全设施费等。这部分费用具有固定成本的性质，它在一定范围内与现金持有量的多少关系不大，是决策无关成本。现金再投资收益也称为现金机会成本，是企业保留一定现金余额而丧失的再投资收益，这种成本在数额上等同于资金成本。放弃的再投资收益即机会成本属于变动成本，它与现金持有量存在正比例关系，即现金持有量越大，机会成本越高。

2. 转换成本

转换成本也称交易成本，是企业用现金购入有价证券以及转让有价证券换取现金时付出的交易费用，即现金同有价证券之间相互转换的成本，如委托买卖佣金、委托手续费、证券过户费、实物交割手续费等。

转换成本与现金持有量的关系是：在现金需要量既定的前提下，现金持有量或有价证券变现额的多少，必然对有价证券的变现次数产生影响，即现金持有量越少，进行证券变现的次数越多，相应的转换成本就越大；反之，现金持有量越多，进行证券变现的次数越少，需要的转换成本就越少。因此，现金持有量的不同必然通过证券变现次数多少而对转换成本产生影响。

3. 短缺成本

现金短缺成本是指因现金持有量不足而又无法及时通过有价证券变现等方式加以补充而

给企业造成的损失,包括直接损失和间接损失。直接损失是指由于现金的短缺而使企业的生产经营及投资受到影响而造成的损失;间接损失是指由于现金的短缺而给企业带来的无形的损失(隐性成本)。现金的短缺成本与现金持有量呈反方向变动关系,即现金的短缺成本随着现金持有量的增加而下降,随着现金持有量的减少而上升。

四、现金目标余额的确定

现金是企业的主要支付手段,也是变现能力最强的非盈利性资产。现金持有量不足可能影响企业的生产经营,加大企业的财务风险;现金持有量过多,则会降低企业的整体盈利水平。因此,企业确定现金目标余额即最佳现金持有量具有重要意义。确定最佳现金持有量的模式主要包括成本分析模式、存货模式和随机模式等。

1. 成本分析模式

成本分析模式是分析预测其机会成本及短缺成本最低时现金持有量的一种方法。运用成本分析模式确定现金最佳持有量,只考虑因持有一定量的现金而产生的机会成本及短缺成本,而不予考虑管理费用和转换成本,即成本分析模式是找到机会成本和短缺成本所组成的相关成本曲线中最低的点所对应的现金持有量,把它作为最佳现金持有量。如前所述,短缺成本与现金持有量呈反方向变动关系,机会成本与现金持有量成正比例变动关系。机会成本用公式表示如下:

$$机会成本 = 平均现金持有量 \times 机会成本率$$

在实际工作中运用成本分析模式确定最佳现金持有量的步骤是:①根据不同现金持有量预测并确定有关成本数值;②按照不同现金持有量及其有关成本资料编制最佳现金持有量测算表;③在测算表中找出相关成本最低时的现金持有量,即最佳现金持有量。

【工作任务 10-1】某企业现有 A、B、C、D 四种现金持有方案,有关成本资料如表 10-1 所示。

表 10-1 现金持有量备选方案表　　　　　　　　　　　单位:元

项目	A	B	C	D
平均现金持有量	200 000	300 000	400 000	500 000
机会成本率	10%	10%	10%	10%
短缺成本	50 000	30 000	10 000	8 000

【工作成果】

根据表 10-1,采用成本分析模式编制该企业最佳现金持有量测算表,如表 10-2 所示。

表 10-2 最佳现金持有量测算表　　　　　　　　　　　单位:元

方案	平均现金持有量	机会成本	短缺成本	相关成本
A	200 000	20 000	50 000	70 000
B	300 000	30 000	30 000	60 000
C	400 000	40 000	10 000	50 000
D	500 000	50 000	8 000	58 000

通过分析比较上表中各方案的总成本可知，C 方案的相关成本最低，因此，企业平均持有 40 万元的现金时总代价最低，最佳现金持有量为 40 万元。

2. 存货模式

存货模式是确定现金机会成本与转换成本之和最低的现金持有量的一种方法。存货模式的着眼点是现金相关成本之和最低，它只考虑现金的机会成本和转换成本，而不考虑现金的管理费用和短缺成本。如果现金持有量大，则现金的机会成本高，转换成本低；反之，现金持有量小，则现金的机会成本低，转换成本高。

运用存货模式确定最佳现金持有量的假设前提为：①企业所需现金可通过证券变现取得，且证券变现的不确定性很小；②企业预算期内现金需要总量可以预测；③现金的支出过程比较稳定、波动较小，而且每当现金余额降至零时，均通过部分证券变现得以补足；④证券的利率或报酬率以及每次固定性交易费用可以获悉。

若 A 为一个周期内现金的总需求量，B 为每次转换有价证券的固定成本，Q 为最佳现金持有量（每次证券变现的数量），i 为有价证券利息率（机会成本），N 为有价证券交易次数，TC 为现金管理相关成本，机会成本 $=(Q \div 2) \times i$，转换成本 $=(A \div Q) \times B$，由此可得以下公式：

$$Q = \sqrt{2AB \div i} \quad N = A \div Q \quad \sqrt{Ai \div 2B} \quad TC = \sqrt{2AiB}$$

【工作任务 10 - 2】某企业预计全年需要现金 400 000 元，现金与有价证券的转换成本为每次 200 元，有价证券的利息率为 10%。

【工作成果】

最佳现金持有量：$\sqrt{\dfrac{2 \times 400\ 000 \times 200}{10\%}} = 40\ 000$（元）

有价证券交易次数：$\dfrac{400\ 000}{40\ 000} = 10$（次）

转换成本：$(400\ 000 \div 40\ 000) \times 200 = 2\ 000$（元）

持有机会成本：$(40\ 000 \div 2) \times 10\% = 2\ 000$（元）

最低相关成本：$\sqrt{2 \times 400\ 000 \times 200 \times 10\%} = 4\ 000$（元）

五、现金的周转管理

企业购买原材料不一定需要立即付款，这一延迟付款的时间段称为应付账款周转期或付账期。从收到原材料，加工原材料，完成产成品，到将产成品卖出的这一时期，称为存货周转期。产品卖出后到收到顾客支付的货款的这一时期，称为应收账款周转期或收账期。存货周转期与应收账款周转期称为企业的经营周期，它是指从取得存货开始到销售存货并收回现金为止的时期。

现金周转期是指介于企业支付现金与收到现金之间的时间段，也就是存货周转期与应收账款周转期之和减去应付账款周转期。现金周转循环过程如图 10 - 1 所示。

上述周转过程可用公式表示如下：

现金周转期 = 经营周期 - 应付账款周转期

经营周期 = 存货周转期 + 应收账款周转期

存货周转期 = 平均存货 ÷ 每天的销货成本

应收账款周转期 = 平均应收账款 ÷ 每天的销货收入
应付账款周转期 = 平均应付账款 ÷ 每天的购货成本

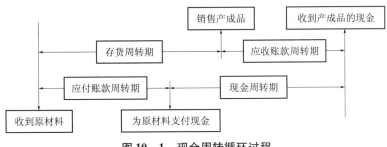

图 10 – 1　现金周转循环过程

所以，要减少现金周转期，可以从以下方面着手：加快制造与销售产成品来减少存货周转期；加速应收账款的回收来减少应收账款周转期；减缓支付应付账款来延长应付账款周转期。

【工作任务10 – 3】假设某公司赊销商品的条件是要求客户在60天按全额付清货款。过去三个月的赊销情况分别为：90 000元、105 000元、115 000元，这三个月应收账款的平均余额为285 000元。

【工作任成果】
平均日销售额：(90 000 + 105 000 + 115 000) ÷ 90 = 3 444.44（元）
应收账款周转天数：285 000 ÷ 3 444.44 = 82.74（天）
平均逾期收账天数：82.74 – 60 = 22.74（天）

学习任务3　应收账款管理实务

一、应收账款的功能与管理目标

应收账款是指企业因对外赊销产品、材料、供应劳务等而应向购货或接受劳务的单位收取的款项。

1. 应收账款的功能

（1）促进销售。由于赊销方式下，企业在销售产品的同时，向买方提供了可以在一定期限内无偿使用的资金，即商业信用资金，其数额等同于商品的售价，这对于购买方而言具有极大的吸引力。因此，赊销是一种重要的促销手段，对企业销售产品、开拓并占领市场具有重要意义。在企业产品销售不畅、市场萎缩、竞争不利的情况下，或者在企业销售新产品、开拓新市场时，为了适应市场竞争的需要，适时地采用各种有效的赊销方式，就显得尤为必要。

（2）减少存货。赊销可以加速产品销售的实现，加快产成品向销售收入的转化速度，从而降低存货中的产成品数额，有利于缩短产成品的库存时间，降低产成品存货的管理费用、仓储费用和保险费用等支出。因此，当产成品存货较多时，企业可以采用较为优惠的信用条件进行赊销，尽快实现产成品由存货向销售收入的转化，变持有产成品存货为持有应收账款，以节约各项存货支出。

2. 应收账款管理目标

企业采取赊销方式提供商业信用，会使企业应收账款的数额大量增加，现金的收回延长，甚至使企业遭受不能收回应收账款的损失。但赊销又可以扩大销售、减少存货，增加企业的市场占有率。因此，应收账款管理的目标是，在发挥应收账款扩大销货功能的同时，尽可能降低应收账款投资的机会成本，减少坏账损失与管理成本，提高应收账款投资的收益。

3. 信用政策

为了充分发挥应收账款的作用，必须加强应收账款的管理，其核心是制定适当的信用政策。在制定信用政策时，一方面要考虑到有利于扩大销售；另一方面要考虑到有利于降低应收账款占用的资金，缩短应收账款的回收期，防止发生坏账损失。

应收账款赊销效果的好坏，依赖于企业的信用政策的制定与执行。信用政策又称为应收账款政策，是企业财务政策的重要组成部分，是指企业为对应收账款投资进行规划与控制而确立的基本原则与行为规范，包括信用标准、信用条件和收账政策。信用政策的制定就是在成本与收益比较原则的基础上，做出信用标准、信用条件和收账政策的决策方案。

二、应收账款的成本

1. 机会成本

应收账款的机会成本，是指因资金投放在应收账款上而丧失的收益，如投资于有价证券便会有利息收入。这一成本的大小通常与企业维持赊销业务所需要的资金数量（即应收账款投资额）、资金成本率有关。其计算公式如下：

$$应收账款机会成本 = 应收账款投资额 \times 资金成本率$$

式中，资金成本率一般用借款利息率或有价证券利息率确定；应收账款投资额可以按赊销收入计算出应收账款平均余额，再根据应收账款平均余额与变动成本率进行计算，计算公式如下：

$$应收账款投资额 = 应收账款平均余额 \times （变动成本 \div 销售收入）$$
$$= 应收账款平均余额 \times 变动成本率$$
$$应收账款平均余额 = 年赊销收入净额 \div 360 \times 平均收款天数$$
$$= 平均每日赊销额 \times 平均收款天数$$

上式假设企业的成本水平保持不变（即单位变动成本不变，固定成本总额不变），因此，随着赊销业务的扩大，只有变动成本随之上升。

【工作任务10-4】 某企业预测的年度赊销收入净额为6 000 000元，应收账款平均收账（周转）天数为60天，变动成本率为60%，资金成本为10%。

【工作成果】

应收账款平均余额：6 000 000 ÷ 360 × 60 = 1 000 000（元）

应收账款投资额：1 000 000 × 60% = 600 000（元）

应收账款机会成本：600 000 × 10% = 60 000（元）

上述计算表明：企业投放60万元的资金可维持600万元的赊销业务，相当于垫支资金的10倍。这一高倍数在很大程度上取决于应收账款的收账速度。在正常情况下，应收账款收款（周转）天数越少，相同数量应收账款占用资金所维持的赊销额就越大；应收账款收账天数越多，维持相同赊销额所需要的资金数量就越大。而应收账款机会成本在很大程度上取决于企业维持赊销业务所需资金的多少。

2. 管理成本

应收账款管理成本是对应收账款进行日常管理而耗费的开支，主要包括对客户的资信调查费用、信息收集费、数据处理成本、相关管理人员费用、收账费用等。

3. 坏账成本

应收账款坏账成本是因应收账款无法收回而给企业带来的损失。这一成本一般与应收账款数量同方向变动，即应收账款越多，坏账成本也越多。基于此，为了规避发生坏账成本给企业生产经营活动带来的不利影响，企业应合理提取坏账准备。

三、信用标准

1. 信用标准的确定依据

信用标准是客户获得企业商业信用所应具备的最低条件，通常以预期的坏账损失率作为判断的依据。如果企业把信用标准定得过高，将使许多客户因信用品质达不到所设的标准而被企业拒之门外，其结果尽管有利于降低违约风险及收款费用，但不利于企业市场竞争能力的提高和销售收入的扩大。相反，如果企业制定较低的信用标准，虽然有利于企业扩大销售，提高市场竞争力和占有率，但同时也会导致坏账损失风险加大和收账费用增加。因此，企业应在成本与收益比较原则的基础上，确定适宜的信用标准。

2. 信用的定性分析

信用的定性分析是指对赊销对象（客户）"质"的方面的分析。客户的资信程度可以通过"5C"系统进行评价。内容如下：

（1）品质（Character）。品质是指客户履约或违约的可能性。客户是否愿意按期支付货款，与该客户在以往的交易过程中所表现出来的品质有很大的关系，因此，品质是信用评价中的首要因素。

（2）偿付能力（Capacity）。偿付能力即客户支付货款的能力。客户支付货款的能力取决于其资产特别是流动资产的数量、质量（变现能力）、流动比率以及现金的持有水平等因素。一般来说，企业的流动资产越多，质量越好，流动比率越高，持有现金越多，其支付货款的能力就越强。

（3）资本（Capital）。资本是指客户的经济实力和财务状况的优劣，它是根据有关的财务比率来测定客户净资产的大小及其获利的可能性。

（4）抵押品（Collateral）。抵押品是指客户拒付或无力支付货款时能被用作抵押的资产。当对客户的信用状况出现怀疑时，如果客户能够提供足够的抵押品，就可以向其提供商业信用。这不仅对顺利收回货款有利，而且客户一旦违约，也可以变卖抵押品，挽回经济损失。

（5）经济状况（Conditions）。经济状况是指可能影响客户付款能力的经济环境，包括一般经济发展趋势和某些地区特殊情况的发生。当发现客户的经济状况向不利的方向发展时，给其提供商业信用就应十分谨慎。

3. 信用的定量分析

进行商业信用的定量分析可以从考察客户的财务报表开始，通常使用比率分析法评价顾客的财务状况。常用的指标有：流动性和营运资本比率（如流动比率、速动比率以及现金对负债总额比率)、债务管理和支付比率(利息保障倍数、长期债务对资本比率、带息债务对资产总额比率,以及负债总额对资产总额比率)、盈利能力指标(销售回报率、总资产回报率和净资产收益率)等。

将这些指标与信用评级机构、行业协会或国务院国资委等发布的行业标准、企业综合绩效评价标准等进行比较,可以洞察客户的信用状况。

四、信用条件

1. 信用条件的表示

信用条件是指企业接受客户信用订单时所提出的付款要求,主要包括信用期限、折扣期限及现金折扣率等。信用条件的一般形式如"2/10,N/30",意思是:若客户在10天内付款,可享受2%的现金折扣;如果放弃折扣优惠,则全部款项必须在30日内付清。上述信用条件的信用期限为30天,折扣期限为10天,现金折扣率为2%。

2. 信用期限

信用期限是指企业允许客户从购货到支付货款的时间间隔。企业产品销售量与信用期限之间存在一定的依存关系。通常,延长信用期限,可以在一定程度上扩大销售量,从而增加销售毛利。但不适当地延长信用期限,会给企业带来不良后果:一是使平均收款期延长,占用在应收账款上的资金相应增加,引起机会成本增加;二是引起坏账损失和收账费用的增加。因此,企业是否给客户延长信用期限,应视延长信用期限增加的边际收入是否大于增加的边际成本而定。

【工作任务10-5】根据历史资料,某公司变动成本率为75%,机会成本率为10%,为了加强赊销管理,提出了A、B、C三套方案。A方案信用条件为N/30,估计年销售3 600万元,坏账损失率为2%,收账费用为38万元;B方案为N/60,估计年销售3 960万元,坏账损失率为3%,收账费用为60万元;C方案为N/90,估计年销售4 200万元,坏账损失率为5%,收账费用为100万元。请根据以上情况对企业的信用天数进行择优。

【工作成果】

根据以上资料计算各方案信用前后收益,如表10-3所示。

表10-3 信用天数收益分析比较表

计算项目	A方案	B方案	C方案
年赊销额/万元	3 600	3 960	4 200
信用前收益/万元	900	990	1 050
减:机会成本/万元	22.5	49.5	78.75
其中:平均收款天数/天	30	60	90
应收平均余额/万元	300	660	1 050
赊销占用资金/万元	225	495	787.5
减:坏账损失/万元	72	118.8	210
减:收账费用/万元	38	60	100
信用后收益/万元	767.5	761.7	661.25

(1) 信用前收益的计算。按成本习性原理，固定成本总额在相关范围内固定不变，所以是与决策无关的成本；信用前收益可按"收入×(1 - 变动成本率)"进行计算。如 A 方案为 3 600×(1 - 75%) = 900 万元。

(2) 机会成本的计算。由于没有现金折扣，客户是不会提前付款的，所以其平均收款天数应为信用期，并按前述公式计算机会成本。如 A 方案的平均收款天数为 30 天，应收账款平均余额为 3 600÷360×30 = 300 万元；赊销占用资金（应收账款投资额）为 300×75% = 225 万元；机会成本为 225×10% = 22.5 万元。

(3) 坏账损失的计算。坏账损失与赊销额直接相关，所以按年赊销额与相应的坏账损失率计算，如 A 方案为：3 600×2% = 72 万元。

(4) 信用后收益计算。按信用前收益，扣除相关的信用成本（包括机会成本、坏账损失和收账费用）即可计算出信用后收益，如 A 方案为：900 - 22.5 - 72 - 38 = 767.5 万元。

(5) 收益比较。经计算可见，如果不考虑信用相关成本，以上方案信用前收益的优先顺序为：C 方案＜B 方案＜A 方案；但考虑信用成本后，信用后收益的优选顺序应为：A 方案＜B 方案＜C 方案。

(6) 择优。企业应选择 A 方案，即"N/30"的赊销信用条件。

3. 现金折扣

延长信用期限会增加应收账款占用的时间和金额。许多企业为了加速资金周转，及时收回货款，减少坏账损失，往往在延长信用期限的同时，采用一定的优惠措施，对在规定的时间内提前偿付货款的客户按销售收入的一定比率享受现金折扣。如"2/10，1/20，N/30"，意思是：在 10 天内付款，给予 2% 的现金折扣；在 11~20 天内付款，给予 1% 的现金折扣；在 21~30 天内付款，不给予现金折扣；超过 30 天付款为延期付款，客户将丧失商业信誉。现金折扣实际上是对现金收入的扣减，企业决定是否提供以及提供多大程度的现金折扣，着重考虑的是提供现金折扣后所得的信用后收益是否更大。

【工作任务 10 - 6】某企业采用赊销方式销售 A 产品，该产品的销售单价为 20 元，单位产品的变动成本为 15 元，固定成本总额为 400 000 元，当企业没有对客户提供现金折扣时，该产品的年销售量为 100 000 件，应收账款的平均回收期为 45 天，坏账损失率为 2%。为了增加销售，同时加速应收账款的回收，企业考虑给客户提供"2/10，N/60"的信用条件。估计采用这一新的信用条件后，销售量将增加 25%，有 70% 的客户将在折扣期内付款，坏账损失率将降为 1%。另外，应收账款的机会成本率为 20%，该企业的生产能力有剩余。试选择对企业最有利的信用条件。

【工作成果】

(1) 根据以上数据计算各方案信用后收益，如表 10 - 4 所示。

表 10 - 4 信用条件对比表   单位：元

项　目	采用旧的信用条件	采用新的信用条件	比较
销售收入	2 000 000①	2 500 000⑥	增收入：465 000
现金折扣	—	35 000⑦	
变动成本	1 500 000②	1 875 000	增成本：375 000
信用前收益	500 000	590 000⑧	

续表

项　目	采用旧的信用条件	采用新的信用条件	比较
应收账款的机会成本	37 500③	26 042⑨	减成本：11 458
应收账款的坏账成本	40 000④	25 000⑩	减成本：15 000
信用后收益	422 500⑤	538 958⑪	增收益：116 458

（2）上表相关数据计算如下：①100 000×20＝2 000 000（元）；②15×100 000＝1 500 000（元）；③2 000 000×45÷360×75%×20%＝37 500（元）；④2 000 000×2%＝40 000（元）；⑤500 000－37 500－40 000＝422 500（元）；⑥100 000×(1＋25%)×20＝2 500 000（元）；⑦2 500 000×70%×2%＝35 000（元）；⑧2 500 000－35 000－1 875 000＝590 000（元）；⑨2 500 000×(10×70%＋60×30%)÷360×75%×20%＝26 042（元）；⑩2 500 000×1%＝25 000（元）；⑪590 000－26 042－25 000＝538 958（元）。

（3）根据表10－4分析，采用新的信用条件比原信用条件的收益增加116 458元，所以，应采用新的信用条件。

五、收账政策

收账政策是指企业针对客户违反信用条件，拖欠甚至拒付账款所采取的收账策略与措施。收账政策主要包括监督应收账款的回收情况、建立应收账款坏账准备制度、制定适当的收账方针。

1. 监督应收账款的回收情况

企业已经发生的应收账款时间有长有短，有的尚未超过信用期，有的则已逾期拖欠。一般来说，逾期的时间越长，账款的催收难度就越大，成为坏账的可能性就越高。所以，将应收账款按账龄分类，尤其是按逾期时间分类，密切关注应收账款的回收情况，是加强应收账款管理的重要措施。

应收账款账龄是指未收回应收账款从产生到目前为止的整个时间。如果一个单位有多笔应收款项，应区别不同的账龄时间进行计算，也可用未收回款的金额进行加权计算平均的账龄。应收账款的账龄分析就是考察研究应收账款的账龄结构。所谓应收账款的账龄结构，是指各账龄应收账款的余额占应收账款总计余额的比重。

企业应分析逾期应收账款具体属于哪些客户，这些客户是否经常发生拖欠情况，发生拖欠情况的原因何在。一般而言，账款的逾期时间越短，收回的可能性也就越大，即发生坏账损失的程度相对越小；反之，收账的难度及发生坏账损失的可能性也就越大。因此，对不同拖欠时间的账款及不同信用品质的客户，企业应采取不同的收账方法，制定出经济可行的不同收账方针和收账方案；对可能发生的坏账损失，需提前有所准备，充分估计这一因素对企业损益的影响。对尚未过期的应收账款，也不能放松管理与监督，以防发生新的拖欠。

【工作任务10－7】某企业应收账款账龄结构如表10－5所示。

表10－5　应收账款账龄分析表

应收账款	账户数量/个	金额/万元	金额比重/%
信用期内	100	120	60

续表

应收账款	账户数量/个	金额/万元	金额比重/%
逾期半年内	50	40	20
逾期半年至一年	20	20	10
逾期一年至两年	10	10	5
逾期两年至三年	15	8	4
逾期三年以上	8	2	1
应收账款总计	—	200	100

【工作成果】

表10-5表明，该企业应收账款总额为200万元，其中在信用期内的120万元，占60%；逾期半年内的40万元，占20%；逾期半年至一年的20万元，占10%；逾期一年至两年的10万元，占5%；逾期两年至三年的8万元，占4%；逾期三年以上的2万元，占1%。从总体上看，该企业逾期的应收账款为80万元，占40%，比重较大，所以应引起财务管理人员的高度重视。

2. 建立应收账款坏账准备制度

只要有应收账款就有发生坏账的可能性，按照权责发生制原则和谨慎性原则的要求，必须对坏账发生的可能性预先进行估计，并计提相应的坏账准备。按《企业会计准则》规定，应收账款坏账准备的具体计提比例可以由企业根据自己的实际情况和以往的经验加以确定。

【工作成果】

承前例，若该企业已制定如下的应收账款坏账准备提取比例：①在信用期内，按其余额的5%计提；②逾期不超过半年，按其余额的10%计提；③逾期半年至一年，按其余额的15%计提；④逾期一年至两年，按其余额的20%计提；⑤逾期两年至三年，按其余额的30%计提；⑥逾期三年以上，按其余额的50%计提。

应计提坏账准备：$120 \times 5\% + 40 \times 10\% + 20 \times 15\% + 10 \times 20\% + 8 \times 30\% + 2 \times 50\% = 18.4$（万元）。

3. 制定适当的收账方针

企业向客户提供商业信用时，必须考虑三个问题：客户是否会拖欠或拒绝付账，程度如何；怎样最大限度地防止客户拖欠账款；一旦账款遭到拖欠甚至拒付，企业应采取怎样的对策。前两个问题主要通过信用调查和严格信用审批进行监管；第三个问题则必须通过制定完善的收账方针（对策），采取有效的收账措施予以解决。

当企业账款被拖欠或拒付时，采取的收账方针即对策，首先应该分析企业现有的信用标准及信用审批制度是否存在问题，然后重新对违约客户的资信等级进行调查和评价。对于逾期较短的拖欠，不必过多地去打扰客户，以免将来失去这一市场；对逾期稍长的客户，可措辞婉转地写信催收；对逾期较长的客户，以频繁的信件催款并电话催收；对逾期很长的客户，可在催款时措辞严厉，必要时考虑通过法律途径解决问题。

理论上讲，履约付款是客户不容置疑的责任与义务，作为债权（赊销）方有要求债务方偿付账款的法定权利。但是，这并不意味着一旦发生拖欠或拒付账款的情况就要付诸法律，因为企业解决与客户账款纠纷的目的，主要不是争论谁是谁非，而在于怎样最有效地将账款收回。实际上，各个客户拖欠或拒付账款的原因是不尽相同的，许多信用品质好的客户也可能因为某些原因无法如期付款，此时如果企业直接向法院起诉，不仅需要花费相当数额的诉讼费，而且效果往往也不理想。所以，通过法院强行收回账款一般是企业不得已而为之的办法。

无论采取何种方式催收账款，都需要付出一定的代价，即收账费用。一般而言，企业加强收账管理，及早收回货款，可以减少坏账损失，减少应收账款上的资金占用，但会增加收账费用。因此，制定收账方针就是要在增加收账费用与减少坏账损失、减少应收账款机会成本之间进行权衡，若前者小于后者，则说明制定的应收账款方针是可取的。

学习任务4　存货管理实务

一、存货功能与管理目标

存货是指企业在日常活动中持有以备出售的产成品或商品、处在生产过程中的在产品，以及在生产过程或提供劳务过程中耗用的材料和物料等。其中，为生产而储备的存货主要包括库存原材料、辅助材料、包装物、低值易耗品等；为销售而储备的存货主要包括库存商品、产成品等。存货在流动资产中所占的比重比较大，存货管理水平的高低，对企业生产经营得顺利与否具有直接的影响。

1. 存货的功能

存货的功能是指存货在企业生产经营过程中起到的作用，具体包括以下几个方面。

（1）保证生产正常进行。生产过程中需要的原材料和在产品，是生产的物质保证。为了保障生产的正常进行，必须储备一定量的原材料；否则可能造成生产中断、停工待料等现象。

（2）有利于销售。一定数量的存货储备能够增加企业在生产和销售方面的机动性和适应市场变化的能力。当企业市场需求量增加时，若产品储备不足就有可能失去销售良机，所以保持一定量的存货是有利于市场销售的。

（3）便于维持均衡生产，降低产品成本。有些企业产品属于季节性产品或者需求波动较大的产品，此时若根据需求状况组织生产，则可能有时生产能力得不到充分利用，有时又超负荷生产，这会造成产品成本的上升。

（4）降低存货取得成本。一般情况下，当企业进行采购时，进货总成本与采购单价和采购次数有密切关系。许多供应商为了鼓励客户多购买其产品，往往在客户采购量达到一定数量时，给予价格折扣，所以企业通过大批量集中进货，既可以享受价格折扣，降低购置成本，也可能因减少订货次数，降低订货成本，使进货总成本降低。

（5）防止意外事件的发生。企业在采购、运输、生产和销售过程中，都可能发生意料之外的事故。保持必要的存货保险储备，可以避免和减少意外事件的损失。

2. 存货管理目标

企业持有充足的存货，不仅有利于生产过程的顺利进行、节约采购费用与生产时间，而且能够迅速满足客户各种订货的需要，从而为企业的生产与销售提供较大的机动性，避免因存货不足带来的机会损失。然而，存货的增加必然要占用更多的资金，将使企业付出更大的持有成本，而且存货的储存与管理费用也会增加，影响企业获利能力的提高。因此，存货管理的目标就是如何在存货功能（收益）与成本之间进行利弊权衡，在充分发挥存货功能的同时降低成本，增加收益，实现它们的最佳组合。

二、进货经济批量

（一）与进货相关的成本分析

企业采购存货应尽量使进货成本最低，进货成本主要由存货进价、进货费用两部分构成。但购进的存货还要储存保管，还可能因进货量不足造成脱销等。所以，采购存货时应进行进货成本、储存成本与缺货成本的分析，使存货的相关成本最低。

1. 进货成本

存货进价又称购置成本，为采购单价与进货数量的乘积。制造企业一般是"以销定产、以产定耗、以耗定购"，商品流通企业一般是"以销定购"，所以在一定时期内，企业进货总量是既定的或可预测的。在进货总量既定下，采购决策主要是由采购次数与每次的进货批量（进货批量＝进货总量÷采购次数）决定。若进货总量既定又无价格折扣，无论采购多少次，存货的总进价通常是保持相对稳定的，属于与采购次数、采购批量决策无关成本；若进货总量既定但有价格折扣，存货的总进价则与采购次数、进货批量的决策相关。

进货费用又称订货成本，是指企业为组织进货而开支的费用。进货费用有一部分与订货次数有关，如差旅费、电话联络费、运输费、检验费等，它与进货次数成正比例变动关系，这类变动性进货费用属于进货批量决策的相关成本。另一部分则与订货次数无关，如专设采购部门的折旧费、工资等支出，这类固定性费用属于进货批量决策的无关成本。

2. 储存成本

储存成本即企业为持有存货而发生的费用，按照与储存数量的关系分为变动性储存成本和固定性储存成本两类。其中，固定性储存成本与存货储存量（每批进货量）的多少没有直接联系，如仓库折旧、库管员工资等，这类成本属于与每批进货量决策的无关成本。变动性储存成本则与存货储存量（每批进货量）密切相关，如存货损耗、存货占用的资金利息、存货保险费等，这类成本属于与每批进货量决策的相关成本。

3. 缺货成本

缺货成本是指因存货不足而给企业造成的停产损失、延误发货的信誉损失及丧失销售机会的损失等。缺货成本能否作为存货储存量（每批进货量）决策的相关成本，应视企业是否允许出现存货短缺的情形而定。若允许缺货，则缺货成本便与每批进货量反向相关，即属于决策相关成本；反之，若企业不允许发生缺货情形，此时缺货成本为零，在每批进货量的决策中无须加以考虑。

（二）经济进货批量基本模型

经济进货批量是指能够使一定时期存货的相关成本达到最低的每次进货数量。经济进货批量基本模型以如下假设为前提：①企业一定时期的进货总量可以较为准确地预测；②存货的耗用或销售比较均衡；③存货的价格稳定，且不存在价格（数量）折扣；④进货日期完全由企业控制，并且每当存货量降为零时，下一批存货均能马上一次到位；⑤仓储条件及所需现金不受限制；⑥不允许出现缺货；⑦所需存货市场供应充足，并能集中到货。

通过上述存货成本分析可知，决定进货批量的成本因素主要包括变动性进货费用、变动性储存费以及允许缺货时的缺货成本。经济进货批量基本模型不考虑缺货,即仅考虑变动性进货费、变动性储存费。在进货总量既定时,若订购的批量大,采购次数少,变动性进货费用少;同时,储存的存货多,变动性储存费就高。若订货的批量小,采购次数多,变动性进货费用多;同时,储存的存货少,变动性储存费就低。因此,企业组织进货过程需解决的主要问题是:使变动性进货费与变动性储存费之和的相关成本最低。

相关成本 = 变动性进货费 + 变动性储存费

$$= \frac{存货全年进货总量}{每次进货批量} \times 每次进货费用 + \frac{每次进货批量}{2} \times 单位存货年储存成本额$$

若 Q 为进货经济批量,A 为某种存货的全年需要量,B 为平均每次进货费用,C 为单位存货年度储存成本,TC 为进货经济批量的相关成本,则:

$$Q = \sqrt{2AB \div C} \quad TC = \sqrt{2ABC}$$

【工作任务10-8】某企业每年耗用甲材料14 400千克,该材料的单位采购价格为10元,每千克材料年储存成本平均为2元,平均每次进货费用为900元。

【工作成果】

(1)经济进货批量:$\sqrt{2 \times 14\,400 \times 900 \div 2} = 3\,600$(千克)

(2)相关成本:$\sqrt{2 \times 14\,400 \times 900} = 7\,200$(元)

其中,变动性进货费:14 400 ÷ 3 600 × 900 = 3 600(元)

变动性储存费:3 600 ÷ 2 × 2 = 3 600(元)

(3)最佳进货次数:14 400 ÷ 3 600 = 4(次)

(4)资金平均占用额:3 600 × 10 ÷ 2 = 18 000(元)

(三)实行数量折扣的进货批量决策

为了鼓励客户购买更多的商品,销售企业通常会给予不同程度的价格优惠,即实行商业折扣或称价格折扣、数量折扣。购买越多,所获得的价格优惠越大。此时,存货进价成本已经与每次进货数量的大小有了直接的联系,属于决策相关成本。存在数量折扣时的存货相关成本可按下式计算:

相关成本 = 存货进价 + 变动性进货费 + 变动性储存费

实行数量折扣的进货批量确定步骤如下:①按照基本经济进货批量模型确定经济进货批量;②计算按经济进货批量进货时的存货相关成本;③计算按给予数量折扣的进货批量进货时的存货相关成本;④比较不同进货批量的相关成本,相关成本最低的采购量即为最佳进货批量。

【工作任务10-9】假设工作任务10-8中,每次订购甲材料超过4 000千克,则可获得2%的商业折扣,此时应如何做出采购决策?

【工作成果】

(1)采购3 600千克时的相关成本:14 400 × 10 + 7 200 = 151 200(元)

(2)采购4 000千克时的相关成本:14 400 × 10 × (1 - 2%) + 14 400 ÷ 4 000 × 900 + 4 000 ÷ 2 × 2 = 148 360(元)

(3)比较可知,应享受商业折扣,即应每次采购4 000千克,可以节约2 840元的相关成本。

（四）再订货点的决策

确定了经济采购批量,还需要确定订货的时点。再订货点是指发出订货指令时应当保存的原材料数量。再订货点的计算公式如下:

$$再订货点 = (交货天数 + 保险天数) \times 每日平均耗用量$$

【工作任务10-10】某企业每日耗用甲材料200千克,交货期为10天,保险天数为5天。

【工作成果】

再订货点:$200 \times (10 + 5) = 3\,000$(千克)

即当该材料尚有3 000千克时就应当组织采购,等到下批采购的甲材料到达后,原有库存刚好用完。

三、存货储存期的控制

为了加快存货的周转,企业应该尽量缩短存货的储存期,尤其是缩短可供销售的产品或商品的储存期。这是因为存货会占用资金并增加仓储管理费,而且在市场变化较快的情况下,储存期过长有可能导致企业的产品或商品滞销而给企业带来巨大的损失。

1. 整进整出存货储存期分析

对于从事直运业务、批发业务等的企业,其存货可能是批进批出。这类企业持有存货而发生的费用,按照其与储存时间的关系可以分为固定储存费用与变动储存费用两类。前者与存货储存期的长短没有直接关系,后者则与存货储存期的长短有着密切关系,如存货资金占用费、存货储存管理费等。它们与利润存在以下关系:

$$利润 = \frac{销售}{毛利} - \frac{固定性}{储存费} - \frac{销售税金}{及附加费} - \frac{每日变动}{储存费用} \times \frac{储存}{天数}$$

由上式可推算出以下的存货保本或保利的分析公式:

$$\frac{存货保本}{储存天数} = \frac{毛利 - 固定性储存费 - 销售税金及附加}{每日变动储存费}$$

$$\frac{存货保利}{储存天数} = \frac{毛利 - 固定性储存费 - 销售税金及附加 - 目标利润}{每日变动储存费}$$

$$实际利润 = 每日变动储存费 \times (保本储存天数 - 实际储存天数)$$

【工作任务10-11】某商品流通企业购进甲商品5 000件,单位进价50元,单位售价70元,经销该商品固定性管理费30 000元,销售税金及附加2 000元,每日变动储存费为200元,在不考虑增值税的情况下,试计算:(1)该批存货保本储存期;(2)若该企业欲获得20 000元的利润,计算其保利储存期;(3)若该批存货实际储存期为160天,实际获得的利润为多少?

【工作成果】

(1)存货保本储存期:$\dfrac{(70 - 50) \times 5\,000 - 2\,000 - 30\,000}{200} = 340$(天)

(2)存货保利储存期:$\dfrac{(70 - 50) \times 5\,000 - 2\,000 - 30\,000 - 20\,000}{200} = 240$(天)

(3)储存期为160天时实际获利:$200 \times (340 - 160) = 36\,000$(元)

2. 整进均匀零出存货储存期分析

零售、超市等企业的存货，其存货一般是整批购进再均匀售出。整进均匀零出的资金占用、日变动储存费为整进整出的一半，所以进行存货储存期分析时，可对上述公式乘以调整系数0.5进行分析计算。考虑增值税因素，日均储存费、目标利润公式如下：

$$\text{日均变动储存费用} = \text{购进批量} \times \text{购进单价} \times (1 + \text{增值税率}) \times \text{每日变动储存费率} \times 0.5$$

目标利润 = 购货数量 × 进价 × (1 + 增值税率) × 投资收益率 × 0.5

式中：每日变动储存费率可用"流动资金年贷款利率÷360 + 月仓储费用率÷30"计算；由于购进货物后需支付增值税款，所以投资于存货上的资金需加上增值税，并据此计算储存费。

【工作任务10-12】 某超市准备购进甲产品4 000件，根据以往经验，该产品每日销量基本相等（整进均匀零出）。该产品单位进价150元，单位售价180元，增值税率为17%；一次性费用50 000元，销售税费5 600元。经测算年贷款利率10%，存货月保管费率4‰。要求：（1）计算日均变动储存费用；（2）期望投资收益率10%时，应实现多少利润？（3）该批存货的保本天数、保利天数是多少？（4）若实际储存了200天，可实现多少利润？

【工作成果】

（1）日变动储存费：4 000 × 150 × (1 + 17%) × (8% ÷ 360 + 4‰ ÷ 30) × 0.5 = 124.8（元）

（2）目标利润：4 000 × 150 × (1 + 17%) × 10% × 0.5 = 35 100（元）

（3）保本天数：[4 000 × (180 - 150) - 55 600] ÷ 124.8 = 516（天）

保利天数：[4 000 × (180 - 150) - 55 600 - 35 100] ÷ 124.8 = 235（天）

（4）实际利润：(516 - 200) × 124.8 = 39 440（元）

四、存货的ABC分类管理

1. 存货ABC分类的标准

存货ABC分类管理就是按照一定的标准，将企业的存货划分为A、B、C三类，分别实行品种重点管理，分类别一般控制和按总额灵活掌握的存货管理方法。存货分类的标准主要有两个：一是金额标准；二是品种数量标准。其中金额标准是最基本的，品种数量标准仅作为参考。A类存货标准：金额很大，品种数量很少；B类存货标准：金额较大，品种数量较多；C类存货标准：金额较小，品种数量繁多。例如，一个百货公司，高档皮货、摩托车、大型健身器械等商品的品种数量并不是很多，但价值额却很大；大众化的服装、鞋帽、床上用品、布匹、文具等商品品种数量比较多，但价值额相对A商品要小得多；至于各种小百货，如针线、纽扣、化妆品、日常用品等品种数量非常多，但所占金额却很小。

一般而言，三类存货的金额比重大约为A:B:C = 7:2:1，而品种数量比重大约为A:B:C = 1:2:7。

2. 存货ABC的分类方法

存货ABC分类工作步骤为：①列示企业全部存货的明细表，并计算出每种存货的价值总额及占全部存货金额的百分比。②按照金额标志由大到小进行排序并累加金额百分比。③当金额百分比累加到70%左右时，以上存货视为A类存货；百分比介于70%~90%的存货视为B类存货，其余则为C类存货。

3. 存货 ABC 管理方式

将存货划分成 A、B、C 三类后，再采取不同的管理方法。A 类存货应进行重点管理，经常检查这类存货的库存情况，严格控制该类存货的支出。B 类存货的金额相对较小，数量也多，可以通过划分类别的方式进行管理，或者按照其在生产中的重要程度和采购难易度分别采用 A 类或 C 类存货的管理方法。C 类存货占用的金额比重很小，品种数量很多，可以只对其进行总量控制和管理。

【工作任务 10-13】某企业共有 20 种原材料，总金额为 100 000 元，各材料的金额如表 10-6 所示。

【工作成果】

首先按各种材料的金额大小顺序排列，将其金额与总金额相除计算其所占的比重，然后从大到小累计金额比重，再根据上述原则将企业所有原材料划分为 A、B、C 三类。

表 10-6 存货 ABC 分类表

材料编号	金额/元	金额比重/%	累计金额比重/%	类别	存货数量		存货金额	
					个数	比重/%	金额/元	比重/%
1	50 000	50	50	A 类	2	10	75 000	75
2	25 000	25	75					
3	10 000	10	85	B 类	5	25	20 000	20
4	5 000	5	90					
5	2 500	2.50	92.50					
6	1 500	1.50	94					
7	1 000	1	95					
8	900	0.90	95.90	C 类	13	65	5 000	5
9	800	0.80	96.70					
10	700	0.70	97.40					
11	600	0.60	98					
12	500	0.50	98.50					
13	400	0.40	98.90					
14	300	0.30	99.20					
15	200	0.20	99.40					
16	190	0.19	99.59					
17	180	0.18	99.77					
18	170	0.17	99.94					
19	50	0.05	99.99					
20	10	0.01	100					

学习任务5　学习效果检验

一、单项选择题

1. 企业为满足交易动机而持有现金，所需考虑的主要因素是（　　）。
   A. 企业销售水平的高低　　　　B. 企业临时举债能力的大小
   C. 企业对待风险的态度　　　　D. 金融市场投机机会的多少
2. 下列各项成本中与现金的持有量成正比例关系的是（　　）。
   A. 管理成本　　　　　　　　　B. 企业持有现金放弃的再投资收益
   C. 固定性转换成本　　　　　　D. 短缺成本
3. 某企业年销售收入为1 000万元（1年按360天计算），信用条件为"1/10，n/50"时，预计有20%的客户选择享受现金折扣，其余客户在信用期付款，变动成本率为60%，资金成本率为8%，则应收账款机会成本为（　　）元。
   A. 78 000　　　B. 65 000　　　C. 56 000　　　D. 93 333.33
4. 在确定最佳现金持有量时，成本分析模式和存货模式均需考虑的因素是（　　）。
   A. 持有现金的机会成本　　　　B. 固定性转换成本
   C. 现金短缺成本　　　　　　　D. 现金保管费用
5. 某企业年赊销额500万元（一年按360天计算），应收账款周转率为10次，变动成本率为60%，资金成本率为8%，则企业的应收账款机会成本为（　　）万元。
   A. 2.4　　　B. 30　　　C. 3.6　　　D. 4.2
6. 用ABC法对存货进行控制时，应当重点控制的是（　　）。
   A. 数量较多的存货　　　　　　B. 占用资金较多的存货
   C. 品种较多的存货　　　　　　D. 库存时间较长的存货
7. 下列各项中不属于存货经济进货批量基本模式假设条件的是（　　）。
   A. 不存在数量折扣　　　　　　B. 存货的耗用是均衡的
   C. 仓储条件不受限制　　　　　D. 可能出现缺货的情况
8. 下列各项中，属于应收账款机会成本的是（　　）。
   A. 应收账款占用资金的应计利息　　B. 客户资信调查费用
   C. 坏账损失　　　　　　　　　　　D. 收账费用
9. 某企业现金收支状况比较稳定，全年的现金需要量为250 000元，每次转换有价证券的固定成本为400元，有价证券的年利率为8%，则全年固定性转换成本是（　　）元。
   A. 1 000　　　B. 2 000　　　C. 3 000　　　D. 4 000

二、多项选择题

1. 营运资金的筹资方式通常包括（　　）。
   A. 商业信用　　B. 自然融资　　C. 短期银行借款　　D. 应收账款转让
2. 企业在确定为应付紧急情况而持有现金数额时，需考虑的因素有（　　）。
   A. 企业销售水平的高低　　　　B. 企业临时举债能力的强弱

C. 金融市场投资机会的多少　　　　D. 现金流量预测的可靠程度
3. 企业持有现金的动机有（　　）。
A. 交易动机　　　B. 预防动机　　　C. 投资动机　　　D. 投机动机
4. 下列各项中，属于建立存货经济进货批量基本模型假设前提的有（　　）。
A. 进货总量可以较为准确地预测　　　B. 允许出现缺货
C. 仓储条件不受限制　　　D. 存货的价格稳定
5. 应收账款的功能包括（　　）。
A. 促进销售　　　B. 减少存货　　　C. 增加现金　　　D. 减少借款
6. 应收账款的信用条件包括（　　）。
A. 信用期限　　　B. 折扣期限　　　C. 现金折扣率　　　D. 收账政策
7. 不适当地延长信用期限给企业带来的后果包括（　　）。
A. 应收账款机会成本增加　　　B. 坏账损失减少
C. 坏账损失增加　　　D. 收账费用增加
8. 现金折扣是企业对顾客在商品价格上的扣减，向顾客提供这种价格上的优惠，可以达到的目的有（　　）。
A. 缩短企业的平均收款期　　　B. 扩大销售量
C. 增加收益　　　D. 减少成本
9. 经济订货模型是建立在一系列严格假设基础之上的，这些假设包括（　　）。
A. 存货总需求量是已知常数　　　B. 订货提前期是常数
C. 货物是一次性入库　　　D. 单位货物成本为常数，批量折扣率是已知常数

三、判断题

1. 企业现金持有量过多会降低企业的收益水平。（　　）
2. 企业持有的现金总额就是各种动机所需的现金余额之和。（　　）
3. 现金与有价证券的变动性转换成本与证券交易次数有关，属于决策相关成本。（　　）
4. 偿付能力是决定是否给予客户信用的首要因素。（　　）
5. 企业营运资金余额越大，说明企业风险越小，收益率越高。（　　）
6. 信用条件是客户获得企业商业信用所应具备的最低条件，通常以预期的坏账损失率表示。（　　）
7. 企业现金管理的目的首先是使得现金获得最大的收益，其次是保证日常生产经营业务的现金需求。（　　）
8. 如果某企业存货周转期为40天，应收账款周转期为30天，应付账款周转期为35天，则现金周转期为35天。（　　）
9. 在应收账款管理中，信用政策必须明确地规定三个内容即信用标准、信用期间和折扣条件。（　　）

四、计算分析题

1. AB 公司现金收支状况比较稳定，预计全年（360天）需要现金300 000元，现金与

有价证券的转换成本为每次 600 元,有价证券的年利率为 10%。

计算:(1)最佳现金持有量;(2)相关成本、转换成本和机会成本;(3)有价证券交易次数和有价证券交易间隔期。

2. 某企业预测明年(360 天)赊销收入净额为 3 600 万元,应收账款平均收账天数为 60 天,变动成本率为 50%,企业的资金成本率为 10%。

计算:(1)明年应收账款的平均余额;(2)明年维持赊销业务所需要的资金额;(3)明年应收账款的机会成本额;(4)若明年应收账款需要控制在 400 万元,在其他因素不变的条件下,应收账款平均收账天数应调整为多少天?

3. 某公司甲材料的年需要量为 3 600 千克。销售企业规定,客户每批购买量不足 900 千克的,按照单价为 8 元/千克计算;每批购买量 900 千克以上、1 800 千克以下的,价格优惠 3%;每批购买量 1 800 千克以上的,价格优惠 5%。已知每批进货费用 25 元,单位材料的年储存成本为 2 元。

计算实行数量折扣时的最佳经济进货批量。

4. 某公司购进电脑 2 000 台,进价 6 000 元,售价 8 000 元,销售该批电脑共需一次费用 20 000 元,该批电脑的每日变动储存费为 7 200 元,销售税金及附加为 5 600 元。

要求:(1)计算该批电脑的保本储存期;(2)若企业欲获得 1 094 400 元的利润,计算保利储存期。

5. 某公司目前的收账政策过于严厉,不利于扩大销售且收账费用较高,研究修改现行的收账政策。现有甲、乙两个备选方案,有关数据如表 10-7 所示,变动成本率为 80%,资金成本率为 10%,坏账损失率是坏账损失和销售额的百分比。

表 10-7 收账政策备选方案表

项目	现行收账政策	甲方案	乙方案
年销售额/万元	2 400	2 600	2 700
年收账费用/万元	40	20	10
所有账户的平均收账期	2 个月	3 个月	4 个月
所有账户的坏账损失率/%	2	2.5	3

要求:是否应改变现行的收账政策?应选择哪个方案?

附表

附表1 1元复利终值系数表 $(F/P, i, n) = (1+i)^n$

期数	1%	2%	3%	4%	5%	6%	7%	8%	9%	10%
1	1.0100	1.0200	1.0300	1.0400	1.0500	1.0600	1.0700	1.0800	1.0900	1.1000
2	1.0201	1.0404	1.0609	1.0816	1.1025	1.1236	1.1449	1.1664	1.1881	1.2100
3	1.0303	1.0612	1.0927	1.1249	1.1576	1.1910	1.2250	1.2597	1.2950	1.3310
4	1.0406	1.0824	1.1255	1.1699	1.2155	1.2625	1.3108	1.3605	1.4116	1.4641
5	1.0510	1.1041	1.1593	1.2167	1.2763	1.3382	1.4026	1.4693	1.5386	1.6105
6	1.0615	1.1262	1.1941	1.2653	1.3401	1.4185	1.5007	1.5869	1.6771	1.7716
7	1.0721	1.1487	1.2299	1.3159	1.4071	1.5036	1.6058	1.7138	1.8280	1.9487
8	1.0829	1.1717	1.2668	1.3686	1.4775	1.5938	1.7182	1.8509	1.9926	2.1436
9	1.0937	1.1951	1.3048	1.4233	1.5513	1.6895	1.8385	1.9990	2.1719	2.3579
10	1.1046	1.2190	1.3439	1.4802	1.6289	1.7908	1.9672	2.1589	2.3674	2.5937
11	1.1157	1.2434	1.3842	1.5395	1.7103	1.8983	2.1049	2.3316	2.5804	2.8531
12	1.1268	1.2682	1.4258	1.6010	1.7959	2.0122	2.2522	2.5182	2.8127	3.1384
13	1.1381	1.2936	1.4685	1.6651	1.8856	2.1329	2.4098	2.7196	3.0658	3.4523
14	1.1495	1.3195	1.5126	1.7317	1.9799	2.2609	2.5785	2.9372	3.3417	3.7975
15	1.1610	1.3459	1.5580	1.8009	2.0789	2.3966	2.7590	3.1722	3.6425	4.1772
16	1.1726	1.3728	1.6047	1.8730	2.1829	2.5404	2.9522	3.4259	3.9703	4.5950
17	1.1843	1.4002	1.6528	1.9479	2.2920	2.6928	3.1588	3.7000	4.3276	5.0545
18	1.1961	1.4282	1.7024	2.0258	2.4066	2.8543	3.3799	3.9960	4.7171	5.5599
19	1.2081	1.4568	1.7535	2.1068	2.5270	3.0256	3.6165	4.3157	5.1417	6.1159
20	1.2202	1.4859	1.8061	2.1911	2.6533	3.2071	3.8697	4.6610	5.6044	6.7275
22	1.2447	1.5460	1.9161	2.3699	2.9253	3.6035	4.4304	5.4365	6.6586	8.140
24	1.2697	1.6084	2.0328	2.5633	3.2251	4.0489	5.0724	6.341	7.911	9.850
26	1.2953	1.6734	2.1566	2.7725	3.5557	4.5494	5.807	7.396	9.399	11.918
28	1.3213	1.7410	2.2879	2.9987	3.9201	5.1117	6.649	8.627	11.167	14.421
30	1.3478	1.8114	2.4273	3.2434	4.3219	5.7435	7.612	10.063	13.268	17.449
35	1.4166	1.9999	2.8139	3.9461	5.516	7.6861	10.677	14.785	20.414	28.102
40	1.4889	2.2080	3.2620	4.8010	7.0400	10.286	14.974	21.725	31.409	45.259
45	1.5648	2.4379	3.7816	5.8412	8.985	13.765	21.002	31.920	48.327	72.890
50	1.6446	2.6916	4.3839	7.1067	11.467	18.420	29.457	46.902	74.358	117.39
55	1.7285	2.9717	5.0821	8.6464	14.636	24.650	41.315	68.914	114.41	189.06

续表

期数	12%	14%	16%	18%	20%	25%	30%	35%	40%	45%
1	1.1200	1.1400	1.1600	1.1800	1.2000	1.2500	1.3000	1.3500	1.4000	1.4500
2	1.2544	1.2996	1.3456	1.3924	1.4400	1.5625	1.6900	1.8225	1.9600	2.1025
3	1.4049	1.4815	1.5609	1.6430	1.7280	1.9531	2.1970	2.4604	2.7440	3.0486
4	1.5735	1.6890	1.8106	1.9388	2.0736	2.4414	2.8561	3.3215	3.8416	4.4205
5	1.7623	1.9254	2.1003	2.2878	2.4883	3.0518	3.7129	4.4840	5.3782	6.4097
6	1.9738	2.1950	2.4364	2.6996	2.9860	3.8147	4.8268	6.0534	7.5295	9.2941
7	2.2107	2.5023	2.8262	3.1855	3.5832	4.7684	6.2749	8.1722	10.541	13.476
8	2.4760	2.8526	3.2784	3.7589	4.2998	5.9605	8.1573	11.032	14.758	19.541
9	2.7731	3.2519	3.8030	4.4355	5.1598	7.4506	10.604	14.894	20.661	28.334
10	3.1058	3.7072	4.4114	5.2338	6.1917	9.3132	13.786	20.107	28.925	41.085
11	3.4785	4.2262	5.1173	6.1759	7.4301	11.642	17.922	27.144	40.496	59.573
12	3.8960	4.8179	5.9360	7.2876	8.9161	14.552	23.298	36.644	56.694	86.381
13	4.3635	5.4924	6.8858	8.5994	10.699	18.190	30.288	49.470	79.371	125.25
14	4.8871	6.2613	7.9875	10.147	12.839	22.737	39.374	66.784	111.12	181.62
15	5.4736	7.1379	9.2655	11.974	15.407	28.422	51.186	90.158	155.57	263.34
16	6.1304	8.1372	10.748	14.129	18.488	35.527	66.542	121.71	217.80	381.85
17	6.8660	9.2765	12.468	16.672	22.186	44.409	86.504	164.31	304.91	553.68
18	7.6900	10.575	14.463	19.673	26.623	55.511	112.46	221.82	426.88	802.83
19	8.6128	12.056	16.777	23.214	31.948	69.389	146.19	299.46	597.63	1164.1
20	9.6463	13.743	19.461	27.393	38.338	86.736	190.05	404.27	836.68	1688.0
22	12.100	17.861	26.186	38.142	55.206	135.53	321.18	736.79	1639.9	3548.9
24	15.179	23.212	35.236	53.109	79.497	211.76	542.80	1342.8	3214.2	7461.6
26	19.040	30.167	47.414	73.949	114.48	330.87	917.33	2447.2	6299.8	15688
28	23.884	39.204	63.800	102.97	164.84	516.99	1550.3	4460.1	12348	32984
30	29.960	50.950	85.850	143.37	237.38	807.79	2620.0	8128.5	24201	69349
35	52.800	98.100	180.31	328.00	590.67	2465.2	9727.9	36449	130161	444509
40	93.051	188.88	378.72	750.38	1469.8	7523	36119	163437	700038	*
45	163.99	363.68	795.44	1716.7	3657.3	22959	134107	732858	*	*
50	289.00	700.23	1670.7	3927.4	9100.4	70065	497929	*	*	*
55	509.32	1348.2	3509.0	8984.8	22645	213821	*	*	*	*

注：＊表示大于100万。

附表2　1元复利现值系数表　　　　　　　　　$(P/F, i, n) = (1+i)^{-n}$

期数	1%	2%	3%	4%	5%	6%	7%	8%	9%	10%
1	0.990 1	0.980 4	0.970 9	0.961 5	0.952 4	0.943 4	0.934 6	0.925 9	0.917 4	0.909 1
2	0.980 3	0.961 2	0.942 6	0.924 6	0.907 0	0.890 0	0.873 4	0.857 3	0.841 7	0.826 4
3	0.970 6	0.942 3	0.915 1	0.889 0	0.863 8	0.839 6	0.816 3	0.793 8	0.772 2	0.751 3
4	0.961 0	0.923 8	0.888 5	0.854 8	0.822 7	0.792 1	0.762 9	0.735 0	0.708 4	0.683 0
5	0.951 5	0.905 7	0.862 6	0.821 9	0.783 5	0.747 3	0.713 0	0.680 6	0.649 9	0.620 9
6	0.942 0	0.888 0	0.837 5	0.790 3	0.746 2	0.705 0	0.666 3	0.630 2	0.596 3	0.564 5
7	0.932 7	0.870 6	0.813 1	0.759 9	0.710 7	0.665 1	0.622 7	0.583 5	0.547 0	0.513 2
8	0.923 5	0.853 5	0.789 4	0.730 7	0.676 8	0.627 4	0.582 0	0.540 3	0.501 9	0.466 5
9	0.914 3	0.836 8	0.766 4	0.702 6	0.644 6	0.591 9	0.543 9	0.500 2	0.460 4	0.424 1
10	0.905 3	0.820 3	0.744 1	0.675 6	0.613 9	0.558 4	0.508 3	0.463 2	0.422 4	0.385 5
11	0.896 3	0.804 3	0.722 4	0.649 6	0.584 7	0.526 8	0.475 1	0.428 9	0.387 5	0.350 5
12	0.887 4	0.788 5	0.701 4	0.624 6	0.556 8	0.497 0	0.444 0	0.397 1	0.355 5	0.318 6
13	0.878 7	0.773 0	0.681 0	0.600 6	0.530 3	0.468 8	0.415 0	0.367 7	0.326 2	0.289 7
14	0.870 0	0.757 9	0.661 1	0.577 5	0.505 1	0.442 3	0.387 8	0.340 5	0.299 2	0.263 3
15	0.861 3	0.743 0	0.641 9	0.555 3	0.481 0	0.417 3	0.362 4	0.315 2	0.274 5	0.239 4
16	0.852 8	0.728 4	0.623 2	0.533 9	0.458 1	0.393 6	0.338 7	0.291 9	0.251 9	0.217 6
17	0.844 4	0.714 2	0.605 0	0.513 4	0.436 3	0.371 4	0.316 6	0.270 3	0.231 1	0.197 8
18	0.836 0	0.700 2	0.587 4	0.493 6	0.415 5	0.350 3	0.295 9	0.250 2	0.212 0	0.179 9
19	0.827 7	0.686 4	0.570 3	0.474 6	0.395 7	0.330 5	0.276 5	0.231 7	0.194 5	0.163 5
20	0.819 5	0.673 0	0.553 7	0.456 4	0.376 9	0.311 8	0.258 4	0.214 5	0.178 4	0.148 6
22	0.803 4	0.646 8	0.521 9	0.422 0	0.341 8	0.277 5	0.225 7	0.183 9	0.150 2	0.122 8
24	0.787 6	0.621 7	0.491 9	0.390 1	0.310 1	0.247 0	0.197 1	0.157 7	0.126 4	0.101 5
26	0.772 0	0.597 6	0.463 7	0.360 7	0.281 2	0.219 8	0.172 2	0.135 2	0.106 4	0.083 9
28	0.756 8	0.574 4	0.437 1	0.333 5	0.255 1	0.195 6	0.150 4	0.115 9	0.089 5	0.069 3
30	0.741 9	0.552 1	0.412 0	0.308 3	0.231 4	0.174 1	0.131 4	0.099 4	0.075 4	0.057 3
35	0.705 9	0.500 0	0.355 4	0.253 4	0.181 3	0.130 1	0.093 7	0.067 6	0.049 0	0.035 6
40	0.671 7	0.452 9	0.306 6	0.208 3	0.142 0	0.097 2	0.066 8	0.046 0	0.031 8	0.022 1
45	0.639 1	0.410 2	0.264 4	0.171 2	0.111 3	0.072 7	0.047 6	0.031 3	0.020 7	0.013 7
50	0.608 0	0.371 5	0.228 1	0.140 7	0.087 2	0.054 3	0.033 9	0.021 3	0.013 4	0.008 5
55	0.578 5	0.336 5	0.196 8	0.115 7	0.068 3	0.040 6	0.024 2	0.014 5	0.008 7	0.005 3

续表

期数	12%	14%	16%	18%	20%	25%	30%	35%	40%	45%
1	0.892 9	0.877 2	0.862 1	0.847 5	0.833 3	0.800 0	0.769 2	0.740 7	0.714 3	0.689 7
2	0.797 2	0.769 5	0.743 2	0.718 2	0.694 4	0.640 0	0.591 7	0.548 7	0.510 2	0.475 6
3	0.711 8	0.675 0	0.640 7	0.608 6	0.578 7	0.512 0	0.455 2	0.406 4	0.364 4	0.328 0
4	0.635 5	0.592 1	0.552 3	0.515 8	0.482 3	0.409 6	0.350 1	0.301 1	0.260 3	0.226 2
5	0.567 4	0.519 4	0.476 1	0.437 1	0.401 9	0.327 7	0.269 3	0.223 0	0.185 9	0.156 0
6	0.506 6	0.455 6	0.410 4	0.370 4	0.334 9	0.262 1	0.207 2	0.165 2	0.132 8	0.107 6
7	0.452 3	0.399 6	0.353 8	0.313 9	0.279 1	0.209 7	0.159 4	0.122 4	0.094 9	0.074 2
8	0.403 9	0.350 6	0.305 0	0.266 0	0.232 6	0.167 8	0.122 6	0.090 6	0.067 8	0.051 2
9	0.360 6	0.307 5	0.263 0	0.225 5	0.193 8	0.134 2	0.094 3	0.067 1	0.048 4	0.035 3
10	0.322 0	0.269 7	0.226 7	0.191 1	0.161 5	0.107 4	0.072 5	0.049 7	0.034 6	0.024 3
11	0.287 5	0.236 6	0.195 4	0.161 9	0.134 6	0.085 9	0.055 8	0.036 8	0.024 7	0.016 8
12	0.256 7	0.207 6	0.168 5	0.137 2	0.112 2	0.068 7	0.042 9	0.027 3	0.017 6	0.011 6
13	0.229 2	0.182 1	0.145 2	0.116 3	0.093 5	0.055 0	0.033 0	0.020 2	0.012 6	0.008 0
14	0.204 6	0.159 7	0.125 2	0.098 5	0.077 9	0.044 0	0.025 4	0.015 0	0.009 0	0.005 5
15	0.182 7	0.140 1	0.107 9	0.083 5	0.064 9	0.035 2	0.019 5	0.011 1	0.006 4	0.003 8
16	0.163 1	0.122 9	0.093 0	0.070 8	0.054 1	0.028 1	0.015 0	0.008 2	0.004 6	0.002 6
17	0.145 6	0.107 8	0.080 2	0.060 0	0.045 1	0.022 5	0.011 6	0.006 1	0.003 3	0.001 8
18	0.130 0	0.094 6	0.069 1	0.050 8	0.037 6	0.018 0	0.008 9	0.004 5	0.002 3	0.001 2
19	0.116 1	0.082 9	0.059 6	0.043 1	0.031 3	0.014 4	0.006 8	0.003 3	0.001 7	0.000 9
20	0.103 7	0.072 8	0.051 4	0.036 5	0.026 1	0.011 5	0.005 3	0.002 5	0.001 2	0.000 6
22	0.082 6	0.056 0	0.038 2	0.026 2	0.018 1	0.007 4	0.003 1	0.001 4	0.000 6	0.000 3
24	0.065 9	0.043 1	0.028 4	0.018 8	0.012 6	0.004 7	0.001 8	0.000 7	0.000 3	0.000 1
26	0.052 5	0.033 1	0.021 1	0.013 5	0.008 7	0.003 0	0.001 1	0.000 4	0.000 2	0.000 1
28	0.041 9	0.025 5	0.015 7	0.009 7	0.006 1	0.001 9	0.000 6	0.000 2	0.000 1	*
30	0.033 4	0.019 6	0.011 6	0.007 0	0.004 2	0.001 2	0.000 4	0.000 1	*	*
35	0.018 9	0.010 2	0.005 5	0.003 0	0.001 7	0.000 4	0.000 1	*	*	*
40	0.010 7	0.005 3	0.002 6	0.001 3	0.000 7	0.000 1	*	*	*	*
45	0.006 1	0.002 7	0.001 3	0.000 6	0.000 3	*	*	*	*	*
50	0.003 5	0.001 4	0.000 6	0.000 3	0.000 1	*	*	*	*	*
55	0.002 0	0.000 7	0.000 3	0.000 1	*	*	*	*	*	*

注：* 表示小于 0.000 1。

附表3　1元年金终值系数表　　　　$(F/A,i,n)=[(1+i)^n-1]/i$

期数	1%	2%	3%	4%	5%	6%	7%	8%	9%	10%
1	1.0000	1.0000	1.0000	1.0000	1.0000	1.0000	1.0000	1.0000	1.0000	1.0000
2	2.0100	2.0200	2.0300	2.0400	2.0500	2.0600	2.0700	2.0800	2.0900	2.1000
3	3.0301	3.0604	3.0909	3.1216	3.1525	3.1836	3.2149	3.2464	3.2781	3.3100
4	4.0604	4.1216	4.1836	4.2465	4.3101	4.3746	4.4399	4.5061	4.5731	4.6410
5	5.1010	5.2040	5.3091	5.4163	5.5256	5.6371	5.7507	5.8666	5.9847	6.1051
6	6.1520	6.3081	6.4684	6.6330	6.8019	6.9753	7.1533	7.3359	7.5233	7.7156
7	7.2135	7.4343	7.6625	7.8983	8.1420	8.3938	8.6540	8.9228	9.2004	9.4872
8	8.2857	8.5830	8.8923	9.2142	9.5491	9.8975	10.260	10.637	11.028	11.436
9	9.3685	9.7546	10.159	10.583	11.027	11.491	11.978	12.488	13.021	13.579
10	10.462	10.950	11.464	12.006	12.578	13.181	13.816	14.487	15.193	15.937
11	11.567	12.169	12.808	13.486	14.207	14.972	15.784	16.645	17.560	18.531
12	12.683	13.412	14.192	15.026	15.917	16.870	17.888	18.977	20.141	21.384
13	13.809	14.680	15.618	16.627	17.713	18.882	20.141	21.495	22.953	24.523
14	14.947	15.974	17.086	18.292	19.599	21.015	22.550	24.215	26.019	27.975
15	16.097	17.293	18.599	20.024	21.579	23.276	25.129	27.152	29.361	31.772
16	17.258	18.639	20.157	21.825	23.657	25.673	27.888	30.324	33.003	35.950
17	18.430	20.012	21.762	23.698	25.840	28.213	30.840	33.750	36.974	40.545
18	19.615	21.412	23.414	25.645	28.132	30.906	33.999	37.450	41.301	45.599
19	20.811	22.841	25.117	27.671	30.539	33.760	37.379	41.446	46.018	51.159
20	22.019	24.297	26.870	29.778	33.066	36.786	40.995	45.762	51.160	57.275
22	24.472	27.299	30.537	34.248	38.505	43.392	49.006	55.457	62.873	71.403
24	26.973	30.422	34.426	39.083	44.502	50.816	58.177	66.765	76.790	88.497
26	29.526	33.671	38.553	44.312	51.113	59.156	68.676	79.954	93.324	109.18
28	32.129	37.051	42.931	49.968	58.403	68.528	80.698	95.339	112.97	134.21
30	34.785	40.568	47.575	56.085	66.439	79.058	94.461	113.28	136.31	164.49
35	41.660	49.994	60.462	73.652	90.320	111.43	138.24	172.32	215.71	271.02
40	48.886	60.402	75.401	95.026	120.80	154.76	199.64	259.06	337.88	442.59
45	56.481	71.893	92.720	121.03	159.70	212.74	285.75	386.51	525.86	718.90
50	64.463	84.579	112.80	152.67	209.35	290.34	406.53	573.77	815.08	1163.9
55	72.852	98.587	136.07	191.16	272.71	394.17	575.93	848.92	1260.1	1880.6

续表

期数	12%	14%	16%	18%	20%	25%	30%	35%	40%	45%
1	1.000 0	1.000 0	1.000 0	1.000 0	1.000 0	1.000 0	1.000 0	1.000 0	1.000 0	1.000 0
2	2.120 0	2.140 0	2.160 0	2.180 0	2.200 0	2.250 0	2.300 0	2.350 0	2.400 0	2.450 0
3	3.374 4	3.439 6	3.505 6	3.572 4	3.640 0	3.812 5	3.990 0	4.172 5	4.360 0	4.552 5
4	4.779 3	4.921 1	5.066 5	5.215 4	5.368 0	5.765 6	6.187 0	6.632 9	7.104 0	7.601 1
5	6.352 8	6.610 1	6.877 1	7.154 2	7.441 6	8.207 0	9.043 1	9.954 4	10.946	12.022
6	8.115 2	8.535 5	8.977 5	9.442 0	9.929 9	11.259	12.756	14.438	16.324	18.431
7	10.089	10.730	11.414	12.142	12.916	15.073	17.583	20.492	23.853	27.725
8	12.300	13.233	14.240	15.327	16.499	19.842	23.858	28.664	34.395	41.202
9	14.776	16.085	17.519	19.086	20.799	25.802	32.015	39.696	49.153	60.743
10	17.549	19.337	21.321	23.521	25.959	33.253	42.619	54.590	69.814	89.077
11	20.655	23.045	25.733	28.755	32.150	42.566	56.405	74.697	98.739	130.16
12	24.133	27.271	30.850	34.931	39.581	54.208	74.327	101.84	139.23	189.73
13	28.029	32.089	36.786	42.219	48.497	68.760	97.625	138.48	195.93	276.12
14	32.393	37.581	43.672	50.818	59.196	86.949	127.91	187.95	275.30	401.37
15	37.280	43.842	51.660	60.965	72.035	109.69	167.29	254.74	386.42	582.98
16	42.753	50.980	60.925	72.939	87.442	138.11	218.47	344.90	541.99	846.32
17	48.884	59.118	71.673	87.068	105.93	173.64	285.01	466.61	759.78	1 228.2
18	55.750	68.394	84.141	103.74	128.12	218.04	371.52	630.92	1 064.7	1 781.8
19	63.440	78.969	98.603	123.41	154.74	273.56	483.97	852.75	1 491.6	2 584.7
20	72.052	91.025	115.38	146.63	186.69	342.94	630.17	1152.2	2 089.2	3 748.8
22	92.503	120.44	157.41	206.34	271.03	538.10	1 067.3	2 102.3	4 097.2	7 884.3
24	118.16	158.66	213.98	289.49	392.48	843.03	1 806.0	3 833.7	8 033.0	16 579
26	150.33	208.33	290.09	405.27	567.38	1 319.5	3 054.4	6 989.3	15 747	34 860
28	190.70	272.89	392.50	566.48	819.22	2 064.0	5 164.3	12 740	30 867	73 296
30	241.33	356.79	530.31	790.95	1 181.9	3 227.2	8 730.0	23 222	60 501	154 107
35	431.66	693.57	1 120.7	1 816.7	2 948.3	9 856.8	32 423	104 136	325 400	987 794
40	767.09	1 342.0	2 360.8	4 163.2	7 343.9	30 089	120 393	466 960	*	*
45	1 358.2	2 590.6	4 965.3	9 531.6	18 281	91 831	447 019	*	*	*
50	2 400.0	4 994.5	10 436	21 813	45 497	280 256	*	*	*	*
55	4 236.0	9 623.1	21 925	49 910	113 219	855 281	*	*	*	*

注：* 表示大于 100 万。

附表4 1元年金现值系数表 $(P/A,i,n)=[1-(1+i)^{-n}]/i$

期数	1%	2%	3%	4%	5%	6%	7%	8%	9%	10%
1	0.9901	0.9804	0.9709	0.9615	0.9524	0.9434	0.9346	0.9259	0.9174	0.9091
2	1.9704	1.9416	1.9135	1.8861	1.8594	1.8334	1.8080	1.7833	1.7591	1.7355
3	2.9410	2.8839	2.8286	2.7751	2.7232	2.6730	2.6243	2.5771	2.5313	2.4869
4	3.9020	3.8077	3.7171	3.6299	3.5460	3.4651	3.3872	3.3121	3.2397	3.1699
5	4.8534	4.7135	4.5797	4.4518	4.3295	4.2124	4.1002	3.9927	3.8897	3.7908
6	5.7955	5.6014	5.4172	5.2421	5.0757	4.9173	4.7665	4.6229	4.4859	4.3553
7	6.7282	6.4720	6.2303	6.0021	5.7864	5.5824	5.3893	5.2064	5.0330	4.8684
8	7.6517	7.3255	7.0197	6.7327	6.4632	6.2098	5.9713	5.7466	5.5348	5.3349
9	8.5660	8.1622	7.7861	7.4353	7.1078	6.8017	6.5152	6.2469	5.9952	5.7590
10	9.4713	8.9826	8.5302	8.1109	7.7217	7.3601	7.0236	6.7101	6.4177	6.1446
11	10.368	9.7868	9.2526	8.7605	8.3064	7.8869	7.4987	7.1390	6.8052	6.4951
12	11.255	10.575	9.9540	9.3851	8.8633	8.3838	7.9427	7.5361	7.1607	6.8137
13	12.134	11.348	10.635	9.9856	9.3936	8.8527	8.3577	7.9038	7.4869	7.1034
14	13.004	12.106	11.296	10.563	9.8986	9.2950	8.7455	8.2442	7.7862	7.3667
15	13.865	12.849	11.938	11.118	10.380	9.7122	9.1079	8.5595	8.0607	7.6061
16	14.718	13.578	12.561	11.652	10.838	10.106	9.4466	8.8514	8.3126	7.8237
17	15.562	14.292	13.166	12.166	11.274	10.477	9.7632	9.1216	8.5436	8.0216
18	16.398	14.992	13.754	12.659	11.690	10.828	10.059	9.3719	8.7556	8.2014
19	17.226	15.678	14.324	13.134	12.085	11.158	10.336	9.6036	8.9501	8.3649
20	18.046	16.351	14.877	13.590	12.462	11.470	10.594	9.8181	9.1285	8.5136
22	19.660	17.658	15.937	14.451	13.163	12.042	11.061	10.201	9.4424	8.7715
24	21.243	18.914	16.936	15.247	13.799	12.550	11.469	10.529	9.7066	8.9847
26	22.795	20.121	17.877	15.983	14.375	13.003	11.826	10.810	9.9290	9.1609
28	24.316	21.281	18.764	16.663	14.898	13.406	12.137	11.051	10.116	9.3066
30	25.808	22.396	19.600	17.292	15.372	13.765	12.409	11.258	10.274	9.4269
35	29.409	24.999	21.487	18.665	16.374	14.498	12.948	11.655	10.567	9.6442
40	32.835	27.355	23.115	19.793	17.159	15.046	13.332	11.925	10.757	9.7791
45	36.095	29.490	24.519	20.720	17.774	15.456	13.606	12.108	10.881	9.8628
50	39.196	31.424	25.730	21.482	18.256	15.762	13.801	12.233	10.962	9.9148
55	42.147	33.175	26.774	22.109	18.633	15.991	13.940	12.319	11.014	9.9471

续表

期数	12%	14%	16%	18%	20%	25%	30%	35%	40%	45%
1	0.892 9	0.877 2	0.862 1	0.847 5	0.833 3	0.800 0	0.769 2	0.740 7	0.714 3	0.689 7
2	1.690 1	1.646 7	1.605 2	1.565 6	1.527 8	1.440 0	1.360 9	1.289 4	1.224 5	1.165 3
3	2.401 8	2.321 6	2.245 9	2.174 3	2.106 5	1.952 0	1.816 1	1.695 9	1.588 9	1.493 3
4	3.037 3	2.913 7	2.798 2	2.690 1	2.588 7	2.361 6	2.166 2	1.996 9	1.849 2	1.719 5
5	3.604 8	3.433 1	3.274 3	3.127 2	2.990 6	2.689 3	2.435 6	2.220 0	2.035 2	1.875 5
6	4.111 4	3.888 7	3.684 7	3.497 6	3.325 5	2.951 4	2.642 7	2.385 2	2.168 0	1.983 1
7	4.563 8	4.288 3	4.038 6	3.811 5	3.604 6	3.161 1	2.802 1	2.507 5	2.262 8	2.057 3
8	4.967 6	4.638 9	4.343 6	4.077 6	3.837 2	3.328 9	2.924 7	2.598 2	2.330 6	2.108 5
9	5.328 2	4.946 4	4.606 5	4.303 0	4.031 0	3.463 1	3.019 0	2.665 3	2.379 0	2.143 8
10	5.650 2	5.216 1	4.833 2	4.494 1	4.192 5	3.570 5	3.091 5	2.715 0	2.413 6	2.168 1
11	5.937 7	5.452 7	5.028 6	4.656 0	4.327 1	3.656 4	3.147 3	2.751 9	2.438 3	2.184 9
12	6.194 4	5.660 3	5.197 1	4.793 2	4.439 2	3.725 1	3.190 3	2.779 2	2.455 9	2.196 5
13	6.423 5	5.842 4	5.342 3	4.909 5	4.532 7	3.780 1	3.223 3	2.799 4	2.468 5	2.204 5
14	6.628 2	6.002 1	5.467 5	5.008 1	4.610 6	3.824 1	3.248 7	2.814 4	2.477 5	2.210 0
15	6.810 9	6.142 2	5.575 5	5.091 6	4.675 5	3.859 3	3.268 2	2.825 5	2.483 9	2.213 8
16	6.974 0	6.265 1	5.668 5	5.162 4	4.729 6	3.887 4	3.283 2	2.833 7	2.488 5	2.216 4
17	7.119 6	6.372 9	5.748 7	5.222 3	4.774 6	3.909 9	3.294 8	2.839 8	2.491 8	2.218 2
18	7.249 7	6.467 4	5.817 8	5.273 2	4.812 2	3.927 9	3.303 7	2.844 3	2.494 1	2.219 5
19	7.365 8	6.550 4	5.877 5	5.316 2	4.843 5	3.942 4	3.310 5	2.847 6	2.495 8	2.220 3
20	7.469 4	6.623 1	5.928 8	5.352 7	4.869 6	3.953 9	3.315 8	2.850 1	2.497 0	2.220 9
22	7.644 6	6.742 9	6.011 3	5.409 9	4.909 4	3.970 5	3.323 0	2.853 3	2.498 5	2.221 6
24	7.784 3	6.835 1	6.072 6	5.450 9	4.937 1	3.981 1	3.327 2	2.855 0	2.499 2	2.221 9
26	7.895 7	6.906 1	6.118 2	5.480 4	4.956 3	3.987 9	3.329 7	2.856 0	2.499 6	2.222 1
28	7.984 4	6.960 7	6.152 0	5.501 6	4.969 7	3.992 3	3.331 2	2.856 5	2.499 8	2.222 2
30	8.055 2	7.002 7	6.177 2	5.516 8	4.978 9	3.995 0	3.332 1	2.856 8	2.499 9	2.222 2
35	8.175 5	7.070 0	6.215 3	5.538 6	4.991 5	3.998 4	3.333 0	2.857 1	2.500 0	2.222 2
40	8.243 8	7.105 0	6.233 5	5.548 2	4.996 6	3.999 5	3.333 2	2.857 1	2.500 0	2.222 2
45	8.282 5	7.123 2	6.242 1	5.552 3	4.998 6	3.999 8	3.333 3	2.857 1	2.500 0	2.222 2
50	8.304 5	7.132 7	6.246 3	5.554 1	4.999 5	3.999 9	3.333 3	2.857 1	2.500 0	2.222 2
55	8.317 0	7.137 6	6.248 2	5.554 9	4.999 8	4.000 0	3.333 3	2.857 1	2.500 0	2.222 2

参 考 文 献

[1] 财政部会计资格评价中心. 财务管理［M］. 北京：中国财政经济出版社，2016.
[2] 中国注册会计师协会. 财务成本管理［M］. 北京：经济科学出版社，2016.
[3] 王顺金. Excel 财务会计［M］. 北京：北京理工大学出版社，2015.
[4] 张玉英. 财务管理［M］. 北京：高等教育出版社，2012.
[5] 王庆成. 财务管理学［M］. 北京：中国财政经济出版社，2014.
[6] 郭复初. 财务管理［M］. 北京：北京经济贸易大学出版社，2011.
[7] 上海立信会计学院. 财务管理［M］. 北京：高等教育出版社，2013.
[8] 赵丽生. 财务管理［M］. 北京：中国财政经济出版社，2013.
[9] 宋秋萍. 财务管理实训教程［M］. 北京：中国财政经济出版社，2012.
[10] 王顺金. 会计信息系统功能架构的研究［M］. 成都：西南交通大学出版社，2007.
[11] 郑亚光. 公司财务［M］. 成都：西南财经大学出版社，2010.
[12] 郭涛. 财务管理［M］. 北京：机械工业出版社，2007.
[13] 王顺金. 企业综合绩效评价在公路运输业中的应用［J］，交通财会，2007，4.
[14] 刘爱东. 管理会计学［M］. 长沙：中南大学出版社，2010.
[15] 吴大军. 管理会计［M］. 北京：中央广播电视大学出版社，2012.
[16] 朱勇明. 财务管理学［M］. 成都：西南财经大学出版社，2012.
[17] 刘继伟. 管理会计［M］. 北京：高等教育出版社，2011.
[18] 涂利平. 财务管理［M］. 成都：四川大学教育出版社，2010.